Ria Kestel
Die Harmonie der Chakren

Ria Kestel – Autorin und spirituelle Unternehmerin

Ria Kestel, geboren 1964, lebt und arbeitet im malerischen Weserbergland. Schon früh entdeckte sie ihre Leidenschaft für das geschriebene Wort und die Kraft der Kommunikation. Nach einer erfolgreich abgeschlossenen Ausbildung zur Buchhändlerin widmete sie sich ihrer Familie und konnte aufgrund ihrer Rolle als Mutter von zwei, später drei wundervollen Kindern zunächst nicht mehr im Buchhandel tätig sein. Doch ihr Weg war damit nicht beendet.

Mit dem Wunsch, ihre Fähigkeiten weiter zu nutzen und beruflich neue Wege zu gehen, entschied sie sich für eine Umschulung zur Bürokauffrau. Im Jahr 2006 folgte der nächste Schritt: Sie gründete ihr eigenes Schreibbüro. Diese Selbstständigkeit ermöglichte es ihr, ihre Leidenschaft für Sprache und Kommunikation mit dem wirtschaftlichen Aspekt zu verbinden. Hier unterstützte sie Menschen dabei, ihre Ideen und Botschaften klar und verständlich zu formulieren.

Doch Ria Kestels Interessen erstrecken sich weit über den Bereich der Kommunikation hinaus. Schon von klein auf faszinierten sie Märchen, Elfen und Feen – Themen, die sie auch als Erwachsene nicht losließen. Ihr Weg führte sie in die Welt des Reiki, der Hexenkunst und der spirituellen Arbeit. Dies brachte sie schließlich dazu, den Esomera Onlineshop und das Hexen-Stübchen zu eröffnen. In diesen Geschäften bietet sie Ritualgegenstände und magische Werkzeuge an, die sie mit großer Sorgfalt auswählt und die sie aufgrund ihrer eigenen Erfahrungen als Reiki-Praktizierende und ausgebildete Hexe versteht.

Ria Kestel hat sich außerdem in verschiedenen Bereichen weitergebildet, um spirituelle und rationale Aspekte in ihrem Leben zu vereinen. Sie ist psychologische Beraterin, Meditationslehrerin, Wechseljahresberaterin und Trauerbegleiterin – Fähigkeiten, die ihr umfassendes Wissen über das menschliche Wohlbefinden und spirituelle Entwicklung unterstreichen. Mit ihrer Arbeit in der spirituellen Praxis und dem geschriebenen Wort hat sich Ria Kestel zu einer vielseitigen Unternehmerin und Autorin entwickelt, die ihre Leser und Kunden auf ihren individuellen Wegen begleitet und unterstützt.

Ria Kestel

DIE
HARMONIE
DER CHAKREN

EIN WEGWEISER ZU DEINER ENERGIEBALANCE

ENTDECKEN SIE IHRE INNERE ENERGIE DURCH STEINE, ÖLE, YOGA & MEDITATION

Bibliografische Information der Deutschen Nationalbibliothek:
Die Deutsche Nationalbibliothek verzeichnet diese
Publikation in der Deutschen Nationalbibliografie;
detaillierte bibliografische Daten sind im Internet
über http://dnb.dnb.de abrufbar.

Verlag: BoD • Books on Demand GmbH, In de Tarpen 42, 22848 Norderstedt
Druck: Libri Plureos GmbH, Friedensallee 273, 22763 Hamburg

ISBN: 978-3-7597-7557-3

Inhaltsverzeichnis

Vorwort

Liebe Leserinnen und Leser,

ich freue mich sehr, euch auf eine spannende Reise durch die Welt der Chakren mitzunehmen. Diese sieben Energiezentren entlang unserer Wirbelsäule sind nicht nur wichtig für unser körperliches, emotionales und spirituelles Wohl. Sie öffnen auch Türen zu einem tieferen Verständnis von uns selbst und unserer Verbindung zum Universum.

In diesem Buch entdecken wir gemeinsam die geheimnisvolle Kraft, die tief in jedem von uns schlummert und unser Leben beeinflusst. Unser Ziel ist es, euch nicht nur Wissen zu vermitteln, sondern auch praktische Anleitungen zu bieten. Wir zeigen euch, wie ihr die Balance eurer Chakren wiederfindet und eure innere Energie harmonisiert. Mit Meditationen, Atemübungen, Yoga, Visualisierungen und anderen heilenden Techniken lernt ihr, Blockaden zu lösen und den Energiefluss zu fördern.

Beim Lesen dieses Buches lade ich euch ein, offen und neugierig zu bleiben. Die Chakrenreise ist eine sehr persönliche Erfahrung – es gibt kein Richtig oder Falsch, nur den Weg, der sich für euch richtig anfühlt.

Die Lehre der Chakren ist eine jahrtausendealte Weisheit aus der vedischen Tradition Indiens. Sie inspiriert und begleitet Menschen weltweit und hilft uns, die tieferen Ebenen unseres Bewusstseins zu erkunden und unser inneres Potenzial zu entfalten. Die Chakren sind ein wertvolles Werkzeug, um ein Gleichgewicht zwischen Körper, Geist und Seele zu finden und ein harmonisches Leben zu führen.

In einer hektischen und stressigen Welt bietet die Arbeit mit den Chakren einen Weg zur inneren Ruhe und Klarheit. Indem wir uns mit diesen Energiezentren auseinandersetzen, können wir unsere innere Stärke stärken und den Alltag gelassener und achtsamer bewältigen.

Jedes Kapitel widmet sich einem speziellen Chakra, vom Wurzelchakra, das uns erdet und Sicherheit gibt, bis zum Kronenchakra, dass unsere spirituelle Verbindung öffnet.

Wir betrachten gemeinsam die Eigenschaften, Funktionen und mögliche Blockaden jedes Chakras und geben euch Übungen an die Hand, um eure Energiezentren zu aktivieren und zu harmonisieren.

Ich hoffe, dass die folgenden Kapitel euch helfen, ein tieferes Verständnis und eine stärkere Verbindung zu eurer inneren Kraft zu entwickeln. Möget ihr die Schönheit und das Potenzial der Chakren entdecken und ein erfüllteres Leben führen.

Von Herzen wünsche ich euch viel Freude und viele Erkenntnisse auf eurer Reise.

Herzlichst
Ria Kestel

Kulturelle Hintergründe der Chakren

Die Chakren sind ein zentraler Bestandteil der alten indischen Philosophie und bilden das Fundament vieler spiritueller und heilender Praktiken. Sie sind energetische Knotenpunkte im Körper, durch die die Lebensenergie, auch als Prana bezeichnet, fließt. Die Chakrenlehre ist tief in den Traditionen des Yoga und Tantra verwurzelt, und ihre Bedeutung erstreckt sich über Jahrtausende hinweg. Das Verständnis der Chakren und ihrer Bedeutung hat sich nicht nur in Indien entwickelt, sondern auch in anderen Kulturen und spirituellen Systemen auf der ganzen Welt, wobei jedes System seine eigene Interpretation und Anwendung dieser energetischen Zentren bietet.

Ursprung und Entwicklung der Chakrenlehre

Die frühesten Erwähnungen der Chakren finden sich in den Veden, den ältesten heiligen Schriften des Hinduismus, die vor etwa 3500 Jahren entstanden sind. In diesen Texten werden die Chakren als „Wheels" oder „Räder" beschrieben, die sich entlang der Wirbelsäule befinden und als Drehpunkte für die Lebensenergie fungieren. Diese Energie, das Prana, durchströmt den Körper und verbindet das Physische mit dem Geistigen. Die Chakrenlehre wurde im Laufe der Zeit weiterentwickelt und fand ihren festen Platz in den Lehren des Yoga und Tantra.

Im Yoga werden die Chakren als wesentliche Punkte betrachtet, die durch Meditation und verschiedene Übungen gereinigt und gestärkt werden können. Die Praxis des Tantra, die eng mit dem Yoga verbunden ist, betont ebenfalls die Bedeutung der Chakren, jedoch mit einem stärkeren Fokus auf die Vereinigung von Körper und Geist durch Rituale und spirituelle Übungen.

Im menschlichen Körper gibt es sieben Hauptchakren, die entlang der Wirbelsäule aufgereiht sind und jeweils unterschiedliche Aspekte unseres physischen, emotionalen und spirituellen Seins repräsentieren. Jedes dieser Chakren hat eine spezifische Farbe, ein Element und eine Funktion, die es von den anderen unterscheidet. Das Verständnis dieser Chakren kann uns helfen, ein tieferes Bewusstsein für unsere eigene Energie und unser Wohlbefinden zu entwickeln.

1. **Das Wurzelchakra (Muladhara)**

   o **Lage:** Am unteren Ende der Wirbelsäule, in der Nähe des Steißbeins.

   o **Farbe:** Rot

   o **Element:** Erde

   o **Funktion:** Das Wurzelchakra ist das Fundament unseres Energiesystems und steht in direktem Zusammenhang mit unseren Grundbedürfnissen und dem Überleben. Es vermittelt uns ein Gefühl der Sicherheit und Erdung und beeinflusst unser körperliches Wohlbefinden und unsere Fähigkeit, uns in der Welt sicher zu fühlen.

2. Das Sakralchakra (Svadhisthana)

- o **Lage:** Etwa zwei Fingerbreit unterhalb des Bauchnabels.

- o **Farbe:** Orange

- o **Element:** Wasser

- o **Funktion:** Das Sakralchakra ist das Zentrum der kreativen und sexuellen Energie. Es beeinflusst unsere Emotionen, unsere Beziehungen zu anderen und unsere Fähigkeit, Freude und Vergnügen im Leben zu erfahren. Ein ausgeglichenes Sakralchakra fördert die Fähigkeit, kreativ und leidenschaftlich zu sein.

3. Das Solarplexuschakra (Manipura)

- o **Lage:** Im Bereich des Solarplexus, etwa zwei Fingerbreit über dem Bauchnabel.

- o **Farbe:** Gelb

- o **Element:** Feuer

- o **Funktion:** Das Solarplexuschakra ist das Zentrum unserer persönlichen Macht, unseres Selbstbewusstseins und unserer Willenskraft. Es gibt uns die Energie, unsere Ziele zu verfolgen und unsere eigenen Bedürfnisse durchzusetzen. Ein starkes Solarplexuschakra fördert das Selbstvertrauen und die Fähigkeit, Entscheidungen zu treffen.

4. **Das Herzchakra (Anahata)**

   o **Lage:** In der Mitte der Brust, auf Höhe des Herzens.

   o **Farbe:** Grün

   o **Element:** Luft

   o **Funktion:** Das Herzchakra ist das Zentrum der Liebe, des Mitgefühls und der emotionalen Balance. Es verbindet uns mit anderen Menschen und ermöglicht es uns, bedingungslose Liebe zu geben und zu empfangen. Ein harmonisches Herzchakra fördert die Fähigkeit, tief zu lieben und emotionale Wunden zu heilen.

5. **Das Halschakra (Vishuddha)**

   o **Lage:** Im Bereich des Halses, zwischen dem Kehlkopf und dem Schlüsselbein.

   o **Farbe:** Blau

   o **Element:** Äther

   o **Funktion:** Das Halschakra ist das Zentrum der Kommunikation und des Selbstausdrucks. Es hilft uns, unsere Gedanken und Gefühle klar und authentisch auszudrücken. Ein ausgeglichenes Halschakra fördert die Fähigkeit, die eigene Wahrheit zu sprechen und mit anderen auf eine offene und ehrliche Weise zu kommunizieren.

6. Das Stirnchakra (Ajna)

- o **Lage:** In der Mitte der Stirn, etwas oberhalb der Augenbrauen.

- o **Farbe:** Indigo

- o **Element:** Licht

- o **Funktion:** Das Stirnchakra, auch als „Drittes Auge" bekannt, ist das Zentrum der Intuition, Einsicht und inneren Weisheit. Es ermöglicht uns, über das Sichtbare hinauszusehen und tiefere spirituelle Wahrheiten zu erkennen. Ein offenes Stirnchakra fördert die Fähigkeit, intuitiv zu handeln und innere Führung zu empfangen.

7. Das Kronenchakra (Sahasrara)

- o **Lage:** Am Scheitel des Kopfes, direkt über der Krone.

- o **Farbe:** Violett oder Weiß

- o **Element:** Reines Bewusstsein

- o **Funktion:** Das Kronenchakra ist das höchste der sieben Chakren und das Zentrum des spirituellen Bewusstseins und der Erleuchtung. Es verbindet uns mit dem Universum und dem unendlichen Bewusstsein. Ein ausgeglichenes Kronenchakra ermöglicht es uns, das Universelle zu erkennen und unser Leben im Einklang mit dem Höheren Selbst zu führen.

Chakren in anderen Kulturen und Traditionen

Während die Chakrenlehre ihren Ursprung in der indischen Philosophie hat, gibt es ähnliche Konzepte in anderen Kulturen und spirituellen Traditionen, die die Bedeutung von Energiezentren im menschlichen Körper betonen.

1. **Traditionelle Chinesische Medizin (TCM):** In der traditionellen chinesischen Medizin gibt es das Konzept der Energiezentren, die als „Dantian" bekannt sind. Diese Energiezentren ähneln den Chakren und sind ebenfalls mit der Lebensenergie, dem „Qi", verbunden. Es gibt drei Hauptdantian im Körper: das untere Dantian (im Bauchraum), das mittlere Dantian (im Herzen) und das obere Dantian (im Kopf). Diese Energiezentren spielen eine zentrale Rolle in der Akupunktur und der Qigong-Praxis, bei der es darum geht, den Fluss des Qi zu harmonisieren und das Gleichgewicht im Körper wiederherzustellen.

2. **Kabbalistische Tradition:** In der Kabbalah, einer mystischen Tradition des Judentums, gibt es das Konzept der „Sephiroth", die als energetische Sphären auf dem „Baum des Lebens" dargestellt werden. Diese Sphären sind mit verschiedenen Aspekten des göttlichen Bewusstseins verbunden und entsprechen in gewisser Weise den Chakren. Die Sephiroth repräsentieren die Verbindung zwischen dem Menschen und dem Göttlichen und bieten einen Weg zur spirituellen Erleuchtung und zum Verständnis der Schöpfung.

3. **Ägyptische Mystik:** In der alten ägyptischen Mystik gibt es Hinweise auf Energiezentren im menschlichen Körper,

die in Verbindung mit den „Ka"- und „Ba"-Kräften stehen, den spirituellen Aspekten der menschlichen Seele. Diese Energiezentren wurden als wichtige Verbindungspunkte zwischen dem physischen Körper und dem spirituellen Reich betrachtet und spielten eine zentrale Rolle in den ägyptischen Bestattungsritualen und der Vorstellung von Leben nach dem Tod.

4. **Indigene Kulturen:** Viele indigene Kulturen in Amerika, Afrika und Australien haben ebenfalls Konzepte, die den Chakren ähneln. Diese Kulturen glauben an Energiezentren im Körper, die durch spirituelle Praktiken wie Tanz, Gesang und Rituale aktiviert und harmonisiert werden können. Diese Praktiken zielen darauf ab, das Gleichgewicht zwischen Körper, Geist und Seele wiederherzustellen und die Verbindung zur Natur und zum Geist zu stärken.

Die Geschichte von Kundalini

In der indischen spirituellen Tradition gibt es eine kraftvolle Geschichte über die Erweckung der Kundalini, die eng mit der Chakrenlehre verbunden ist. Diese Geschichte verdeutlicht die Reise der spirituellen Erleuchtung und die Bedeutung der Chakren auf diesem Weg.

Die Erweckung der Kundalini

Es war einmal ein weiser und spirituell fortgeschrittener Mensch namens Vyasa, der in den Wäldern des Himalayas lebte. Vyasa war bekannt für seine tiefen Meditationen und seine Suche nach spiritueller Erleuchtung. Eines Tages, während er in tiefer Meditation saß, hatte Vyasa eine Vision von einer Schlange, die am unteren Ende seiner Wirbelsäule eingerollt war. Diese Schlange, bekannt als Kundalini, repräsentierte die schlafende spirituelle Energie, die in jedem Menschen ruht.

Vyasa verstand, dass die Erweckung dieser Kundalini-Energie der Schlüssel zur Erleuchtung war. Er begann, verschiedene Yogapraktiken und Meditationen durchzuführen, um die Kundalini zu erwecken und sie durch die Chakren entlang seiner Wirbelsäule aufsteigen zu lassen.

Während Vyasa seine Praktiken vertiefte, spürte er, wie die Kundalini langsam erwachte und sich nach oben bewegte. Zuerst durchdrang sie das Wurzelchakra, was ihm ein tiefes Gefühl der Erdung und Sicherheit gab. Als die Kundalini weiter aufstieg, durchlief sie das Sakralchakra, was Vyasas kreative und emotionale Energien erweckte. Das Solarplexuschakra wurde als nächstes aktiviert, und Vyasa spürte eine Welle von Selbstbewusstsein und innerer Stärke.

Als die Kundalini das Herzchakra erreichte, erlebte Vyasa ein überwältigendes Gefühl der Liebe und des Mitgefühls für alle Lebewesen. Das Halschakra wurde als nächstes geöffnet, und Vyasa fühlte, wie seine Fähigkeit, sich klar und authentisch auszudrücken, gestärkt wurde. Als die Kundalini schließlich das Stirnchakra durchdrang, erlangte Vyasa tiefe spirituelle Einsichten und Intuition.der Höhepunkt dieser Reise war das Erreichen des Kronenchakras. Als die Kundalini das Kronenchakra aktivierte, erlebte Vyasa eine tiefe Verbindung zum Göttlichen und eine unendliche Einheit mit dem Universum. Er fühlte sich eins mit allem, was ist, und erkannte die wahre Natur der Existenz.

Nach dieser Erfahrung war Vyasa ein veränderter Mensch. Die Erweckung der Kundalini hatte ihn auf eine Reise der Selbstentdeckung und spirituellen Erleuchtung geführt, die sein Leben für immer veränderte. Er teilte sein Wissen und seine Erfahrungen mit anderen Suchenden, die ebenfalls den Weg der Chakren und der Kundalini-Erweckung beschreiten wollten.diese Geschichte verdeutlicht die transformative Kraft der Chakren und der Kundalini-Erweckung. Sie zeigt, dass die Chakren nicht nur energetische Zentren sind, sondern auch Tore zur spirituellen Entwicklung und Erleuchtung, die es uns ermöglichen, unser volles Potenzial zu entfalten und eine tiefere Verbindung zum Universum zu erfahren.

Die Bedeutung der Chakren in unserem Leben

Die Chakrenlehre bietet uns ein tiefes Verständnis für die energetische Struktur unseres Körpers und die Art und Weise, wie diese Energien unser physisches, emotionales und spirituelles Wohlbefinden beeinflussen. Durch das Bewusstsein und die Pflege unserer Chakren können wir ein harmonisches Gleichgewicht in unserem Leben erreichen und unsere spirituelle Entwicklung fördern. Dabei wird uns klar, dass jeder Aspekt unseres Daseins – ob körperlich, emotional oder geistig – miteinander verwoben ist, und die Chakren als zentrale Energieknotenpunkte eine Schlüsselrolle spielen, um diese Verbindung zu stärken.

Ob durch die Praxis von Yoga, Meditation, Ernährung, Aromatherapie oder andere spirituelle und heilende Methoden – die Arbeit mit den Chakren ermöglicht es uns, Blockaden zu lösen, unsere Energien zu harmonisieren und eine tiefere Verbindung zu uns selbst und zum Universum zu finden. Indem wir uns um unsere Chakren kümmern, schaffen wir Raum für **innere Heilung** und **persönliches Wachstum**. Diese Praxis gibt uns die Möglichkeit, nicht nur alte Muster und Belastungen loszulassen, sondern auch **neue Kraftquellen** in uns zu entdecken, die uns auf allen Ebenen unseres Seins unterstützen.

Die Chakren sind nicht nur ein Konzept aus alten Schriften, sondern ein lebendiger Teil unserer täglichen Erfahrung, der uns auf dem Weg zu einem erfüllten und bewussten Leben unterstützt. Jeder bewusste Atemzug, jede liebevolle Handlung, jede Achtsamkeitspraxis kann dazu beitragen, die Energie in unseren Chakren zu aktivieren und ins Gleichgewicht zu bringen. Es ist eine Einladung, uns selbst auf eine tiefe und liebevolle Weise zu begegnen, unsere eigene innere Welt zu erkunden und unsere Verbindung zum größeren Ganzen zu vertiefen.

Durch das Verständnis und die Anwendung der Chakrenlehre können wir unser Leben in Balance bringen, unsere inneren Kräfte aktivieren und eine tiefere spirituelle Erleuchtung erfahren. Die Chakren bieten uns einen Weg, um die Einheit von Körper, Geist und Seele zu erleben und ein Leben voller Frieden, Liebe und Erfüllung zu führen. In dieser Harmonie finden wir den Schlüssel zu einem **authentischen** und **bewussten Leben**, das im Einklang mit unserer inneren Wahrheit steht.

Die Reise der sieben Edelsteine

Es war einmal ein junges Mädchen namens Leela, das in einem kleinen Dorf am Fuße eines großen, majestätischen Berges lebte. Leela war neugierig, einfühlsam und immer auf der Suche nach Antworten auf die tieferen Fragen des Lebens. Sie hatte oft das Gefühl, dass es eine verborgene Kraft in ihr gab, die sie nicht ganz verstehen konnte – eine Kraft, die sie mit der Welt um sich herum verbinden wollte, aber etwas schien immer zu fehlen.

Eines Tages erzählte eine alte Frau aus dem Dorf Leela von einer uralten Legende, die besagte, dass der Schlüssel zu innerem Frieden und spirituellem Wachstum tief in den Bergen verborgen sei. Dort, so hieß es, lagen sieben besondere Edelsteine, die jeweils einem der sieben Chakren im menschlichen Körper entsprachen. Diese Edelsteine waren mit unglaublichen Kräften gesegnet und hatten die Macht, das Gleichgewicht zwischen Körper, Geist und Seele wiederherzustellen.

Leela war fasziniert von der Geschichte und entschied, sich auf eine Reise zu begeben, um diese Edelsteine zu finden und die Weisheit der Chakren zu entdecken. Mit nichts als einem kleinen Rucksack und einem offenen Herzen machte sie sich auf den Weg.

Leela wanderte viele Tage und Nächte, bis sie schließlich am Fuße des Berges ankam, wo der erste Edelstein versteckt war. Hier, unter einem großen alten Baum, fand sie den **Roten Jaspis**, der hell und warm leuchtete. Als sie ihn aufhob, spürte sie sofort, wie eine starke Erdungsenergie durch ihren Körper strömte.

Der rote Jaspis flüsterte ihr leise zu: „Ich bin der Stein des **Wurzelchakras**, der dir Sicherheit, Erdung und Stabilität gibt. Wenn du mich bei dir trägst, wirst du dich sicher und geerdet fühlen, wie ein Baum mit starken Wurzeln." Leela spürte, wie ihre Füße fester auf dem Boden standen und wie sie sich stabiler und verbundener mit der Erde fühlte.

„Es beginnt immer bei den Wurzeln", dachte Leela. „Nur wenn wir uns sicher und geerdet fühlen, können wir wachsen." Mit diesem Gedanken steckte sie den Roten Jaspis in ihren Rucksack und setzte ihre Reise fort.

Der zweite Stein: Der Karneol
(Sakralchakra – Svadhisthana)

Als Leela tiefer in die Berge vordrang, führte ihr Weg sie zu einem stillen See, dessen Wasser sanft in der Sonne glitzerte. Am Ufer des Sees entdeckte sie den nächsten Edelstein: den **Karneol**, der in einem leuchtenden Orangeton schimmerte. Sie hob ihn auf und spürte sofort, wie sich eine warme, kreative Energie in ihrem Bauch ausbreitete.

Der Karneol sprach zu ihr: „Ich bin der Stein des **Sakralchakras**, des Zentrums für Kreativität, Freude und emotionale Harmonie. Ich helfe dir, deine Emotionen frei fließen zu lassen und dich mit deiner kreativen Energie zu verbinden." Leela erinnerte sich an all die Zeiten, in denen sie ihre Kreativität zurückgehalten hatte, aus Angst, nicht gut genug zu sein. Mit dem Karneol in der Hand fühlte sie, wie diese Blockaden sich lösten und sie sich frei und inspiriert fühlte.

Dankbar legte Leela den Karneol zu dem Roten Jaspis in ihren Rucksack und versprach sich selbst, mehr Raum für Freude und Kreativität in ihrem Leben zu schaffen.

Der dritte Stein: Der Gelbe Citrin
(Solarplexus-Chakra – Manipura)

Leela ging weiter, und die Landschaft begann sich zu verändern. Sie stieg höher in die Berge, bis sie eine sonnige Lichtung erreichte, die in goldenem Licht erstrahlte. Dort fand sie den dritten Edelstein: den **Gelben Citrin**, der wie die Sonne selbst leuchtete.

Als sie den Citrin aufhob, fühlte sie eine Welle von Selbstbewusstsein und innerer Stärke durch ihren Körper fließen. Der Citrin sprach zu ihr: „Ich bin der Stein des **Solarplexus-Chakras**, deines Zentrums für Willenskraft und Selbstbewusstsein. Mit mir kannst du dein inneres Feuer entfachen und mutig deinen Weg gehen."

Leela dachte an all die Male, in denen sie an sich selbst gezweifelt hatte. Mit dem Citrin in der Hand fühlte sie, wie ihr Mut wuchs und sie bereit war, die Herausforderungen des Lebens mit Entschlossenheit zu meistern. Sie spürte, wie das Licht des Citrins in ihrem Bauch leuchtete und ihr das Selbstvertrauen gab, ihren Weg fortzusetzen.

Mit neuer Kraft legte sie den Gelben Citrin zu den anderen Steinen in ihren Rucksack und ging weiter.

Auf ihrer Reise kam Leela in ein grünes, üppiges Tal, das von sanften Hügeln und Wiesen umgeben war. Hier, im Herzen der Natur, fand sie den nächsten Edelstein: den **Grünen Aventurin**, der sanft im Sonnenlicht schimmerte. Als sie ihn berührte, spürte sie eine tiefe Liebe und Harmonie, die ihren ganzen Körper durchströmte.

Der Grüne Aventurin sprach sanft zu ihr: „Ich bin der Stein des **Herzchakras**, das Zentrum der Liebe, des Mitgefühls und der emotionalen Heilung. Mit mir kannst du dein Herz öffnen und bedingungslose Liebe erfahren – für dich selbst und andere."

Leela fühlte, wie alte Wunden, die sie tief in ihrem Herzen getragen hatte, zu heilen begannen. Mit dem Grünen Aventurin in der Hand spürte sie Liebe und Mitgefühl, nicht nur für andere, sondern auch für sich selbst. Sie verstand, dass wahre Stärke aus einem offenen Herzen kommt und dass Liebe die stärkste Kraft ist, die es gibt.

Mit einem warmen Lächeln legte sie den Grünen Aventurin zu den anderen Edelsteinen in ihren Rucksack und setzte ihre Reise mit einem offenen Herzen fort.

Der fünfte Stein: Der Blaue Aquamarin
(Halschakra – Vishuddha)

Als Leela weiterging, führte ihr Weg sie zu einem sanft rauschen-
den Fluss. Am Ufer des Flusses entdeckte sie den nächsten Edelstein: den **Blauen Aquamarin**, der klar und ruhig in der Sonne
funkelte. Sie nahm ihn in die Hand und fühlte sofort, wie sich ihr
Hals und ihre Stimme öffneten.

Der Blaue Aquamarin sprach zu ihr: „Ich bin der Stein des
Halschakras, das Zentrum für Kommunikation und Selbstausdruck. Mit mir kannst du deine Wahrheit klar und authentisch ausdrücken und in Harmonie mit deinen Worten und Gedanken leben."

Leela dachte an all die Zeiten, in denen sie ihre Wahrheit nicht ge-
sprochen hatte, aus Angst vor Ablehnung oder Missverständnissen. Mit dem Blauen Aquamarin fühlte sie sich ermutigt, ihre
Stimme zu finden und ihre inneren Gedanken klar und ehrlich auszudrücken.

Dankbar legte sie den Blauen Aquamarin zu den anderen Steinen
in ihren Rucksack und setzte ihre Reise fort, entschlossen, von
nun an ihre Wahrheit zu sprechen.

Leela wanderte weiter und erreichte schließlich die Höhen des Berges, wo der Himmel sich in tiefem Indigo verfärbte. Dort, unter einem alten, knorrigen Baum, fand sie den **Indigo Lapislazuli**, der in der Dunkelheit geheimnisvoll schimmerte. Als sie ihn aufhob, spürte sie eine tiefe innere Klarheit und Einsicht, die ihren Geist erfüllte.

Der Lapislazuli sprach zu ihr: „Ich bin der Stein des **Stirnchakras**, deines Zentrums für Intuition und Weisheit. Mit mir kannst du über das Sichtbare hinausblicken und tiefere Wahrheiten erkennen. Ich helfe dir, deine innere Führung zu finden."

Leela schloss die Augen und spürte, wie ihr Geist klarer wurde. Mit dem Lapislazuli in der Hand verstand sie, dass sie immer auf ihre innere Weisheit vertrauen konnte. Sie erkannte, dass alle Antworten, die sie suchte, bereits in ihr lagen, und dass sie sich nur der Führung ihres eigenen Herzens und Geistes öffnen musste.

Mit neuer Klarheit legte sie den Lapislazuli zu den anderen Edelsteinen in ihren Rucksack und bereitete sich auf den letzten Teil ihrer Reise vor.

Leela erreichte schließlich den höchsten Gipfel des Berges, wo der Himmel klar und weit war. Hier fand sie den letzten Edelstein: den **Weißen Bergkristall**, der rein und strahlend in der Sonne leuchtete. Als sie den Kristall in die Hand nahm, fühlte sie eine tiefe Verbindung zum Universum und eine unendliche Weite, die sie umgab.

Der Bergkristall sprach sanft zu ihr: „Ich bin der Stein des **Kronenchakras**, das Zentrum für spirituelles Bewusstsein und Erleuchtung. Mit mir kannst du dich mit dem Universum verbinden und die Einheit allen Lebens spüren. Ich öffne dir den Weg zu tiefem inneren Frieden und spiritueller Erfüllung.“

Leela schloss die Augen und spürte, wie sie eins wurde mit dem Universum. Sie fühlte sich mit allem verbunden – mit der Erde, dem Himmel, den Sternen und allem Leben um sie herum. Der Bergkristall half ihr, das Gefühl von Getrenntheit loszulassen und die Einheit allen Seins zu erfahren.

Mit einem tiefen Gefühl von Frieden und Dankbarkeit legte sie den Weißen Bergkristall zu den anderen Steinen in ihren Rucksack.

Die Rückkehr

Leela kehrte schließlich in ihr Dorf zurück, aber sie war nicht mehr dieselbe. Durch ihre Reise hatte sie nicht nur die sieben Edelsteine gefunden, sondern auch ein tiefes Verständnis für sich selbst und die Welt um sie herum entwickelt. Jeder Edelstein hatte ihr geholfen, ein Chakra zu heilen und ins Gleichgewicht zu bringen, und sie fühlte sich nun geerdet, stark, offenherzig, klar in ihrer Kommunikation und verbunden mit dem Universum.

Von nun an trug Leela die Edelsteine immer bei sich, nicht nur als Symbole der Chakren, sondern als Erinnerungen an die Weisheit, die sie auf ihrer Reise gelernt hatte: dass wir alle die Kraft haben, unser inneres Gleichgewicht zu finden und in Harmonie mit uns selbst und der Welt zu leben.

Und so lebte Leela ihr Leben mit einem offenen Herzen, einer starken Seele und einem tiefen Gefühl von Frieden, wissend, dass die sieben Edelsteine und die Energie der Chakren immer ein Teil von ihr sein würden.

Die Heilende Kraft der Natur
(Ätherische Öle)

In einem kleinen Dorf am Rande eines dichten Waldes lebte einst eine weise Frau namens Aria. Aria war bekannt für ihr tiefes Wissen über die Heilkräfte der Pflanzen und die Kunst der Destillation ätherischer Öle. Menschen aus nah und fern kamen zu ihr, um Heilmittel und Ratschläge zu erhalten.

Eines Tages kam ein junger Mann namens Luca zu Aria. Luca war verzweifelt, denn seine Mutter war schwer erkrankt. Sie litt unter ständigen Kopfschmerzen und konnte kaum noch schlafen. Luca hatte von Arias heilenden Fähigkeiten gehört und hoffte, dass sie seiner Mutter helfen konnte.

Aria führte Luca in ihre kleine Hütte, die nach den Düften vieler verschiedener Pflanzen duftete. Sie hörte sich Lucas Sorgen an und bereitete sich dann darauf vor, ein spezielles Öl für seine Mutter zu destillieren. Sie wählte sorgfältig Lavendel, Kamille und Pfefferminze aus, Pflanzen, die für ihre beruhigenden und heilenden Eigenschaften bekannt waren.

Aria begann den Destillationsprozess und erklärte Luca dabei, wie jedes ätherische Öl seine eigene einzigartige Energie und Heilwirkung besitzt. Sie sprach über die Verbindung zwischen der Pflanze und dem Menschen, über die Art und Weise, wie die Pflanzen ihre Kraft an die Menschen weitergeben.

Als das Öl schließlich fertig war, überreichte Aria es Luca und erklärte ihm, wie er es verwenden sollte. Sie riet ihm, ein paar Tropfen des Öls auf die Stirn seiner Mutter zu massieren und den Rest in einem Diffusor zu verwenden, um das Zimmer mit dem beruhigenden Duft zu füllen.

Luca bedankte sich und eilte nach Hause. Er tat, wie Aria es ihm geraten hatte, und schon nach wenigen Tagen spürte seine Mutter eine deutliche Besserung. Die Kopfschmerzen ließen nach, und sie begann wieder besser zu schlafen. Luca war überglücklich und kehrte zu Aria zurück, um ihr zu danken.

Aria lächelte und erklärte Luca, dass die Heilung seiner Mutter nicht nur durch die Öle, sondern auch durch die Liebe und Fürsorge, die er ihr entgegengebracht hatte, unterstützt wurde. Sie betonte, dass ätherische Öle kraftvolle Werkzeuge sind, die den Menschen helfen können, aber dass wahre Heilung oft durch die Verbindung zwischen Herzen und Geist entsteht.

Diese Geschichte erinnert uns daran, dass die Natur uns alles bietet, was wir für unsere Heilung brauchen. Ätherische Öle sind ein Geschenk der Natur, das uns auf unserem Weg zu Gesundheit und Wohlbefinden unterstützt. Indem wir lernen, sie achtsam und respektvoll zu nutzen, können wir ihre volle Kraft entfalten und in unserem Leben anwenden.

Was sie über Chakren wissen sollten

Das Wurzelchakra (Muladhara)

Das Wurzelchakra (Muladhara) ist eines der sieben Hauptchakren im menschlichen Körper und bildet das Fundament unseres Energiesystems. Stellen Sie sich vor, Sie stehen fest verwurzelt auf dem Boden, stark und stabil, bereit, allen Herausforderungen des Lebens zu begegnen. Genau diese Stabilität und Sicherheit bietet ein ausgeglichenes Wurzelchakra.

Im Laufe dieses Kapitels werden wir die Lage, Farbe und das Element des Wurzelchakras erkunden, die Symptome einer Blockade untersuchen und verschiedene Heilmethoden vorstellen. Sie werden lernen, wie Sie Ihr Wurzelchakra durch körperliche Übungen, Ernährung, Edelsteine, Aromatherapie und Meditation stärken können. Außerdem werfen wir einen Blick auf kulturelle Hintergründe und die Bedeutung des Wurzelchakras in verschiedenen Traditionen.

Zusätzlich werden wir praktische Tipps und Übungen vorstellen, die Sie leicht in Ihren Alltag integrieren können, um die Energie Ihres Wurzelchakras zu harmonisieren und zu stärken. Diese ganzheitliche Herangehensweise ermöglicht es Ihnen, eine tiefe Verbindung zu Ihrer inneren Kraftquelle zu entwickeln und ein erfülltes Leben zu führen.

Am Ende dieses Kapitels sollten Sie ein tiefes Verständnis dafür haben, wie Sie Ihr Wurzelchakra pflegen können, um ein Gefühl von Sicherheit, Stabilität und Erdung in Ihrem Leben zu fördern.

Tipp

Ein wesentlicher Tipp zur Pflege Ihres Wurzelchakras ist es, regelmäßig Zeit in der Natur zu verbringen. Gehen Sie barfuß auf Gras, Erde oder Sand und verbinden Sie sich bewusst mit der Erde. Diese einfache Praxis kann Ihnen helfen, sich geerdeter und stabiler zu fühlen, und unterstützt die natürliche Balance Ihres Wurzelchakras. Zusätzlich können Sie beim Gehen in der Natur tief und bewusst atmen, um die Erdungsenergie noch stärker aufzunehmen. Versuchen Sie, die Geräusche der Natur wahrzunehmen und die frische Luft zu genießen. Dies hilft nicht nur Ihrem Wurzelchakra, sondern verbessert auch Ihr allgemeines Wohlbefinden.

1. Lage des Wurzelchakras

Das Wurzelchakra, auch bekannt als Muladhara (mula = Wurzel, adhara = Stütze), ist das erste der sieben Hauptchakren im menschlichen Körper. Es befindet sich am unteren Ende der Wirbelsäule, in der Nähe des Steißbeins, genauer gesagt im Bereich des Damms, zwischen Anus und Genitalien. Die Öffnung dieses Chakras ist nach unten gerichtet und verbindet den Körper mit der Erde. Es bildet die Basis und das Fundament unseres Energiesystems und steht in direktem Zusammenhang mit unseren Grundbedürfnissen und dem Überleben.

2. Farbe des Wurzelchakras

Die Farbe, die traditionell mit dem Wurzelchakra verbunden wird, ist Rot. Diese kräftige, warme Farbe symbolisiert Vitalität, Stärke und die Lebensenergie, die notwendig ist, um die grundlegenden Bedürfnisse des Lebens zu erfüllen.

3. Element des Wurzelchakras

Das Element, das dem Wurzelchakra zugeordnet wird, ist die Erde. Die Erdenergie steht für Stabilität, Sicherheit und Verbundenheit mit der physischen Welt. Dieses Element hilft dabei, uns zu erden und uns sicher und geborgen zu fühlen.

4. Symptome einer Blockade im Wurzelchakra

Eine Blockade oder ein Ungleichgewicht im Wurzelchakra kann sich sowohl körperlich als auch emotional manifestieren. Zu den häufigsten Symptomen gehören:

Körperliche Symptome:

- Schmerzen im unteren Rücken, in den Beinen oder den Füßen
- Knochenerkrankungen
- Hormondisbalancen
- Probleme mit dem Dickdarm, wie Verstopfung oder Durchfall
- Schwache Immunabwehr
- Gewichtsschwankungen

Emotionale und psychische Symptome:

- Angstgefühle und Unsicherheit
- Antriebslosigkeit
- Gefühl der Instabilität oder des Verlusts der Bodenhaftung
- Mangel an Selbstvertrauen
- Finanzielle Sorgen und existenzielle Ängste

Wenn Ihr Wurzelchakra blockiert ist, kann es sich anfühlen, als ob Ihnen der Boden unter den Füßen weggezogen wurde. Die damit verbundenen körperlichen Beschwerden wie Schmerzen im unteren Rücken oder Probleme mit dem Verdauungstrakt können den Alltag erheblich beeinträchtigen. Emotionale Symptome wie ständige Angstgefühle oder ein tiefes Gefühl der Unsicherheit können überwältigend sein. Es ist, als ob Sie ständig auf der Suche nach einem sicheren Hafen sind, ohne jemals wirklich zur Ruhe zu kommen. Diese Blockaden können auch finanzielle Sorgen und existenzielle Ängste verstärken, was das Gefühl der Instabilität weiter verschlimmert. Es ist wichtig, diese Symptome ernst zu nehmen und Wege zu finden, um Ihr Wurzelchakra zu heilen und wieder in Balance zu bringen, damit Sie sich wieder sicher und geborgen fühlen können.

5. **Verschiedene Methoden zur Heilung und Balance des Wurzelchakras**

Es gibt viele Methoden, um das Wurzelchakra zu heilen und zu balancieren. Jede Methode hat ihre eigene einzigartige Herangehensweise und kann auf die individuellen Bedürfnisse abgestimmt werden. Körperliche Übungen wie Yoga und Barfußgehen fördern die Erdung und Verbindung zur Erde. Ernährung spielt eine wichtige Rolle, indem bestimmte Lebensmittel das Chakra stärken. Edelsteine und Kristalle können durch ihre energetischen Eigenschaften harmonisierend wirken. Aromatherapie nutzt ätherische Öle, um die Erdung zu unterstützen. Meditation und Visualisierungstechniken sind kraftvolle Werkzeuge, um Blockaden zu lösen und das Wurzelchakra zu aktivieren. Durch diese vielfältigen Ansätze kann ein tiefes Gefühl der Sicherheit und Stabilität erreicht werden.

Körperliche Übungen:

- **Yoga:** Spezifische Yoga-Posen können helfen, das Wurzelchakra zu aktivieren und zu stärken. Zum Beispiel:
  - **Vrksasana (Baumhaltung):** Diese Haltung fördert das Gleichgewicht und die Erdung.
  - **Virabhadrasana (Kriegerhaltung):** Diese Haltung stärkt die Beine und fördert die Standfestigkeit.
  - **Malasana (tiefe Hocke):** Diese Haltung öffnet die Hüften und erdet den Körper.
- **Barfuß gehen:** Gehe barfuß auf natürlichen Untergründen wie Gras, Erde oder Sand. Dies fördert die Verbindung zur Erde und hilft, sich geerdet zu fühlen.
- **Bewegung und Sport:** Regelmäßige Bewegung, besonders in der Natur, kann helfen, das Wurzelchakra zu stärken.
- **Massagen:** Fußmassagen können helfen, die Energie im unteren Körperbereich zu stimulieren und Blockaden zu lösen.
- **Hydrotherapie:** Waden- und Schenkelgüsse mit kaltem Wasser können die Durchblutung fördern und das Gefühl der Erdung verstärken.

Ernährung:

- **Erdende Nahrungsmittel:** Lebensmittel, die reich an Proteinen und Wurzeln sind, wie Rüben, Karotten, Kartoffeln und Proteine aus Fleisch oder Hülsenfrüchten, unterstützen die Erdung.
- **Rote Lebensmittel:** Rote Lebensmittel wie Äpfel, Erdbeeren und rote Paprika können ebenfalls das Wurzelchakra stärken.

Edelsteine und Kristalle:

- **Roter Jaspis:** Dieser Stein hilft, das Wurzelchakra zu balancieren und fördert die Ausdauer und Vitalität.
- **Hämatit:** Dieser Stein erdet und schützt vor negativen Energien.
- **Schwarzer Turmalin:** Dieser Stein hilft, das Wurzelchakra zu harmonisieren und bietet Schutz und Stabilität.
- **Anwendung:** Trage diese Steine als Schmuck oder lege sie während der Meditation auf das Wurzelchakra.

Aromatherapie:

- **Ätherische Öle:** Ätherische Öle wie Zedernholz, Sandelholz, Zypresse und Patchouli können beruhigend wirken und die Erdung fördern.
- **Anwendung:** Diese Öle können in einem Diffusor verwendet oder direkt auf die Haut aufgetragen werden (verdünnt mit einem Trägeröl).

Meditation:

Meditation ist eine kraftvolle Methode, um das Wurzelchakra zu öffnen und zu harmonisieren. Hier sind einige spezifische Meditationstechniken:

- **Visualisierung:** Setze dich in eine bequeme Position und stelle dir vor, dass du Wurzeln aus deinem Steißbein und deinen Füßen in die Erde wachsen lässt. Visualisiere, wie diese Wurzeln tief in die Erde eindringen und dir Stabilität und Sicherheit geben. Visualisiere ein strahlendes rotes Licht im Bereich deines Wurzelchakras. Stelle dir vor, wie dieses Licht mit jedem Atemzug heller und kräftiger wird, bis es dein gesamtes Becken ausfüllt.

- **Mantren:** Wiederhole das Mantra „LAM" leise oder laut. Dies ist das Bija-Mantra (Saatklang) des Wurzelchakras und hilft, dessen Energie zu aktivieren und auszubalancieren. Du kannst das Mantra während der Meditation oder in einem ruhigen Moment wiederholen, um dich auf dein Wurzelchakra zu konzentrieren.
- **Atemübungen:** Praktiziere tiefes, bewusstes Atmen, wobei du dir vorstellst, dass du bei jedem Einatmen Energie in dein Wurzelchakra ziehst und bei jedem Ausatmen Spannungen und Blockaden loslässt. Eine spezielle Atemtechnik, die hilfreich sein kann, ist die Bauch- oder Zwerchfellatmung. Lege eine Hand auf deinen Bauch und atme tief ein, sodass sich dein Bauch hebt. Atme dann langsam aus und spüre, wie sich dein Bauch senkt. Eine regelmäßige Praxis dieser Atemübungen kann helfen, das Wurzelchakra kontinuierlich zu stärken.

Weitere Methoden:

- **Malen und Kreativität:** Farben haben eine starke Wirkung auf unsere Chakren. Male Bilder mit Rot oder beschäftige dich mit kreativen Aktivitäten, die die Farbe Rot beinhalten.
- **Musik und Klangtherapie:** Höre Musik mit tiefen Tönen oder Trommelklängen, die eine Verbindung zur Erde und Stabilität fördern. Klangschalen, die auf die Frequenz des Wurzelchakras abgestimmt sind, können ebenfalls hilfreich sein.

- **Tanzen:** Tanzstile, die den unteren Körperbereich einbeziehen, wie Bauchtanz oder afrikanische Tänze, können helfen, das Wurzelchakra zu aktivieren und zu stärken.

Das Wurzelchakra ist der Schlüssel zu einem stabilen und sicheren Leben. Durch die gezielte Arbeit an diesem Chakra können wir unsere grundlegenden Bedürfnisse erfüllen und eine starke Basis für unsere körperliche und emotionale Gesundheit schaffen. Ob durch körperliche Übungen, Meditation, Ernährung oder andere Heilmethoden – die Pflege und das Ausbalancieren des Wurzelchakras sind entscheidend für unser Wohlbefinden. Durch die bewusste Arbeit an unserem Wurzelchakra können wir ein Gefühl der Sicherheit und Stabilität in unserem Leben fördern, das es uns ermöglicht, unser volles Potenzial zu entfalten und ein erfülltes Leben zu führen.

Indem wir diese Praktiken regelmäßig in unseren Alltag integrieren, können wir ein starkes Fundament für unsere Gesundheit und unser Wohlbefinden schaffen. Es ist wichtig, auf die Signale unseres Körpers und Geistes zu achten und die notwendigen Schritte zu unternehmen, um unser Wurzelchakra zu pflegen und zu stärken. So können wir eine tiefere Verbindung zu uns selbst und zur Erde erfahren und ein Leben in Balance und Harmonie führen.

Das Sakralchakra (Svadhisthana)

Das Sakralchakra (Svadhisthana) ist eines der sieben Hauptchakren im menschlichen Körper und spielt eine entscheidende Rolle in unserem Energiesystem. Stellen Sie sich vor, Sie sind in einem Zustand des kreativen Flusses und der emotionalen Ausgeglichenheit, bereit, Ihre Leidenschaften zu erkunden und tief erfüllende Beziehungen zu führen. Genau diese Freude und kreative Energie bietet ein ausgeglichenes Sakralchakra.

Im Laufe dieses Kapitels werden wir die Lage, Farbe und das Element des Sakralchakras erkunden, die Symptome einer Blockade untersuchen und verschiedene Heilmethoden vorstellen. Sie werden lernen, wie Sie Ihr Sakralchakra durch körperliche Übungen, Ernährung, Edelsteine, Aromatherapie und Meditation stärken können. Außerdem werfen wir einen Blick auf kulturelle Hintergründe und die Bedeutung des Sakralchakras in verschiedenen Traditionen.

Zusätzlich werden wir praktische Tipps und Übungen vorstellen, die Sie leicht in Ihren Alltag integrieren können, um die Energie Ihres Sakralchakras zu harmonisieren und zu stärken. Diese ganzheitliche Herangehensweise ermöglicht es Ihnen, eine tiefe Verbindung zu Ihrer kreativen und emotionalen Kraftquelle zu entwickeln und ein erfülltes Leben zu führen.

Am Ende dieses Kapitels sollten Sie ein tiefes Verständnis dafür haben, wie Sie Ihr Sakralchakra pflegen können, um ein Gefühl von Freude, Kreativität und emotionaler Balance in Ihrem Leben zu fördern.

Tipp

Ein wesentlicher Tipp zur Pflege Ihres Sakralchakras ist es, regelmäßig kreativ tätig zu sein. Finden Sie eine kreative Aktivität, die Ihnen Freude bereitet, sei es Malen, Tanzen, Schreiben oder Musikmachen. Diese kreative Ausdrucksform kann Ihnen helfen, Ihre Emotionen freizusetzen und die Energie in Ihrem Sakralchakra zu harmonisieren. Zusätzlich können Sie Zeit in der Nähe von Wasser verbringen, sei es beim Schwimmen, Spazieren an einem See oder einfach beim Hören von Wassergeräuschen. Diese Praktiken können Ihre Verbindung zum Element Wasser stärken und das Fließen Ihrer emotionalen und kreativen Energien fördern.

1. Lage des Sakralchakras

Das Sakralchakra, auch als Svadhisthana (sva = Selbst, adhisthana = Wohnsitz)-Chakra bekannt, ist das zweite der sieben Hauptchakren im menschlichen Körper. Es befindet sich etwa zwei Fingerbreit unterhalb des Bauchnabels, im Bereich des unteren Bauchs und der Lendenwirbelsäule. Die Öffnung dieses Chakras ist nach vorne gerichtet und es steht in enger Verbindung mit unserer Kreativität, Sexualität und emotionalen Identität.

2. Farbe des Sakralchakras

Die Farbe, die traditionell mit dem Sakralchakra verbunden wird, ist Orange. Diese warme, lebendige Farbe symbolisiert Freude, Leidenschaft und die kreative Lebensenergie, die in uns fließt.

3. Element des Sakralchakras

Das Element, das dem Sakralchakra zugeordnet wird, ist das Wasser. Die Wasserenergie steht für Fließen, Anpassungsfähigkeit und Emotionen. Dieses Element hilft dabei, unsere Gefühle frei auszudrücken und in Harmonie mit unseren emotionalen Bedürfnissen zu leben.

4. Symptome einer Blockade im Sakralchakra

Eine Blockade oder ein Ungleichgewicht im Sakralchakra kann sich sowohl körperlich als auch emotional manifestieren. Zu den häufigsten Symptomen gehören:

Körperliche Symptome:
- Unterleibsschmerzen oder Probleme mit den Fortpflanzungsorganen
- Blasen- oder Nierenprobleme
- Sexuelle Dysfunktion
- Menstruationsbeschwerden
- Niedrige Libido oder übermäßiges sexuelles Verlangen

Emotionale und psychische Symptome:
- Emotionale Instabilität
- Schwierigkeiten in Beziehungen
- Unterdrückte Kreativität
- Schuldgefühle oder Scham
- Abhängigkeiten und Suchtverhalten

Wenn Ihr Sakralchakra blockiert ist, kann sich dies anfühlen, als ob eine Welle von Emotionen Sie überwältigt, ohne dass Sie sie kontrollieren können. Körperliche Beschwerden wie Unterleibsschmerzen oder sexuelle Dysfunktionen können das tägliche Leben stark beeinträchtigen und Ihre Lebensqualität mindern. Emotional können Sie sich in einem ständigen Zustand der Unsicherheit und Instabilität befinden, was zu Schwierigkeiten in Beziehungen und einem Gefühl der Isolation führt. Das Unterdrücken von Kreativität und Freude kann dazu führen, dass Sie sich vom Leben abgeschnitten fühlen, unfähig, Ihre Leidenschaften auszudrücken. Schuldgefühle und Scham können Sie belasten, während Abhängigkeiten und Suchtverhalten möglicherweise als

Bewältigungsmechanismen dienen. Es ist wichtig, diese Symptome ernst zu nehmen und aktiv Schritte zur Heilung des Sakralchakras zu unternehmen, um ein ausgewogenes und freudvolles Leben führen zu können.

5. Verschiedene Methoden zur Heilung und Balance des Sakralchakras

Es gibt viele Methoden, um das Sakralchakra zu heilen und zu balancieren. Jede Methode hat ihre eigene einzigartige Herangehensweise und kann auf die individuellen Bedürfnisse abgestimmt werden. Körperliche Übungen wie Yoga und Tanzen fördern die Verbindung zum Element Wasser und die emotionale Ausgeglichenheit. Ernährung spielt eine wichtige Rolle, indem bestimmte Lebensmittel das Chakra stärken. Edelsteine und Kristalle können durch ihre energetischen Eigenschaften harmonisierend wirken. Aromatherapie nutzt ätherische Öle, um die emotionale Balance zu unterstützen. Meditation und Visualisierungstechniken sind kraftvolle Werkzeuge, um Blockaden zu lösen und das Sakralchakra zu aktivieren. Durch diese vielfältigen Ansätze kann ein tiefes Gefühl der Freude und Kreativität erreicht werden.

Körperliche Übungen:
- **Yoga:** Spezifische Yoga-Posen können helfen, das Sakralchakra zu aktivieren und zu stärken. Zum Beispiel:
  - **Baddha Konasana (Schmetterlingshaltung):** Diese Haltung öffnet die Hüften und fördert die Flexibilität.
  - **Eka Pada Rajakapotasana (Taube):** Diese Haltung dehnt den unteren Rücken und die Hüften.

- o **Paschimottanasana (Vorwärtsbeuge im Sitzen):** Diese Haltung beruhigt den Geist und dehnt die Rückseite des Körpers.
- **Tanzen:** Tanzen und rhythmische Bewegungen fördern die Kreativität und das Fließen der Energie im Sakralchakra.
- **Wasseraktivitäten:** Schwimmen oder andere Wasseraktivitäten unterstützen die Verbindung mit dem Element Wasser.

Ernährung:
- **Flüssigkeitsreiche Nahrungsmittel:** Lebensmittel, die reich an Flüssigkeit sind, wie Melonen, Orangen und Beeren, unterstützen die Hydratation und das Fließen der Energie.
- **Orangene Lebensmittel:** Orangene Lebensmittel wie Karotten, Kürbis und Süßkartoffeln können ebenfalls das Sakralchakra stärken.
- **Warme Mahlzeiten:** Essen Sie warme, nahrhafte Mahlzeiten, die gut gewürzt sind, um das Gefühl der Erdung zu verstärken.

Edelsteine und Kristalle:
- **Karneol:** Dieser Stein hilft, das Sakralchakra zu balancieren und fördert die Kreativität.
- **Orangefarbener Calcit:** Dieser Stein stärkt die emotionale Balance.
- **Mondstein:** Dieser Stein harmonisiert das Sakralchakra und fördert die Intuition.
- **Anwendung:** Tragen oder meditieren Sie mit diesen Steinen, um die Energie des Sakralchakras zu harmonisieren.

Aromatherapie:

- **Ätherische Öle:** Ätherische Öle wie Ylang-Ylang, Sandelholz, Orangenblüte, Vanille, Jasmin und Rose können die Sinnlichkeit und emotionale Balance fördern.
- **Anwendung:** Diese Öle können in einem Diffusor verwendet oder direkt auf die Haut aufgetragen werden (verdünnt mit einem Trägeröl).

Meditation:

Meditation ist eine kraftvolle Methode, um das Sakralchakra zu öffnen und zu harmonisieren. Hier sind einige spezifische Meditationstechniken:

- **Visualisierung:** Setzen Sie sich in eine bequeme Position und stellen Sie sich vor, dass Sie eine strahlende orangefarbene Kugel im Bereich Ihres Sakralchakras sehen. Visualisieren Sie, wie dieses Licht mit jedem Atemzug heller und kräftiger wird, bis es Ihr gesamtes Becken ausfüllt. Stellen Sie sich vor, wie ein sanfter Fluss oder Wasserfall durch Ihr Sakralchakra fließt und alle Blockaden und Spannungen wegspült.
- **Mantren:** Wiederholen Sie das Mantra „VAM" leise oder laut. Dies ist das Bija-Mantra (Saatklang) des Sakralchakras und hilft, dessen Energie zu aktivieren und auszubalancieren. Sie können das Mantra während der Meditation oder in einem ruhigen Moment wiederholen, um sich auf Ihr Sakralchakra zu konzentrieren.
- **Atemübungen:** Praktizieren Sie tiefes, bewusstes Atmen, wobei Sie sich vorstellen, dass Sie bei jedem Einatmen Energie in Ihr Sakralchakra ziehen und bei jedem Ausatmen Spannungen und Blockaden loslassen. Eine spezielle Atemtechnik, die hilfreich sein kann, ist die Bauchatmung.

Lege eine Hand auf Ihren Bauch und atmen tief ein, sodass sich Ihr Bauch hebt. Atmen dann langsam aus und
spüren, wie sich Ihr Bauch senkt.

Weitere Methoden:

- **Malen und Kreativität:** Farben haben eine starke Wirkung auf unsere Chakren. Male Bilder mit Orange oder beschäftige dich mit kreativen Aktivitäten, die die Farbe
Orange beinhalten.
- **Musik und Klangtherapie:** Höre Musik mit weichen, flie-
ßenden Klängen oder Trommelrhythmen, die eine Verbindung zu den Emotionen fördern. Klangschalen, die auf die
Frequenz des Sakralchakras abgestimmt sind, können
ebenfalls hilfreich sein.
- **Tanzen:** Tanzstile, die den unteren Körperbereich einbeziehen, wie Bauchtanz oder afrikanische Tänze, können
helfen, das Sakralchakra zu aktivieren und zu stärken.

Das Sakralchakra ist der Schlüssel zu Kreativität, Freude und erfüllten Beziehungen. Durch die gezielte Arbeit an diesem Chakra
können wir unsere emotionale und sexuelle Energie harmonisieren
und unser volles kreatives Potenzial entfalten. Ob durch körperliche Übungen, Meditation, Ernährung oder andere Heilmethoden –
die Pflege und das Ausbalancieren des Sakralchakras sind entscheidend für unser Wohlbefinden und unsere Lebensfreude. Die
Integration verschiedener kultureller und therapeutischer Ansätze
kann den Heilungsprozess bereichern und vertiefen. Durch die bewusste Arbeit an unserem Sakralchakra können wir ein Gefühl der
Freude und Kreativität in unserem Leben fördern, das es uns

ermöglicht, unser volles Potenzial zu entfalten und ein erfülltes Leben zu führen.

Indem wir diese Praktiken regelmäßig in unseren Alltag integrieren, können wir eine tiefere Verbindung zu unseren Emotionen und unserer Kreativität entwickeln und ein Leben in Balance und Harmonie führen. Es ist wichtig, auf die Signale unseres Körpers und Geistes zu achten und die notwendigen Schritte zu unternehmen, um unser Sakralchakra zu pflegen und zu stärken. So können wir ein erfülltes und kreatives Leben genießen.

Das Solarplexuschakra (Manipura)

Das Solarplexuschakra (Manipura) ist eines der sieben Hauptchakren im menschlichen Körper und spielt eine zentrale Rolle in unserem Energiesystem. Stellen Sie sich vor, Sie haben ein starkes inneres Feuer, das Ihnen Selbstbewusstsein, Willenskraft und persönliche Macht verleiht. Genau diese Energie und Klarheit bietet ein ausgeglichenes Solarplexuschakra.

Im Laufe dieses Kapitels werden wir die Lage, Farbe und das Element des Solarplexuschakras erkunden, die Symptome einer Blockade untersuchen und verschiedene Heilmethoden vorstellen. Sie werden lernen, wie Sie Ihr Solarplexuschakra durch körperliche Übungen, Ernährung, Edelsteine, Aromatherapie und Meditation stärken können. Außerdem werfen wir einen Blick auf kulturelle Hintergründe und die Bedeutung des Solarplexuschakras in verschiedenen Traditionen.

Zusätzlich werden wir praktische Tipps und Übungen vorstellen, die Sie leicht in Ihren Alltag integrieren können, um die Energie Ihres Solarplexuschakras zu harmonisieren und zu stärken. Diese ganzheitliche Herangehensweise ermöglicht es Ihnen, eine tiefe Verbindung zu Ihrer inneren Kraftquelle zu entwickeln und ein erfülltes Leben zu führen.

Am Ende dieses Kapitels sollten Sie ein tiefes Verständnis dafür haben, wie Sie Ihr Solarplexuschakra pflegen können, um ein Gefühl von Selbstbewusstsein, persönlicher Macht und innerer Stärke in Ihrem Leben zu fördern.

Tipp

Ein wesentlicher Tipp zur Pflege Ihres Solarplexuschakras ist es, regelmäßig Aktivitäten zu unternehmen, die Ihr Selbstbewusstsein stärken. Setzen Sie sich kleine, erreichbare Ziele und feiern Sie Ihre Erfolge. Dies kann Ihnen helfen, Ihre innere Stärke zu erkennen und zu nutzen. Zusätzlich können Sie Zeit in der Sonne verbringen, da die Wärme und das Licht der Sonne Ihr Solarplexuschakra energetisch aufladen und stärken können. Praktizieren Sie regelmäßig positive Affirmationen, um Ihr Selbstwertgefühl zu fördern und Ihre persönliche Macht zu stärken.

1. Lage des Solarplexuschakras

Das Solarplexuschakra, auch als Manipura (mani = Edelstein, pura = Stadt)-Chakra bekannt, ist das dritte der sieben Hauptchakren im menschlichen Körper. Es befindet sich etwa zwei Fingerbreit über dem Bauchnabel, im Bereich des Solarplexus. Die Öffnung dieses Chakras ist nach vorne gerichtet und es steht in enger Verbindung mit unserer persönlichen Macht, unserem Selbstbewusstsein und unserer Willenskraft.

2. Farbe des Solarplexuschakras

Die Farbe, die traditionell mit dem Solarplexuschakra verbunden wird, ist Gelb. Diese helle, strahlende Farbe symbolisiert Energie, Klarheit und die Kraft, unser Leben selbstbewusst zu gestalten.

3. Element des Solarplexuschakras

Das Element, das dem Solarplexuschakra zugeordnet wird, ist das Feuer. Die Feuerenergie steht für Transformation, Stärke und Selbstvertrauen. Dieses Element hilft dabei, unsere innere Kraft zu nutzen und unsere Ziele entschlossen zu verfolgen.

4. Symptome einer Blockade im Solarplexuschakra

Eine Blockade oder ein Ungleichgewicht im Solarplexuschakra kann sich sowohl körperlich als auch emotional manifestieren. Zu den häufigsten Symptomen gehören:

Körperliche Symptome:
- Magen- oder Verdauungsprobleme
- Leber- oder Gallenblasenbeschwerden
- Ermüdungserscheinungen
- Stoffwechselstörungen
- Schwaches Immunsystem

Emotionale und psychische Symptome:
- Geringes Selbstwertgefühl
- Angst vor Zurückweisung oder Kritik
- Übermäßige Kontrolle oder Machtstreben
- Mangel an Selbstdisziplin
- Probleme mit dem Durchsetzen eigener Bedürfnisse

Wenn Ihr Solarplexuschakra blockiert ist, kann es sich anfühlen, als ob Ihre innere Flamme erloschen ist. Körperliche Beschwerden wie Magenprobleme oder ständige Müdigkeit können den Alltag erheblich beeinträchtigen und Ihre Lebensqualität mindern. Emotional können Sie sich von Unsicherheiten und Selbstzweifeln überwältigt fühlen, was Ihre Fähigkeit beeinträchtigt, Ihre Ziele zu verfolgen und Ihre Bedürfnisse durchzusetzen. Das ständige Streben nach Kontrolle oder das Gefühl der Machtlosigkeit kann zu Spannungen in Beziehungen und zu einem allgemeinen Gefühl der Unzufriedenheit führen. Es ist wichtig, diese Symptome ernst zu nehmen und aktive Schritte zur Heilung des Solarplexuschakras zu unternehmen, um Ihre innere Stärke und Ihr Selbstbewusstsein wiederzuerlangen.

5. Verschiedene Methoden zur Heilung und Balance des Solarplexuschakras

Es gibt viele Methoden, um das Solarplexuschakra zu heilen und zu balancieren. Jede Methode hat ihre eigene einzigartige Herangehensweise und kann auf die individuellen Bedürfnisse abgestimmt werden. Körperliche Übungen wie Yoga und Krafttraining fördern die Verbindung zum Element Feuer und die Stärkung des Selbstbewusstseins. Ernährung spielt eine wichtige Rolle, indem bestimmte Lebensmittel das Chakra stärken. Edelsteine und Kristalle können durch ihre energetischen Eigenschaften harmonisierend wirken. Aromatherapie nutzt ätherische Öle, um die Konzentration und das Selbstvertrauen zu unterstützen. Meditation und Visualisierungstechniken sind kraftvolle Werkzeuge, um Blockaden zu lösen und das Solarplexuschakra zu aktivieren. Durch diese vielfältigen Ansätze kann ein tiefes Gefühl der inneren Stärke und Klarheit erreicht werden.

Körperliche Übungen:

- **Yoga:** Spezifische Yoga-Posen können helfen, das Solarplexuschakra zu aktivieren und zu stärken. Zum Beispiel:
  - **Navasana (Boot):** Diese Haltung stärkt die Bauchmuskeln und fördert die Willenskraft.
  - **Dhanurasana (Bogen):** Diese Haltung dehnt den Rücken und öffnet den Brustbereich.
  - **Virabhadrasana (Krieger):** Diese Haltung stärkt die Beine und fördert die Standfestigkeit.
- **Atemübungen:** Atemübungen wie die Feueratmung (Kapalabhati) können die Energie im Solarplexuschakra anregen.

- **Krafttraining:** Regelmäßiges Krafttraining und Aktivitäten, die das Selbstvertrauen fördern, unterstützen das Gleichgewicht dieses Chakras.

Ernährung:
- **Ballaststoffreiche Nahrungsmittel:** Lebensmittel, die reich an Ballaststoffen und gesunden Fetten sind, wie Vollkornprodukte, Nüsse und Samen, unterstützen die Verdauung und das Energieniveau.
- **Gelbe Lebensmittel:** Gelbe Lebensmittel wie Bananen, Zitronen und gelbe Paprika können ebenfalls das Solarplexuschakra stärken.

Edelsteine und Kristalle:
- **Citrin:** Dieser Stein hilft, das Solarplexuschakra zu balancieren und fördert die Klarheit und den Fokus.
- **Gelber Jaspis:** Dieser Stein stärkt das Selbstvertrauen und die innere Stärke.
- **Tigerauge:** Dieser Stein harmonisiert das Solarplexuschakra und fördert die Willenskraft.
- **Anwendung:** Tragen oder meditieren Sie mit diesen Steinen, um die Energie des Solarplexuschakras zu harmonisieren.

Aromatherapie:

- **Ätherische Öle:** Ätherische Öle wie Bergamotte, Ingwer, Zitrone, Wacholder, Anis und Rosmarin können die Konzentration und das Selbstvertrauen fördern.
- **Anwendung:** Diese Öle können in einem Diffusor verwendet oder direkt auf die Haut aufgetragen werden (verdünnt mit einem Trägeröl).

Meditation:

Meditation ist eine kraftvolle Methode, um das Solarplexuschakra zu öffnen und zu harmonisieren. Hier sind einige spezifische Meditationstechniken:

- **Visualisierung:** Setzen Sie sich in eine bequeme Position und stellen Sie sich vor, dass Sie eine strahlende gelbe Kugel im Bereich Ihres Solarplexuschakras sehen. Visualisieren Sie, wie dieses Licht mit jedem Atemzug heller und kräftiger wird, bis es Ihr gesamtes Bauchgefühl ausfüllt. Stellen Sie sich vor, wie ein wärmendes Feuer in Ihrem Solarplexuschakra brennt und alle Blockaden und Unsicherheiten verbrennt.
- **Mantren:** Wiederholen Sie das Mantra „RAM" leise oder laut. Dies ist das Bija-Mantra (Saatklang) des Solarplexuschakras und hilft, dessen Energie zu aktivieren und auszubalancieren. Sie können das Mantra während der Meditation oder in einem ruhigen Moment wiederholen, um sich auf Ihr Solarplexuschakra zu konzentrieren.
- **Atemübungen:** Praktizieren Sie tiefes, bewusstes Atmen, wobei Sie sich vorstellen, dass Sie bei jedem Einatmen Energie in Ihr Solarplexuschakra ziehen und bei jedem Ausatmen Spannungen und Blockaden loslassen. Eine spezielle Atemtechnik, die hilfreich sein kann, ist die

Bauchatmung. Legen Sie eine Hand auf Ihren Bauch und atmen Sie tief ein, sodass sich Ihr Bauch hebt. Atmen Sie dann langsam aus und spüren, wie sich Ihr Bauch senkt.

Weitere Methoden:
- **Malen und Kreativität:** Farben haben eine starke Wirkung auf unsere Chakren. Malen Sie Bilder mit Gelb oder beschäftigen Sie sich mit kreativen Aktivitäten, die die Farbe Gelb beinhalten.
- **Musik und Klangtherapie:** Hören Sie Musik mit klaren, aufbauenden Klängen oder Trommelrhythmen, die eine Verbindung zu Ihrer inneren Stärke fördern. Klangschalen, die auf die Frequenz des Solarplexuschakras abgestimmt sind, können ebenfalls hilfreich sein.
- **Tanzen:** Tanzstile, die den ganzen Körper einbeziehen und Freude bereiten, können helfen, das Solarplexuschakra zu aktivieren und zu stärken.

Das Solarplexuschakra ist der Schlüssel zu persönlicher Macht, Selbstbewusstsein und innerer Stärke. Durch die gezielte Arbeit an diesem Chakra können wir unsere Selbstachtung steigern und unser volles Potenzial entfalten. Ob durch körperliche Übungen, Meditation, Ernährung oder andere Heilmethoden – die Pflege und das Ausbalancieren des Solarplexuschakras sind entscheidend für unser Wohlbefinden und unseren Erfolg im Leben. Die Integration verschiedener kultureller und therapeutischer Ansätze kann den Heilungsprozess bereichern und vertiefen. Durch die bewusste Arbeit an unserem Solarplexuschakra können wir ein Gefühl der Stärke und des Selbstbewusstseins in unserem Leben fördern, das es uns ermöglicht, unsere Ziele zu erreichen und ein erfülltes Leben zu führen.

Indem wir diese Praktiken regelmäßig in unseren Alltag integrieren, können wir eine tiefere Verbindung zu unserer inneren Kraft und Selbstsicherheit entwickeln und ein Leben in Balance und Harmonie führen. Es ist wichtig, auf die Signale unseres Körpers und Geistes zu achten und die notwendigen Schritte zu unternehmen, um unser Solarplexuschakra zu pflegen und zu stärken. So können wir ein starkes und selbstbewusstes Leben genießen.

Das Herzchakra (Anahata)

Das Herzchakra (Anahata) ist eines der sieben Hauptchakren im menschlichen Körper und spielt eine entscheidende Rolle in unserem Energiesystem. Stellen Sie sich vor, Sie haben ein offenes, liebevolles Herz, das voller Mitgefühl und emotionaler Ausgeglichenheit ist. Genau diese Heilung und Verbindung bietet ein ausgeglichenes Herzchakra.

Im Laufe dieses Kapitels werden wir die Lage, Farbe und das Element des Herzchakras erkunden, die Symptome einer Blockade untersuchen und verschiedene Heilmethoden vorstellen. Sie werden lernen, wie Sie Ihr Herzchakra durch körperliche Übungen, Ernährung, Edelsteine, Aromatherapie und Meditation stärken können. Außerdem werfen wir einen Blick auf kulturelle Hintergründe und die Bedeutung des Herzchakras in verschiedenen Traditionen.

Zusätzlich werden wir praktische Tipps und Übungen vorstellen, die Sie leicht in Ihren Alltag integrieren können, um die Energie Ihres Herzchakras zu harmonisieren und zu stärken. Diese ganzheitliche Herangehensweise ermöglicht es Ihnen, eine tiefe Verbindung zu Ihrer inneren Kraftquelle zu entwickeln und ein erfülltes Leben zu führen.

Am Ende dieses Kapitels sollten Sie ein tiefes Verständnis dafür haben, wie Sie Ihr Herzchakra pflegen können, um ein Gefühl von Liebe, Mitgefühl und emotionaler Balance in Ihrem Leben zu fördern.

Tipp

Ein wesentlicher Tipp zur Pflege Ihres Herzchakras ist es, regelmäßig Dankbarkeit zu praktizieren. Schreiben Sie täglich drei Dinge auf, für die Sie dankbar sind. Diese einfache Praxis kann helfen, Ihr Herz zu öffnen und Ihre Verbindung zu anderen zu vertiefen. Verbringen Sie Zeit mit Menschen, die Ihnen wichtig sind, und pflegen Sie Beziehungen, die auf Liebe und Unterstützung basieren. Achten Sie darauf, sich selbst und anderen Vergebung zu schenken, um emotionale Lasten loszulassen und Ihr Herzchakra zu heilen.

1. Lage des Herzchakras

Das Herzchakra, auch als Anahata (anahata = unberührt, ungeschlagen) bekannt, ist das vierte der sieben Hauptchakren im menschlichen Körper. Es befindet sich in der Mitte der Brust, auf Höhe des Herzens. Die Öffnung dieses Chakras ist sowohl nach vorne als auch nach hinten gerichtet. Es steht in enger Verbindung mit Liebe, Mitgefühl, Vergebung und emotionalem Gleichgewicht.

2. Farbe des Herzchakras

Die Farbe, die traditionell mit dem Herzchakra verbunden wird, ist Grün. Diese harmonische und beruhigende Farbe symbolisiert Heilung, Gleichgewicht und Wachstum. Manche Traditionen assoziieren auch die Farbe Rosa mit dem Herzchakra, insbesondere im Kontext von bedingungsloser Liebe und Mitgefühl.

3. Element des Herzchakras

Das Element, das dem Herzchakra zugeordnet wird, ist die Luft. Die Luftenergie steht für Freiheit, Leichtigkeit und Ausdehnung. Dieses Element hilft dabei, Offenheit und Empathie zu fördern und uns mit anderen Menschen und der Welt auf einer tieferen Ebene zu verbinden.

4. Symptome einer Blockade im Herzchakra

Eine Blockade oder ein Ungleichgewicht im Herzchakra kann sich sowohl körperlich als auch emotional manifestieren. Zu den häufigsten Symptomen gehören:

Körperliche Symptome:

- Herzprobleme oder -erkrankungen
- Atemwegserkrankungen wie Asthma oder Bronchitis
- Brust- und Rückenbeschwerden
- Immunschwäche
- Mangelnde Abwehrkräfte, Allergien

Emotionale und psychische Symptome:

- Schwierigkeiten, Liebe zu geben oder zu empfangen
- Gefühl der Einsamkeit oder Isolation
- Schwierigkeiten, zu vertrauen oder sich zu öffnen
- Groll oder Unfähigkeit zu vergeben
- Übermäßige Abhängigkeit von der Zustimmung anderer

Wenn Ihr Herzchakra blockiert ist, kann es sich anfühlen, als ob eine Mauer Ihr Herz umgibt und Sie daran hindert, Liebe zu geben und zu empfangen. Körperliche Beschwerden wie Atemprobleme oder Herzschmerzen können den Alltag erheblich beeinträchtigen und Ihre Lebensqualität mindern.

Emotional können Sie sich einsam oder isoliert fühlen, unfähig, sich anderen zu öffnen und zu vertrauen. Das Festhalten an Groll und die Unfähigkeit zu vergeben können Sie belasten und Ihre Beziehungen beeinträchtigen. Es ist wichtig, diese Symptome ernst zu nehmen und aktive Schritte zur Heilung des Herzchakras zu unternehmen, um Liebe und Mitgefühl in Ihrem Leben wieder zu erfahren.

6. Verschiedene Methoden zur Heilung und Balance des Herzchakras

Es gibt viele Methoden, um das Herzchakra zu heilen und zu balancieren. Jede Methode hat ihre eigene einzigartige Herangehensweise und kann auf die individuellen Bedürfnisse abgestimmt werden. Körperliche Übungen wie Yoga und herzöffnende Dehnungen fördern die Verbindung zum Element Luft und die emotionale Ausgeglichenheit. Ernährung spielt eine wichtige Rolle, indem bestimmte Lebensmittel das Chakra stärken. Edelsteine und Kristalle können durch ihre energetischen Eigenschaften harmonisierend wirken. Aromatherapie nutzt ätherische Öle, um die Entspannung und das emotionale Gleichgewicht zu unterstützen. Meditation und Visualisierungstechniken sind kraftvolle Werkzeuge, um Blockaden zu lösen und das Herzchakra zu aktivieren. Durch diese vielfältigen Ansätze kann ein tiefes Gefühl der Liebe und des Mitgefühls erreicht werden.

Körperliche Übungen:

- **Yoga:** Spezifische Yoga-Posen können helfen, das Herzchakra zu aktivieren und zu stärken. Zum Beispiel:

  - **Bhujangasana (Kobra):** Diese Haltung öffnet die Brust und fördert das Gefühl der Weite.

- o **Matsyasana (Fisch):** Diese Haltung dehnt den Brustbereich und fördert die Herzöffnung.

- o **Ustrasana (Kamel):** Diese Haltung dehnt den Rücken und öffnet das Herz.

- **Atemübungen:** Atemübungen wie die Wechselatmung (Nadi Shodhana) können die Energie im Herzchakra ausgleichen.

- **Herzöffnende Übungen:** Herzöffnende Dehnübungen und leichte Cardio-Aktivitäten wie Gehen oder Tanzen unterstützen das Gleichgewicht dieses Chakras.

Ernährung:

- **Antioxidantienreiche Nahrungsmittel:** Lebensmittel, die reich an Antioxidantien sind, wie Beeren, grünblättrige Gemüse und grüne Teesorten, fördern die Gesundheit und das Wohlbefinden.

- **Grüne Lebensmittel:** Grüne Lebensmittel wie Brokkoli, Spinat und Grünkohl können ebenfalls das Herzchakra stärken.

Edelsteine und Kristalle:

- **Rosenquarz:** Dieser Stein hilft, das Herzchakra zu balancieren und fördert die Liebe und das Mitgefühl.

- **Grüner Aventurin:** Dieser Stein stärkt das emotionale Gleichgewicht und fördert die Heilung.

- **Jade:** Dieser Stein harmonisiert das Herzchakra und fördert die innere Harmonie.

- **Anwendung:** Tragen oder meditieren Sie mit diesen Steinen, um die Energie des Herzchakras zu harmonisieren.

Aromatherapie:

- **Ätherische Öle:** Ätherische Öle wie Rosenöl, Lavendel, Bergamotte und Eukalyptus können die Entspannung und das emotionale Gleichgewicht fördern.

- **Anwendung:** Diese Öle können in einem Diffusor verwendet oder direkt auf die Haut aufgetragen werden (verdünnt mit einem Trägeröl).

Meditation:

Meditation ist eine kraftvolle Methode, um das Herzchakra zu öffnen und zu harmonisieren. Hier sind einige spezifische Meditationstechniken:

- **Visualisierung:** Setzen Sie sich in eine bequeme Position und stellen Sie sich vor, dass Sie eine strahlende grüne Kugel im Bereich Ihres Herzchakras sehen. Visualisieren Sie, wie dieses Licht mit jedem Atemzug heller und kräftiger wird, bis es Ihr gesamtes Herz und Ihren Brustbereich ausfüllt. Stellen Sie sich vor, wie eine wärmende, liebevolle Energie in Ihrem Herzchakra fließt und alle Blockaden und Verletzungen heilt.

- **Mantren:** Wiederholen Sie das Mantra „YAM" leise oder laut. Dies ist das Bija-Mantra (Saatklang) des Herzchakras und hilft, dessen Energie zu aktivieren und auszubalancieren. Sie können das Mantra während der Meditation oder in einem ruhigen Moment wiederholen, um sich auf Ihr Herzchakra zu konzentrieren.

- **Atemübungen:** Praktizieren Sie tiefes, bewusstes Atmen, wobei Sie sich vorstellen, dass Sie bei jedem Einatmen Liebe und Mitgefühl in Ihr Herzchakra ziehen und bei jedem Ausatmen Spannungen und negative Emotionen loslassen. Eine spezielle Atemtechnik, die hilfreich sein kann, ist die Herzatmung. Legen Sie eine Hand auf Ihr Herz und atmen Sie tief ein, sodass sich Ihr Herzbereich hebt. Atmen Sie dann langsam aus und spüren, wie sich Ihr Herzbereich entspannt.

Weitere Methoden:

- **Malen und Kreativität:** Farben haben eine starke Wirkung auf unsere Chakren. Malen Sie Bilder mit Grün oder beschäftigen Sie sich mit kreativen Aktivitäten, die die Farbe Grün beinhalten.

- **Musik und Klangtherapie:** Hören Sie Musik mit sanften, beruhigenden Klängen oder Gesängen, die eine Verbindung zu Ihrem inneren Frieden fördern. Klangschalen, die auf die Frequenz des Herzchakras abgestimmt sind, können ebenfalls hilfreich sein.

- **Tanzen:** Tanzstile, die Sanftheit und Ausdruckskraft betonen, können helfen, das Herzchakra zu aktivieren und zu stärken.

Das Herzchakra ist der Schlüssel zu Liebe, Mitgefühl und emotionalem Gleichgewicht. Durch die gezielte Arbeit an diesem Chakra können wir unsere Fähigkeit, Liebe zu geben und zu empfangen, steigern und unsere emotionalen Wunden heilen. Ob durch körperliche Übungen, Meditation, Ernährung oder andere Heilmethoden – die Pflege und das Ausbalancieren des Herzchakras sind entscheidend für unser Wohlbefinden und unsere Beziehungen im Leben. Die Integration verschiedener kultureller und therapeutischer Ansätze kann den Heilungsprozess bereichern und vertiefen. Durch die bewusste Arbeit an unserem Herzchakra können wir ein Gefühl der Liebe und des Mitgefühls in unserem Leben fördern, das es uns ermöglicht, unser volles Potenzial zu entfalten und ein erfülltes Leben zu führen.

Indem wir diese Praktiken regelmäßig in unseren Alltag integrieren, können wir eine tiefere Verbindung zu unseren Emotionen und unserer inneren Liebe entwickeln und ein Leben in Balance und Harmonie führen. Es ist wichtig, auf die Signale unseres Körpers und Geistes zu achten und die notwendigen Schritte zu unternehmen, um unser Herzchakra zu pflegen und zu stärken. So können wir ein liebevolles und mitfühlendes Leben genießen

Das Halschakra (Vishuddha)

Das Halschakra (Vishuddha) ist eines der sieben Hauptchakren im menschlichen Körper und spielt eine entscheidende Rolle in unserem Energiesystem. Stellen Sie sich vor, Sie können Ihre Gedanken und Gefühle klar und authentisch ausdrücken und fühlen sich frei, Ihre Wahrheit zu leben. Genau diese Befreiung und Klarheit bietet ein ausgeglichenes Halschakra.

Im Laufe dieses Kapitels werden wir die Lage, Farbe und das Element des Halschakras erkunden, die Symptome einer Blockade untersuchen und verschiedene Heilmethoden vorstellen. Sie werden lernen, wie Sie Ihr Halschakra durch körperliche Übungen, Ernährung, Edelsteine, Aromatherapie und Meditation stärken können. Außerdem werfen wir einen Blick auf kulturelle Hintergründe und die Bedeutung des Halschakras in verschiedenen Traditionen.

Zusätzlich werden wir praktische Tipps und Übungen vorstellen, die Sie leicht in Ihren Alltag integrieren können, um die Energie Ihres Halschakras zu harmonisieren und zu stärken. Diese ganzheitliche Herangehensweise ermöglicht es Ihnen, eine tiefere Verbindung zu Ihrer Kommunikationsfähigkeit und Ihrem authentischen Selbstausdruck zu entwickeln und ein erfülltes Leben zu führen.

Am Ende dieses Kapitels sollten Sie ein tiefes Verständnis dafür haben, wie Sie Ihr Halschakra pflegen können, um ein Gefühl von Klarheit, Wahrheit und freiem Ausdruck in Ihrem Leben zu fördern.

Tipp

Ein wesentlicher Tipp zur Pflege Ihres Halschakras ist es, regelmäßig Tagebuch zu schreiben oder zu sprechen. Nehmen Sie sich täglich ein paar Minuten Zeit, um Ihre Gedanken und Gefühle schriftlich oder mündlich auszudrücken. Diese Praxis kann Ihnen helfen, Ihre innere Wahrheit zu klären und Ihr Selbstbewusstsein im Ausdruck zu stärken. Hören Sie bewusst auf Ihre innere Stimme und achten Sie darauf, authentisch zu kommunizieren, sei es im Gespräch mit anderen oder in kreativen Projekten. So fördern Sie die Gesundheit Ihres Halschakras.

1. Lage des Halschakras

Das Halschakra, auch bekannt als Vishuddha (vishuddha = rein), ist das fünfte der sieben Hauptchakren im menschlichen Körper. Es befindet sich im Bereich des Halses, genau zwischen dem Kehlkopf und dem Schlüsselbein. Das Halschakra ist das Zentrum der Kommunikation und des Selbstausdrucks und wird oft als Tor zur Wahrheit betrachtet. Es öffnet sich nach vorne und hinten und verbindet uns mit unserer Fähigkeit, unsere Gedanken und Gefühle klar und authentisch auszudrücken.

2. Farbe des Halschakras

Die Farbe, die traditionell mit dem Halschakra verbunden wird, ist ein klares Blau. Diese Farbe symbolisiert Klarheit, Wahrheit und Ausdruck. Blau wird oft mit dem Element des Himmels und des Wassers in Verbindung gebracht, was dem Halschakra seine beruhigende und befreiende Qualität verleiht.

3. Element des Halschakras

Das dem Halschakra zugeordnete Element ist Äther oder Raum. Dieses Element repräsentiert den Raum, der für die Entfaltung von Gedanken und Sprache benötigt wird. Es fördert den freien Fluss von Energie und Kommunikation und unterstützt uns dabei, uns auf tiefere Ebenen der Wahrheit zu begeben.

4. Symptome einer Blockade im Halschakra

Eine Blockade oder ein Ungleichgewicht im Halschakra kann sich sowohl körperlich als auch emotional manifestieren. Zu den häufigsten Symptomen gehören:

Körperliche Symptome:

- Hals- oder Kehlkopfentzündungen

- Stimmprobleme oder Heiserkeit

- Nackenschmerzen oder -steifheit

- Schilddrüsenprobleme

- Zahn- und Zahnfleischerkrankungen

Emotionale und psychische Symptome:

- Schwierigkeiten, sich auszudrücken oder gehört zu werden

- Angst vor öffentlichem Sprechen oder Kommunikation

- Gefühl der Unterdrückung oder Unfähigkeit, die eigene Wahrheit zu leben

- Lügen, Manipulation oder Mangel an Authentizität

- Übermäßiges Reden oder unangebrachter Selbstausdruck

Wenn Ihr Halschakra blockiert ist, kann es sich anfühlen, als ob Ihre Stimme unterdrückt oder missverstanden wird. Körperliche Beschwerden wie Heiserkeit oder Nackenschmerzen können den Alltag beeinträchtigen und Ihre Kommunikationsfähigkeit einschränken. Emotional können Sie sich ängstlich oder unsicher fühlen, wenn es darum geht, Ihre Gedanken und Gefühle auszudrücken. Das ständige Bedürfnis, sich zu rechtfertigen oder zu beweisen, kann zu einem Mangel an Authentizität führen. Es ist wichtig, diese Symptome ernst zu nehmen und aktive Schritte zur Heilung des Halschakras zu unternehmen, um Ihre Kommunikationsfähigkeit und Ihren Selbstausdruck zu stärken.

5. Verschiedene Methoden zur Heilung und Balance des Halschakras

Es gibt viele Methoden, um das Halschakra zu heilen und zu balancieren. Jede Methode hat ihre eigene einzigartige Herangehensweise und kann auf die individuellen Bedürfnisse abgestimmt werden. Körperliche Übungen wie Yoga und Gesangsübungen fördern die Verbindung zum Element Äther und die Klarheit im Ausdruck. Ernährung spielt eine wichtige Rolle, indem bestimmte Lebensmittel das Chakra stärken. Edelsteine und Kristalle können durch ihre energetischen Eigenschaften harmonisierend wirken. Aromatherapie nutzt ätherische Öle, um die Klarheit und den Selbstausdruck zu unterstützen. Meditation und Visualisierungstechniken sind kraftvolle Werkzeuge, um Blockaden zu lösen und das Halschakra zu aktivieren. Durch diese vielfältigen Ansätze kann ein tiefes Gefühl der Klarheit und des freien Ausdrucks erreicht werden.

Körperliche Übungen:

- **Yoga:** Spezifische Yoga-Posen können helfen, das Halschakra zu aktivieren und zu stärken. Zum Beispiel:

  - **Halasana (Pflug):** Diese Haltung dehnt den Nacken und fördert den Energiefluss im Halsbereich.

  - **Sarvangasana (Schulterstand):** Diese Haltung stärkt die Nackenmuskulatur und unterstützt die Klarheit im Ausdruck.

  - **Simhasana (Löwe):** Diese Haltung fördert die Öffnung des Halses und den freien Selbstausdruck.

- **Atemübungen:** Atemübungen wie Ujjayi-Pranayama (siegreicher Atem) fördern den Energiefluss im Halsbereich und unterstützen die Klarheit im Ausdruck.

- **Gesangsübungen:** Gesangs- oder Stimmübungen können das Chakra aktivieren und die Stimme stärken.

Ernährung:

- **Blaue und violette Lebensmittel:** Lebensmittel wie Heidelbeeren, Brombeeren und Trauben unterstützen das Halschakra.

- **Flüssige Nahrung:** Suppen, Säfte und Tees können das Chakra beruhigen und den Energiefluss erleichtern.

Edelsteine und Kristalle:

- **Lapislazuli:** Dieser Stein hilft, das Halschakra zu balancieren und fördert die Kommunikation.

- **Aquamarin:** Dieser Stein stärkt die Klarheit und den Selbstausdruck.

- **Türkis:** Dieser Stein harmonisiert das Halschakra und fördert die Authentizität.

- **Anwendung:** Tragen oder meditieren Sie mit diesen Steinen, um die Energie des Halschakras zu harmonisieren und die Kommunikation zu fördern.

Aromatherapie:

- **Ätherische Öle:** Ätherische Öle wie Eukalyptus, Pfefferminze und Salbei können die Klarheit im Halschakra unterstützen.

- **Anwendung:** Diese Öle können in einem Diffusor verwendet oder sanft auf den Halsbereich aufgetragen werden (verdünnt mit einem Trägeröl).

Meditation:

Meditation ist eine kraftvolle Methode, um das Halschakra zu öffnen und auszugleichen. Hier sind einige spezifische Meditationstechniken:

- **Visualisierung:** Setzen Sie sich in eine bequeme Position und stellen Sie sich vor, dass Sie ein strahlendes blaues Licht im Bereich Ihres Halschakras sehen. Visualisieren Sie, wie dieses Licht mit jedem Atemzug heller und kräftiger wird, bis es Ihren gesamten Halsbereich erfüllt. Spüren

Sie, wie das blaue Licht jede Blockade löst und Ihren Ausdruck befreit.

- **Mantren:** Wiederholen Sie das Mantra „HAM" leise oder laut. Dies ist das Bija-Mantra (Saatklang) des Halschakras und hilft, dessen Energie zu aktivieren und auszubalancieren. Sie können das Mantra während der Meditation oder in einem ruhigen Moment wiederholen, um sich auf Ihr Halschakra zu konzentrieren.

- **Atemübungen:** Praktizieren Sie tiefe, bewusste Atmung, wobei Sie sich vorstellen, dass Sie bei jedem Einatmen Klarheit und Wahrheit in Ihr Halschakra ziehen und bei jedem Ausatmen alle Hemmungen und Blockaden loslassen. Eine spezielle Atemtechnik, die hilfreich sein kann, ist die Kehlatmung, bei der Sie ein sanftes, rauschendes Geräusch im Hals erzeugen und dabei die Energie in diesem Bereich aktivieren.

Weitere Methoden:

- **Malen und Kreativität:** Farben haben eine starke Wirkung auf unsere Chakren. Malen Sie Bilder mit Blau oder beschäftigen Sie sich mit kreativen Aktivitäten, die die Farbe Blau beinhalten.

- **Musik und Klangtherapie:** Hören Sie Musik mit klaren, erhebenden Klängen oder Gesängen, die eine Verbindung zu Ihrer inneren Wahrheit fördern. Klangschalen, die auf die Frequenz des Halschakras abgestimmt sind, können ebenfalls hilfreich sein.

- **Tanzen:** Tanzstile, die Ausdruckskraft und Freude betonen, können helfen, das Halschakra zu aktivieren und zu stärken.

Das Halschakra ist der Schlüssel zu authentischer Kommunikation und Selbstausdruck. Durch die gezielte Arbeit an diesem Chakra können wir unsere Fähigkeit verbessern, unsere Wahrheit zu leben und uns klar und ehrlich auszudrücken. Ob durch körperliche Übungen, Meditation, Ernährung oder andere Heilmethoden – die Pflege und das Ausbalancieren des Halschakras sind entscheidend für unsere persönliche und zwischenmenschliche Entwicklung. Die Integration verschiedener kultureller und therapeutischer Ansätze kann den Heilungsprozess bereichern und vertiefen. Durch die bewusste Arbeit an unserem Halschakra können wir ein Gefühl der Klarheit und des freien Ausdrucks in unserem Leben fördern, das es uns ermöglicht, unsere Wahrheit zu leben und ein erfülltes Leben zu führen.

Indem wir diese Praktiken regelmäßig in unseren Alltag integrieren, können wir eine tiefere Verbindung zu unserer Kommunikation und Authentizität entwickeln und ein Leben in Balance und Harmonie führen. Es ist wichtig, auf die Signale unseres Körpers und Geistes zu achten und die notwendigen Schritte zu unternehmen, um unser Halschakra zu pflegen und zu stärken. So können wir ein klar kommuniziertes und authentisches Leben genießen

Das Stirnchakra (Ajna)

Das Stirnchakra (Ajna) ist eines der sieben Hauptchakren im menschlichen Körper und spielt eine zentrale Rolle in unserem Energiesystem. Stellen Sie sich vor, Sie haben Zugang zu tiefer Einsicht und innerer Weisheit, die es Ihnen ermöglicht, über das Offensichtliche hinauszublicken und die tieferen Wahrheiten des Lebens zu erkennen. Genau diese Klarheit und Intuition bietet ein ausgeglichenes Stirnchakra.

Im Laufe dieses Kapitels werden wir die Lage, Farbe und das Element des Stirnchakras erkunden, die Symptome einer Blockade untersuchen und verschiedene Heilmethoden vorstellen. Sie werden lernen, wie Sie Ihr Stirnchakra durch körperliche Übungen, Ernährung, Edelsteine, Aromatherapie und Meditation stärken können. Außerdem werfen wir einen Blick auf kulturelle Hintergründe und die Bedeutung des Stirnchakras in verschiedenen Traditionen.

Zusätzlich werden wir praktische Tipps und Übungen vorstellen, die Sie leicht in Ihren Alltag integrieren können, um die Energie Ihres Stirnchakras zu harmonisieren und zu stärken. Diese ganzheitliche Herangehensweise ermöglicht es Ihnen, eine tiefere Verbindung zu Ihrer Intuition und inneren Weisheit zu entwickeln und ein erfülltes Leben zu führen.

Am Ende dieses Kapitels sollten Sie ein tiefes Verständnis dafür haben, wie Sie Ihr Stirnchakra pflegen können, um ein Gefühl von Klarheit, innerer Führung und tiefem spirituellen Bewusstsein in Ihrem Leben zu fördern.

Tipp

Ein wesentlicher Tipp zur Pflege Ihres Stirnchakras ist es, regelmäßig Zeit in der Stille zu verbringen. Schalten Sie ablenkende Geräusche und visuelle Reize aus und widmen Sie sich meditativen Praktiken wie dem Fokussieren auf einen Punkt oder dem Beobachten Ihrer Gedanken. Diese Übungen helfen, den Geist zu klären und die intuitive Wahrnehmung zu schärfen. Vermeiden Sie es, sich in zu vielen Gedanken und Überlegungen zu verlieren, und konzentrieren Sie sich stattdessen darauf, in der Gegenwart zu sein und Ihre innere Weisheit zu hören.

1. Lage des Stirnchakras

Das Stirnchakra, auch bekannt als Ajna (ajna = wahrnehmen), ist das sechste der sieben Hauptchakren im menschlichen Körper. Es befindet sich in der Mitte der Stirn, etwas oberhalb der Augenbrauen. Dieses Chakra wird oft als "Drittes Auge" bezeichnet und ist das Zentrum der Intuition, Einsicht und inneren Weisheit. Es öffnet sich nach vorne und hinten und verbindet uns mit unserer Fähigkeit, über das Sichtbare hinauszublicken und tiefere Wahrheiten zu erkennen.

2. Farbe des Stirnchakras

Die Farbe, die traditionell mit dem Stirnchakra verbunden wird, ist ein tiefes Indigo. Diese Farbe symbolisiert spirituelles Bewusstsein, Klarheit und tiefere Einsicht. Indigo steht auch für das Erwachen des Geistes und die Fähigkeit, Visionen und intuitive Einsichten zu empfangen.

3. Element des Stirnchakras

Das dem Stirnchakra zugeordnete Element ist Licht. Dieses Element repräsentiert die Fähigkeit, Klarheit zu schaffen, Dunkelheit zu durchdringen und die Wahrheit zu erkennen. Es fördert das Erwachen des Bewusstseins und hilft uns, die Illusionen des Egos zu durchschauen und das Wahre zu erkennen.

4. Symptome einer Blockade im Stirnchakra

Eine Blockade oder ein Ungleichgewicht im Stirnchakra kann sich sowohl körperlich als auch emotional manifestieren. Zu den häufigsten Symptomen gehören:

Körperliche Symptome:

- Kopfschmerzen oder Migräne
- Sehstörungen oder Augenprobleme
- Konzentrationsschwierigkeiten
- Schlafstörungen

Emotionale und psychische Symptome:

- Mangel an Intuition oder innerer Führung
- Schwierigkeiten, Entscheidungen zu treffen oder klar zu denken
- Gefühl der Verwirrung oder Desillusionierung
- Übermäßige Fantasie oder Realitätsflucht
- Angst vor der Zukunft oder vor dem Unbekannten

Wenn Ihr Stirnchakra blockiert ist, kann es sich anfühlen, als ob ein Schleier Ihre Sicht trübt und Sie daran hindert, klar zu denken oder Ihre innere Führung zu hören. Körperliche Beschwerden wie Kopfschmerzen oder Sehstörungen können den Alltag erheblich beeinträchtigen und Ihre geistige Klarheit mindern. Emotional können Sie sich verwirrt oder desillusioniert fühlen, als ob Sie den Zugang zu Ihrer inneren Weisheit verloren haben. Es ist wichtig, diese Symptome ernst zu nehmen und aktive Schritte zur Heilung des Stirnchakras zu unternehmen, um Ihre Intuition und geistige Klarheit wiederzuerlangen.

5. Verschiedene Methoden zur Heilung und Balance des Stirnchakras

Es gibt viele Methoden, um das Stirnchakra zu heilen und zu balancieren. Jede Methode hat ihre eigene einzigartige Herangehensweise und kann auf die individuellen Bedürfnisse abgestimmt werden. Körperliche Übungen wie Yoga und Augenübungen fördern die Verbindung zum Element Licht und die Klarheit des Geistes. Ernährung spielt eine wichtige Rolle, indem bestimmte Lebensmittel das Chakra stärken. Edelsteine und Kristalle können durch ihre energetischen Eigenschaften harmonisierend wirken. Aromatherapie nutzt ätherische Öle, um die Klarheit und das Bewusstsein zu unterstützen. Meditation und Visualisierungstechniken sind kraftvolle Werkzeuge, um Blockaden zu lösen und das Stirnchakra zu aktivieren. Durch diese vielfältigen Ansätze kann ein tiefes Gefühl der Einsicht und des geistigen Erwachens erreicht werden.

Körperliche Übungen:

- **Yoga:** Spezifische Yoga-Posen können helfen, das Stirnchakra zu aktivieren und zu stärken. Zum Beispiel:

  - **Adho Mukha Svanasana (Herabschauender Hund):** Diese Haltung fördert die Durchblutung des Kopfes und aktiviert das Stirnchakra.

  - **Uttanasana (Vorwärtsbeuge):** Diese Haltung beruhigt den Geist und fördert die geistige Klarheit.

  - **Matsyasana (Fisch):** Diese Haltung öffnet den Brustbereich und fördert die tiefe Einsicht.

- **Augenübungen:** Übungen wie das Fokussieren auf einen Punkt (Tratak) können das Chakra stimulieren und die Klarheit des Geistes fördern.

Ernährung:

- **Dunkelblaue und violette Lebensmittel:** Lebensmittel wie Blaubeeren, Pflaumen und Auberginen unterstützen das Stirnchakra.

- **Kräutertees:** Kräutertees wie Lavendel oder Zitronenmelisse können das Chakra beruhigen und Klarheit im Geist fördern.

Edelsteine und Kristalle:

- **Amethyst:** Dieser Stein hilft, das Stirnchakra zu balancieren und fördert die spirituelle Einsicht.

- **Lapislazuli:** Dieser Stein stärkt die Klarheit und den geistigen Fokus.

- **Sodalith:** Dieser Stein harmonisiert das Stirnchakra und fördert die Intuition.

- **Anwendung:** Tragen oder meditieren Sie mit diesen Steinen, um die Energie des Stirnchakras zu harmonisieren und die Intuition zu stärken.

Aromatherapie:

- **Ätherische Öle:** Ätherische Öle wie Lavendel, Sandelholz und Weihrauch können die Klarheit im Stirnchakra unterstützen.

- **Anwendung:** Diese Öle können in einem Diffusor verwendet oder sanft auf den Stirnbereich aufgetragen werden (verdünnt mit einem Trägeröl).

Meditation:

Meditation ist eine kraftvolle Methode, um das Stirnchakra zu öffnen und auszugleichen. Hier sind einige spezifische Meditationstechniken:

- **Visualisierung:** Setzen Sie sich in eine bequeme Position und stellen Sie sich vor, dass Sie ein strahlendes indigofarbenes Licht im Bereich Ihres Stirnchakras sehen. Visualisieren Sie, wie dieses Licht mit jedem Atemzug heller und kräftiger wird, bis es Ihren gesamten Stirnbereich erfüllt.

Spüren Sie, wie das Licht jede Blockade löst und Ihre Einsicht vertieft.

- **Mantren:** Wiederholen Sie das Mantra „OM" leise oder laut. Dies ist das Bija-Mantra (Saatklang) des Stirnchakras und hilft, dessen Energie zu aktivieren und zu balancieren. Sie können das Mantra während der Meditation oder in einem ruhigen Moment wiederholen, um sich auf Ihr Stirnchakra zu konzentrieren.

- **Atemübungen:** Praktizieren Sie tiefe, bewusste Atmung, wobei Sie sich vorstellen, dass Sie bei jedem Einatmen Klarheit und Einsicht in Ihr Stirnchakra ziehen und bei jedem Ausatmen alle Zweifel und Verwirrungen loslassen. Eine spezielle Atemtechnik, die hilfreich sein kann, ist das Fokussieren auf den Atem in der Mitte der Stirn, um die Energie in diesem Bereich zu aktivieren.

Weitere Methoden:

- **Malen und Kreativität:** Farben haben eine starke Wirkung auf unsere Chakren. Malen Sie Bilder mit Indigo oder beschäftigen Sie sich mit kreativen Aktivitäten, die die Farbe Indigo beinhalten.

- **Musik und Klangtherapie:** Hören Sie Musik mit tiefen, beruhigenden Klängen oder Gesängen, die eine Verbindung zu Ihrer inneren Weisheit fördern. Klangschalen, die auf die Frequenz des Stirnchakras abgestimmt sind, können ebenfalls hilfreich sein.

- **Tanzen:** Tanzstile, die Achtsamkeit und Ausdruckskraft betonen, können helfen, das Stirnchakra zu aktivieren und zu stärken.

Das Stirnchakra ist der Schlüssel zu innerer Weisheit und spiritueller Einsicht. Durch die gezielte Arbeit an diesem Chakra können wir unsere Fähigkeit verbessern, die tiefere Wahrheit zu erkennen und unser Leben mit Klarheit und Intuition zu führen. Ob durch körperliche Übungen, Meditation, Ernährung oder andere Heilmethoden – die Pflege und das Ausbalancieren des Stirnchakras sind entscheidend für unser spirituelles Wachstum und unser inneres Wohlbefinden. Die Integration verschiedener kultureller und therapeutischer Ansätze kann den Heilungsprozess bereichern und vertiefen. Durch die bewusste Arbeit an unserem Stirnchakra können wir ein Gefühl der inneren Führung und geistigen Klarheit in unserem Leben fördern, das es uns ermöglicht, unser volles spirituelles Potenzial zu entfalten und ein erfülltes Leben zu führen.

Indem wir diese Praktiken regelmäßig in unseren Alltag integrieren, können wir eine tiefere Verbindung zu unserer Intuition und unserer inneren Weisheit entwickeln und ein Leben in Balance und Harmonie führen. Es ist wichtig, auf die Signale unseres Körpers und Geistes zu achten und die notwendigen Schritte zu unternehmen, um unser Stirnchakra zu pflegen und zu stärken. So können wir ein klares und bewusstes Leben genießen.

Das Kronenchakra (Sahasrara)

Das Kronenchakra (Sahasrara) ist das siebte und höchste der sieben Hauptchakren im menschlichen Körper und spielt eine entscheidende Rolle in unserem spirituellen Energiesystem. Stellen Sie sich vor, Sie haben Zugang zu einem tiefen Gefühl von Einheit und Verbindung mit dem Universum, das über das materielle Dasein hinausgeht. Genau diese spirituelle Erleuchtung und Verbundenheit bietet ein ausgeglichenes Kronenchakra.

Im Laufe dieses Kapitels werden wir die Lage, Farbe und das Element des Kronenchakras erkunden, die Symptome einer Blockade untersuchen und verschiedene Heilmethoden vorstellen. Sie werden lernen, wie Sie Ihr Kronenchakra durch körperliche Übungen, Ernährung, Edelsteine, Aromatherapie und Meditation stärken können. Außerdem werfen wir einen Blick auf kulturelle Hintergründe und die Bedeutung des Kronenchakras in verschiedenen spirituellen Traditionen.

Zusätzlich werden wir praktische Tipps und Übungen vorstellen, die Sie leicht in Ihren Alltag integrieren können, um die Energie Ihres Kronenchakras zu harmonisieren und zu stärken. Diese ganzheitliche Herangehensweise ermöglicht es Ihnen, eine tiefere Verbindung zu Ihrem höheren Selbst und zum Universum zu entwickeln und ein erfülltes Leben zu führen.

Am Ende dieses Kapitels sollten Sie ein tiefes Verständnis dafür haben, wie Sie Ihr Kronenchakra pflegen können, um ein Gefühl von Erleuchtung, spiritueller Verbindung und innerem Frieden in Ihrem Leben zu fördern.

Tipp

Ein wesentlicher Tipp zur Pflege Ihres Kronenchakras ist es, regelmäßig Zeit in der Meditation und Stille zu verbringen. Indem Sie Ihren Geist von alltäglichen Ablenkungen befreien und sich auf das Höhere Selbst konzentrieren, können Sie eine tiefere Verbindung zu Ihrem spirituellen Bewusstsein aufbauen. Versuchen Sie, täglich ein paar Minuten in absoluter Ruhe zu verbringen, um Ihre Gedanken zu klären und sich mit dem Universellen zu verbinden. Diese Praxis kann helfen, das Kronenchakra zu öffnen und die spirituelle Erleuchtung zu fördern.

1. Lage des Kronenchakras

Das Kronenchakra, auch bekannt als Sahasrara (sahasrara = tausendblättrig), ist das siebte und höchste der sieben Hauptchakren im menschlichen Körper. Es befindet sich am Scheitel des Kopfes, direkt über der Krone. Dieses Chakra wird oft als Tor zum Göttlichen bezeichnet und ist das Zentrum des spirituellen Bewusstseins und der Erleuchtung. Es verbindet uns mit dem Universum und dem unendlichen Bewusstsein, das über das materielle Dasein hinausgeht.

2. Farbe des Kronenchakras

Die Farbe, die traditionell mit dem Kronenchakra verbunden wird, ist ein strahlendes Violett oder Weiß. Diese Farben symbolisieren Reinheit, spirituelle Erleuchtung und die Verbindung zum Höheren Selbst. Violett und Weiß stehen auch für das Universelle und die Einheit mit dem Göttlichen.

3. Element des Kronenchakras

Das dem Kronenchakra zugeordnete Element ist das reine Bewusstsein. Es repräsentiert das transzendente Element, das jenseits der physischen Welt liegt. Dieses Element fördert das Verständnis der Einheit aller Dinge und hilft uns, die Grenzen des individuellen Egos zu überwinden und mit dem universellen Geist zu verschmelzen.

4. Symptome einer Blockade im Kronenchakra

Eine Blockade oder ein Ungleichgewicht im Kronenchakra kann sich sowohl körperlich als auch emotional manifestieren. Zu den häufigsten Symptomen gehören:

Körperliche Symptome:

- Kopfschmerzen oder Migräne
- Erschöpfung oder chronische Müdigkeit
- Lichtempfindlichkeit
- Neurologische Störungen

Emotionale und psychische Symptome:

- Gefühl der Trennung oder Entfremdung vom Leben
- Mangel an spirituellem Bewusstsein oder Interesse
- Gefühl der Sinnlosigkeit oder spirituellen Leere
- Übermäßiger intellektueller Stolz oder spirituelle Arroganz
- Schwierigkeiten, Vertrauen in das Leben oder das Göttliche zu finden

Wenn Ihr Kronenchakra blockiert ist, kann es sich anfühlen, als ob eine spirituelle Leere oder Entfremdung von der Welt in Ihrem Leben vorherrscht. Körperliche Beschwerden wie chronische Müdigkeit oder Kopfschmerzen können auftreten, während emotionale Symptome wie ein Mangel an Sinn oder spirituellem Interesse Ihr tägliches Leben beeinträchtigen können. Es ist wichtig, diese Symptome ernst zu nehmen und aktive Schritte zur Heilung des Kronenchakras zu unternehmen, um Ihre spirituelle Verbindung und Ihr inneres Gleichgewicht wiederherzustellen.

5. Verschiedene Methoden zur Heilung und Balance des Kronenchakras

Es gibt viele Methoden, um das Kronenchakra zu heilen und zu balancieren. Jede Methode hat ihre eigene einzigartige Herangehensweise und kann auf die individuellen Bedürfnisse abgestimmt werden. Körperliche Übungen wie Yoga und Meditation fördern die Verbindung zum reinen Bewusstsein und unterstützen die spirituelle Erleuchtung. Ernährung spielt eine wichtige Rolle, indem leichte und energetische Lebensmittel das Chakra stärken. Edelsteine und Kristalle können durch ihre energetischen Eigenschaften harmonisierend wirken. Aromatherapie nutzt ätherische Öle, um die Klarheit und das spirituelle Bewusstsein zu unterstützen. Meditation und Visualisierungstechniken sind kraftvolle Werkzeuge, um Blockaden zu lösen und das Kronenchakra zu aktivieren. Durch diese vielfältigen Ansätze kann ein tiefes Gefühl der Erleuchtung und der Einheit mit dem Universum erreicht werden.

Körperliche Übungen:

- **Yoga:** Spezifische Yoga-Posen können helfen, das Kronenchakra zu aktivieren und zu stärken. Zum Beispiel:

  - **Sirsasana (Kopfstand):** Diese Haltung fördert den Energiefluss zum Scheitel und aktiviert das Kronenchakra.

  - **Padmasana (Lotussitz):** Diese Haltung unterstützt die Meditation und das spirituelle Bewusstsein.

  - **Vrksasana (Baum):** Diese Haltung fördert das Gleichgewicht und die spirituelle Verbindung.

- **Meditation:** Meditation und Stille können die Energie im Kronenchakra harmonisieren und das Bewusstsein erweitern.

Ernährung:

- **Leichte, energetische Nahrung:** Lebensmittel wie frisches Obst, Nüsse und Samen unterstützen das Kronenchakra.

- **Bewusste Ernährungspraxis:** Fasten oder eine bewusste Ernährungspraxis kann helfen, den Geist zu klären und die Verbindung zum Höheren Selbst zu stärken.

Edelsteine und Kristalle:

- **Bergkristall:** Dieser Stein hilft, das Kronenchakra zu balancieren und fördert die spirituelle Klarheit.

- **Amethyst:** Dieser Stein stärkt das spirituelle Bewusstsein und die Verbindung zum Göttlichen.

- **Selenit:** Dieser Stein harmonisiert das Kronenchakra und fördert die spirituelle Erleuchtung.

- **Anwendung:** Tragen oder meditieren Sie mit diesen Steinen, um die Energie des Kronenchakras zu harmonisieren und die spirituelle Verbindung zu vertiefen.

Aromatherapie:

- **Ätherische Öle:** Ätherische Öle wie Lotus, Weihrauch und Myrrhe können die Klarheit im Kronenchakra unterstützen.

- **Anwendung:** Diese Öle können in einem Diffusor verwendet oder sanft auf den Scheitelbereich aufgetragen werden (verdünnt mit einem Trägeröl).

Meditation:

Meditation ist eine kraftvolle Methode, um das Kronenchakra zu öffnen und auszugleichen. Hier sind einige spezifische Meditationstechniken:

- **Visualisierung:** Setzen Sie sich in eine bequeme Position und stellen Sie sich vor, dass Sie ein strahlendes violettes oder weißes Licht über Ihrem Scheitel sehen. Visualisieren Sie, wie dieses Licht mit jedem Atemzug heller und intensiver wird, bis es Ihren gesamten Kopfbereich erfüllt.

Spüren Sie, wie das Licht jede Blockade löst und Ihre Verbindung zum Universellen stärkt.

- **Mantren:** Wiederholen Sie das Mantra „OM" oder „AUM" leise oder laut. Dies ist das Bija-Mantra des Kronenchakras und hilft, dessen Energie zu aktivieren und zu balancieren. Sie können das Mantra während der Meditation oder in einem ruhigen Moment wiederholen, um sich auf Ihr Kronenchakra zu konzentrieren.

- **Atemübungen:** Praktizieren Sie tiefe, bewusste Atmung, wobei Sie sich vorstellen, dass Sie bei jedem Einatmen spirituelles Licht und göttliche Energie in Ihr Kronenchakra ziehen und bei jedem Ausatmen alle Ängste und Blockaden loslassen. Eine spezielle Atemtechnik, die hilfreich sein kann, ist die Konzentration auf die Energie am Scheitel, um das Bewusstsein zu erweitern und das Kronenchakra zu öffnen.

Weitere Methoden:

- **Malen und Kreativität:** Farben haben eine starke Wirkung auf unsere Chakren. Malen Sie Bilder mit Violett oder Weiß oder beschäftigen Sie sich mit kreativen Aktivitäten, die diese Farben beinhalten.

- **Musik und Klangtherapie:** Hören Sie Musik mit tiefen, spirituellen Klängen oder Gesängen, die eine Verbindung zu Ihrem höheren Selbst fördern. Klangschalen, die auf die Frequenz des Kronenchakras abgestimmt sind, können ebenfalls hilfreich sein.

- **Tanzen:** Tanzstile, die Sanftheit und spirituelle Hingabe betonen, können helfen, das Kronenchakra zu aktivieren und zu stärken.

Das Kronenchakra ist der Schlüssel zur spirituellen Erleuchtung und zur Verbindung mit dem Göttlichen. Durch die gezielte Arbeit an diesem Chakra können wir unsere Fähigkeit verbessern, das Universelle zu erkennen und unser Leben im Einklang mit dem Höheren Selbst zu führen. Ob durch körperliche Übungen, Meditation, Ernährung oder andere Heilmethoden – die Pflege und das Ausbalancieren des Kronenchakras sind entscheidend für unser spirituelles Wachstum und unser inneres Wohlbefinden. Die Integration verschiedener kultureller und therapeutischer Ansätze kann den Heilungsprozess bereichern und vertiefen. Durch die bewusste Arbeit an unserem Kronenchakra können wir ein Gefühl der spirituellen Erleuchtung und der Einheit mit dem Universum in unserem Leben fördern, das es uns ermöglicht, unser volles spirituelles Potenzial zu entfalten und ein erfülltes Leben zu führen.

Indem wir diese Praktiken regelmäßig in unseren Alltag integrieren, können wir eine tiefere Verbindung zu unserem höheren Selbst und unserem spirituellen Bewusstsein enwickeln und ein Leben in Balance und Harmonie führen. Es ist wichtig, auf die Signale unseres Körpers und Geistes zu achten und die notwendigen Schritte zu unternehmen, um unser Kronenchakra zu pflegen und zu stärken. So können wir ein erleuchtetes und spirituell erfülltes Leben genießen.

Yoga und die Chakren

Adho Mukha Svanasana (Der Herabschauende Hund)

Der „Herabschauende Hund", im Sanskrit „Adho Mukha Svanasana" genannt, ist eine der bekanntesten Yoga-Positionen und gehört zu den grundlegenden Haltungen, die sowohl für Anfänger
als auch für fortgeschrittene Praktizierende von großer Bedeutung
sind. Diese Haltung, die aussieht wie ein umgedrehtes „V", ist
mehr als nur eine Dehnung – sie ist eine ganzheitliche Übung, die
den gesamten Körper stärkt, flexibilisiert und harmonisiert. Im
Folgenden werde ich dir Schritt für Schritt erklären, wie du diese
Haltung einnehmen und dabei sowohl körperliche als auch geistige Vorteile erfahren kannst.

Die Bedeutung des Herabschauenden Hundes

Adho Mukha Svanasana ist eine Haltung, die uns dabei hilft, unser
Energiezentrum auszubalancieren und zu harmonisieren, insbe-
sondere das Stirnchakra (Ajna Chakra) und das Wurzelchakra
(Muladhara Chakra). Diese Position verbindet den Körper mit dem
Boden und gleichzeitig fördert sie das Loslassen und den Blick
nach innen, was die Intuition stärkt und Erdung verleiht.

Der Herabschauende Hund bietet eine umfassende Dehnung für
den gesamten Körper, besonders für die Wirbelsäule, Beine und
Schultern, während er gleichzeitig den Geist beruhigt und Spannungen löst. In der Yoga-Praxis wird er oft als „Ruheposition" zwischen intensiveren Übungen verwendet, um den Atem wieder zu
finden und den Geist zu zentrieren.

Schritt-für-Schritt-Anleitung: So führst du Adho Mukha Svanasana korrekt aus

1. Vorbereitende Position: Tischhaltung

Bevor du den Herabschauenden Hund einnimmst, beginne in der „Tischposition". Knie dich auf den Boden, bringe deine Handflächen flach auf die Matte und positioniere deine Handgelenke direkt unter deinen Schultern. Die Knie sollten sich direkt unter den Hüften befinden. Deine Finger sind weit gespreizt, um eine stabile Basis zu schaffen.

In dieser Haltung beginnst du, deinen Atem zu beruhigen. Atme tief ein und aus, während du dich auf die Verbindung zwischen deinen Handflächen und der Erde konzentrierst. Dies schafft eine starke Basis und bereitet deinen Körper auf die kommende Position vor.

2. Übergang in den Herabschauenden Hund

Mit einer tiefen Einatmung hebst du sanft deine Hüften nach oben und streckst dabei die Beine. Drücke dabei deine Hände fest in die Matte, während du deine Hüften zur Decke ziehst. Achte darauf, dass dein Kopf locker zwischen den Oberarmen hängt. Deine Ohren sollten ungefähr auf Höhe der Oberarme sein, ohne dass du Druck im Nacken verspürst.

Während du ausatmest, drückst du deine Fersen sanft in Richtung Boden. Es ist in Ordnung, wenn die Fersen den Boden nicht berühren – das kommt mit der Zeit und der zunehmenden Flexibilität deiner Beine.

3. Richte deine Haltung ein

Sobald du in der Position bist, kannst du damit beginnen, deinen Körper detaillierter auszurichten:

- **Hände:** Deine Handflächen sollten vollständig auf dem Boden aufliegen, mit den Fingern weit gespreizt. Der Druck sollte gleichmäßig über die Handflächen verteilt sein, besonders auf den Zeigefingerballen.

- **Schultern:** Drehe deine Schultern nach außen, sodass die Schulterblätter sanft in Richtung deiner Hüften gezogen werden. Dies öffnet den oberen Rücken und gibt dir mehr Raum für eine tiefe Atmung.

- **Wirbelsäule:** Die Wirbelsäule sollte lang und gerade sein. Stelle dir vor, wie du deine Wirbelsäule von den Hüften bis zum Kopf sanft in die Länge ziehst.

- **Hüften:** Deine Hüften sind der höchste Punkt deines Körpers in dieser Position. Ziehe sie nach oben und nach hinten, als ob jemand sanft an deinen Hüften ziehen würde. Dies hilft dir, Länge in der Wirbelsäule zu schaffen und den unteren Rücken zu entlasten.

- **Beine:** Die Beine sollten gestreckt sein, aber es ist völlig in Ordnung, wenn du die Knie leicht beugst, insbesondere wenn deine hintere Oberschenkelmuskulatur (Hamstrings) noch nicht so flexibel ist. Achte darauf, dass dein Körpergewicht gleichmäßig auf deine Hände und Füße verteilt ist.

- **Füße:** Deine Füße stehen etwa hüftbreit auseinander, die Fersen drücken sanft in Richtung Boden. Wenn deine Fersen den Boden nicht berühren, beuge die Knie leicht, um den unteren Rücken zu schützen und gleichzeitig die Dehnung der Beine sanft zu fördern.

4. Atmung in der Pose

Atme tief und bewusst in den Herabschauenden Hund ein und aus. Achte darauf, dass du nicht nur in den Brustraum atmest, sondern die Atmung bis in den Bauch hineinfließen lässt. Jede Einatmung sollte dich dabei unterstützen, die Wirbelsäule noch mehr zu verlängern und den Körper zu stabilisieren, während jede Ausatmung dir hilft, tiefer in die Haltung zu sinken und Spannungen loszulassen.

Die Atmung ist in dieser Haltung besonders wichtig, da sie dir dabei hilft, in der Dehnung zu bleiben und gleichzeitig den Geist zu beruhigen. Versuche, den Atem gleichmäßig und ruhig fließen zu lassen.

Vorteile des Herabschauenden Hundes

Adho Mukha Svanasana bietet eine Fülle von Vorteilen für den gesamten Körper und Geist. Hier sind einige der wichtigsten Vorteile, die du durch die regelmäßige Praxis dieser Haltung erfahren kannst:

1. Stärkung des Körpers: Der Herabschauende Hund kräftigt viele Muskelgruppen im Körper, insbesondere in den Armen, Schultern, Rücken und Beinen. Durch das regelmäßige Halten dieser Position baust du Kraft auf, was dir in anderen Yoga-Posen sowie im Alltag zugutekommen kann. Auch die Bauchmuskeln werden aktiviert, um die Wirbelsäule zu stabilisieren.

2. Dehnung und Flexibilität: Diese Pose bietet eine tiefe Dehnung für die hinteren Beinmuskeln (Hamstrings), die Waden, den Rücken und die Schultern. Durch das Dehnen dieser Bereiche fördert Adho Mukha Svanasana die Flexibilität und kann Verspannungen und Steifheit lösen. Die Pose ist besonders hilfreich, um Verspannungen im unteren Rücken zu lindern, da sie die Wirbelsäule entlastet und Länge schafft.

3. Förderung der Durchblutung: Da der Kopf in dieser Position tiefer als das Herz gehalten wird, fördert der Herabschauende Hund die Durchblutung des Gehirns und kann dabei helfen, den Geist zu klären und die Konzentration zu verbessern. Diese umgekehrte Haltung hilft, das Nervensystem zu beruhigen und den Blutfluss im ganzen Körper zu unterstützen.

4. Erdung und Beruhigung: Adho Mukha Svanasana ist eine Position, die sowohl körperliche als auch geistige Erdung fördert. Indem du deine Hände und Füße fest mit der Matte verbindest, schaffst du eine stabile Basis, die dir Sicherheit und Ruhe verleiht. Diese Haltung ist auch sehr beruhigend für den Geist und kann helfen, Stress und Angst abzubauen.

5. Förderung der Chakren: Der Herabschauende Hund stimuliert mehrere Chakren im Körper, insbesondere das Wurzelchakra und das Stirnchakra. Das Wurzelchakra (Muladhara) wird durch die Erdung der Füße und Hände aktiviert, während das Stirnchakra (Ajna) durch die nach unten gerichtete Kopfposition angeregt wird. Diese Haltung fördert ein Gefühl der Stabilität, des Vertrauens und der inneren Klarheit.

Häufige Fehler und wie man sie vermeidet

Obwohl der Herabschauende Hund eine grundlegende Pose ist, schleichen sich häufig Fehler ein. Hier sind einige typische Probleme und Tipps, wie du sie vermeiden kannst:

1. **Zu viel Gewicht auf den Handgelenken:** Ein häufiger Fehler ist, das gesamte Gewicht auf die Handgelenke zu verlagern. Um dies zu vermeiden, achte darauf, dass du die Hände fest in die Matte drückst und den Druck gleichmäßig auf die Fingerballen verteilst. Deine Hüften sollten nach oben gezogen werden, um das Gewicht von den Handgelenken zu nehmen.

2. **Rundung im Rücken:** Manchmal wird der Rücken in dieser Position gerundet, was zu unnötigem Druck auf die Wirbelsäule führt. Um dies zu korrigieren, konzentriere dich darauf, die Wirbelsäule zu verlängern. Beuge die Knie leicht, wenn nötig, um den Rücken lang und gerade zu halten.

3. **Schulterverspannungen:** Es ist wichtig, dass deine Schultern in dieser Position entspannt sind. Drehe die Schultern nach außen und ziehe die Schulterblätter sanft in Richtung deiner Hüften, um den oberen Rücken zu öffnen und die Spannung in den Schultern zu lösen.

4. **Fersen schweben zu weit vom Boden:** Wenn deine Fersen weit vom Boden entfernt sind, kann dies zu einem Ungleichgewicht führen. Beuge die Knie leicht, um den unteren Rücken zu entlasten und die Fersen sanft in Richtung Boden zu drücken.

Varianten und Anpassungen des Herabschauenden Hundes

Falls du Schwierigkeiten hast, den Herabschauenden Hund in seiner vollen Form zu halten, gibt es mehrere Anpassungen und Varianten, die dir helfen können, die Haltung zu üben und mit der Zeit mehr Flexibilität und Kraft aufzubauen.

- **Gebeugte Knie:** Wenn deine hintere Oberschenkelmuskulatur sehr angespannt ist, beuge die Knie leicht, um den unteren Rücken zu schützen und die Dehnung sanft zu vertiefen.

- **Handtuch oder Block unter den Händen:** Wenn du Probleme mit den Handgelenken hast, platziere ein gefaltetes Handtuch oder einen Block unter den Händen, um den Druck zu mindern.

- **Fersen auf einem Block abstützen:** Wenn deine Fersen nicht den Boden erreichen, kannst du sie auf einem Block oder einem gefalteten Handtuch abstützen, um mehr Erdung zu finden.

Atemübungen in Verbindung mit dem Herabschauenden Hund

Um den meditativen und entspannenden Aspekt des Herabschauenden Hundes zu vertiefen, kannst du spezielle Atemtechniken (Pranayama) in deine Praxis integrieren:

- **Tiefes Bauchatmen:** Atme langsam und tief in den Bauch ein, um das Gefühl der Erdung zu verstärken. Lasse jede Ausatmung lang und entspannend sein, um Verspannungen loszulassen.

- **Ujjayi-Atem:** Diese Atemtechnik wird oft im Yoga verwendet, um den Geist zu beruhigen und den Atem zu verlängern. Atme durch die Nase ein und aus, während du einen sanften Klang im hinteren Teil deiner Kehle erzeugst. Der Atem sollte lang und gleichmäßig fließen, was dir hilft, in der Haltung zu verweilen und den Fokus zu halten.

Adho Mukha Svanasana (Der Herabschauende Hund) ist eine kraftvolle, grundlegende Yoga-Position, die sowohl den Körper stärkt als auch den Geist beruhigt. Sie bietet eine tiefe Dehnung für den gesamten Körper, besonders für die Beine, die Wirbelsäule und die Schultern, und hilft, das Gleichgewicht und die Flexibilität zu verbessern. Durch das regelmäßige Üben dieser Haltung kannst du nicht nur deine körperliche Kraft aufbauen, sondern auch eine tiefe innere Ruhe und Erdung erfahren.

Ob du Anfänger oder erfahrener Yogi bist, der Herabschauende Hund ist eine Pose, die dir auf deiner Yoga-Reise immer wieder begegnen wird – und die jedes Mal neue Erkenntnisse und tiefere Entspannung bringt.

Baddha Konasana (Die Schmetterlingshaltung)

Die Schmetterlingshaltung, im Sanskrit als „Baddha Konasana" bekannt, ist eine beliebte Yoga-Haltung, die sowohl für Anfänger als auch für fortgeschrittene Yoga-Praktizierende geeignet ist. Diese Haltung ist besonders wertvoll, weil sie sanft und gleichzeitig sehr wirkungsvoll ist, wenn es darum geht, die Hüften und den unteren Rücken zu öffnen und Verspannungen zu lösen.

Baddha Konasana ist eine wunderbare Haltung, um sich mit dem eigenen Körper und Geist zu verbinden und innere Ruhe zu finden. Besonders für das **Sakralchakra (Svadhisthana Chakra)**, das Zentrum unserer Kreativität, Emotionen und sexuellen Energie, ist diese Haltung von großem Nutzen. Sie fördert das emotionale Gleichgewicht und öffnet uns für den Fluss des Lebens und der Freude.

Im Folgenden erkläre ich dir die Schmetterlingshaltung in einfacher und verständlicher Sprache, Schritt für Schritt und auf eine Weise, die es dir ermöglicht, die körperlichen und emotionalen Vorteile dieser Haltung vollständig zu erfahren.

Bedeutung von Baddha Konasana

Die Schmetterlingshaltung hilft dabei, die Hüften, den unteren Rücken, die Leisten und die Oberschenkelmuskulatur zu dehnen und zu öffnen. In vielen Kulturen wird die Hüftregion als Sitz der Emotionen angesehen. Indem wir diesen Bereich sanft dehnen und öffnen, können wir alte, festgehaltene Spannungen und emotionale Blockaden loslassen. Die sanfte Dehnung in der Schmetterlingshaltung schafft Raum für neue Energie und fördert das Gefühl von innerer Freiheit und Leichtigkeit.

Neben der physischen Dehnung bringt Baddha Konasana auch mentale Klarheit und emotionale Entspannung. Es ist eine Haltung, die uns dazu einlädt, loszulassen und uns mit unserer inneren Kreativität und Freude zu verbinden. Sie ist besonders für Frauen während der Menstruation oder Schwangerschaft hilfreich, da sie sanft die Beckenregion öffnet und die Durchblutung fördert.

Schritt-für-Schritt-Anleitung: So führst du Baddha Konasana korrekt aus

1. Vorbereitung: Sitzposition einnehmen

Setze dich auf eine Matte oder eine weiche Unterlage und strecke deine Beine vor dir aus. Diese vorbereitende Sitzposition nennt sich „Dandasana" (Stockhaltung). Achte darauf, dass du aufrecht sitzt und deine Wirbelsäule lang und gerade ist. Rolle sanft deine Schultern nach hinten und unten, um Raum im Brustbereich zu schaffen.

Dein Blick ist entspannt nach vorne gerichtet, und dein Atem fließt ruhig und gleichmäßig.

2. Füße zusammenbringen und Knie beugen

Ziehe deine Knie langsam zu dir heran und bringe die Fußsohlen vor deinem Körper zusammen. Die Knie zeigen nach außen, und die Füße berühren sich. Lass die Knie sanft nach unten fallen, aber zwinge sie nicht in die Richtung des Bodens – dies kommt mit der Zeit und zunehmender Flexibilität in der Hüfte.

Halte deine Füße mit beiden Händen fest, sodass du sie in Position hältst und gleichzeitig sanft näher zu deinem Körper ziehst. Wenn du möchtest, kannst du die Hände auch auf die Schienbeine oder den Boden legen, wenn sich das angenehmer anfühlt.

3. Aufrechte Haltung einnehmen

Sitze so aufrecht wie möglich, indem du deine Wirbelsäule lang-ziehst. Stell dir vor, deine Kopfkrone wird nach oben gezogen, während dein Steißbein fest in die Matte verankert bleibt. Der Rü-cken bleibt gerade, und dein Brustkorb öffnet sich leicht nach vorne.

Diese Haltung hilft dir, den Oberkörper zu stabilisieren und den unteren Rücken zu entlasten. Gleichzeitig öffnet sie den Herzbe-reich, was dich einlädt, tiefer in deine emotionale Welt einzutau-chen.

4. Position der Hüften und Beine

Die Hüften sollten in dieser Haltung sanft geöffnet sein. Wenn deine Hüften noch etwas steif sind, kannst du ein Kissen oder eine Decke unter deine Hüften legen, um sie leicht anzuheben. Dies entlastet den unteren Rücken und fördert eine aufrechte Hal-tung. Wenn deine Knie weit über dem Boden schweben und du das Gefühl hast, dass es unangenehm wird, kannst du Polster oder Blöcke unter deine Knie legen, um zusätzlichen Halt zu bie-ten. Dies erlaubt es dir, die Haltung länger und entspannter zu halten, ohne die Gelenke zu überdehnen.

5. Der Schmetterlingseffekt: Flügelbewegung

Eine schöne Variante dieser Pose, die besonders entspannend für die Hüften ist, besteht darin, die Knie sanft wie die Flügel eines Schmetterlings auf und ab zu bewegen. Diese Bewegung, die auch als „Flügelbewegung" bezeichnet wird, fördert die Flexibilität in den Hüften und sorgt für mehr Mobilität. Atme dabei ruhig ein und aus und spüre, wie sich die Hüften allmählich öffnen und ent-spannen. Diese Bewegung ist sanft und kann so lange fortgesetzt werden, wie es sich gut anfühlt. Sie hilft dir, Spannungen in der Hüfte loszulassen und den Bereich zu entspannen.

6. Tiefer in die Haltung sinken

Wenn du bereit bist, die Position zu vertiefen, kannst du mit einer Ausatmung langsam nach vorne sinken. Beuge dich dabei aus der Hüfte nach vorne, ohne den Rücken zu runden. Du kannst deine Ellbogen sanft auf deine Oberschenkel legen oder deine Hände vor deinen Füßen auf den Boden bringen. Halte dabei deine Wirbelsäule so gerade wie möglich. Versuche, in dieser Haltung tief und gleichmäßig zu atmen. Mit jeder Einatmung verlängerst du die Wirbelsäule, mit jeder Ausatmung lässt du dich ein wenig tiefer in die Haltung sinken. Es ist wichtig, dass du dabei keinen Schmerz verspürst – achte darauf, dass die Dehnung angenehm bleibt.

Atmung in Baddha Konasana

Die Atmung spielt eine entscheidende Rolle in der Schmetterlingshaltung. Indem du den Atem bewusst lenkst, kannst du nicht nur tiefer in die Haltung eintauchen, sondern auch deinen Geist beruhigen und Spannungen im Körper lösen.

1. **Tiefes Einatmen:** Beginne mit tiefen, bewussten Atemzügen durch die Nase. Spüre, wie sich dein Brustkorb und dein Bauch mit jeder Einatmung sanft weiten. Die Atmung gibt dir Stabilität und Erdung in dieser Haltung.

2. **Langsames Ausatmen:** Mit jeder Ausatmung lässt du bewusst Spannungen los. Visualisiere dabei, wie sich deine Hüften und dein unterer Rücken entspannen und sich sanft öffnen. Jede Ausatmung bringt dich näher zu einem Gefühl der Leichtigkeit.

3. **Verlängerte Ausatmung:** Um die Entspannung zu vertiefen, kannst du die Ausatmung verlängern. Zähle während der Ausatmung bis vier und lasse dann die Einatmung sanft folgen. Diese Atemtechnik beruhigt den Geist und hilft dir, in der Haltung länger zu verweilen.

Die Schmetterlingshaltung bietet eine Vielzahl von körperlichen, emotionalen und energetischen Vorteilen. Im Folgenden findest du einige der wichtigsten Vorteile dieser Haltung:

1. Hüftöffnung und Flexibilität: Baddha Konasana ist eine der effektivsten Posen zur Dehnung und Öffnung der Hüftgelenke. Durch die sanfte, aber tiefe Dehnung der inneren Oberschenkel, Leisten und Hüften wird die Flexibilität in diesen Bereichen verbessert. Dies ist besonders nützlich für Menschen, die viel sitzen oder unter Hüftverspannungen leiden.

2. Unterstützung des Sakralchakras: Diese Haltung stimuliert das Sakralchakra (Svadhisthana Chakra), das für Kreativität, Emotionen und sexuelle Energie verantwortlich ist. Durch das Öffnen des Beckens und der Hüften wird die Energie in diesem Bereich angeregt und in den Fluss gebracht. Dies fördert das emotionale Gleichgewicht und unterstützt dich dabei, mit deiner Kreativität und Sinnlichkeit in Kontakt zu kommen.

3. Linderung von Rückenschmerzen: Durch das sanfte Öffnen der Hüften und das Verlängern der Wirbelsäule kann Baddha Konasana helfen, Verspannungen im unteren Rücken zu lindern. Besonders bei Menschen, die viel sitzen, kann diese Haltung helfen, die Wirbelsäule zu entlasten und Schmerzen zu reduzieren.

4. Beruhigung des Geistes: Baddha Konasana hat eine beruhigende Wirkung auf den Geist. Durch die Kombination von sanfter Dehnung und bewusster Atmung wird das Nervensystem beruhigt, Stress abgebaut und ein Gefühl der inneren Ruhe gefördert. Diese Pose eignet sich daher besonders gut zur Meditation oder als beruhigende Haltung am Ende einer Yoga-Praxis.

5. Verbesserung der Durchblutung: Diese Haltung fördert die Durchblutung in der Beckenregion, was besonders bei Frauen während der Menstruation oder Schwangerschaft von Vorteil ist. Sie unterstützt den Kreislauf und hilft, Stagnationen zu lösen.

6. Stärkung der Bindung zum eigenen Körper: Durch die sanfte Natur dieser Haltung und die achtsame Atmung fördert Baddha Konasana die Selbstwahrnehmung und die Verbindung zum eigenen Körper. Es ist eine Haltung, die dich einlädt, liebevoll auf deinen Körper zu hören und ihm die Fürsorge zu geben, die er braucht.

Häufige Fehler und wie man sie vermeidet

Wie bei vielen Yoga-Posen gibt es auch in Baddha Konasana einige häufige Fehler, die du vermeiden solltest, um die vollen Vorteile dieser Haltung zu erfahren und Verletzungen zu vermeiden:

1. **Rundung des Rückens:** Ein häufiges Problem ist, dass der Rücken in der Schmetterlingshaltung rund wird. Dies führt zu einer Fehlbelastung des unteren Rückens. Achte darauf, deine Wirbelsäule lang zu halten und dich aus den Hüften nach vorne zu beugen, anstatt den Rücken zu runden.

2. **Knie zu sehr belasten:** Versuche, die Knie nicht zu stark nach unten zu drücken. Die Dehnung sollte sanft und schmerzfrei sein. Verwende Polster oder Blöcke unter den Knien, wenn nötig, um sie zu stützen und die Spannung zu reduzieren.

3. **Schultern verspannen:** Achte darauf, dass deine Schultern während der Haltung entspannt bleiben. Ziehe sie nicht nach oben, sondern lasse sie sanft nach unten sinken.

Baddha Konasana kann an die individuellen Bedürfnisse und Fähigkeiten angepasst werden, um die Haltung für alle zugänglich zu machen:

1. **Sitz auf einer Decke:** Wenn es dir schwerfällt, in der Schmetterlingshaltung aufrecht zu sitzen, lege eine gefaltete Decke oder ein Kissen unter deine Hüften. Dies hilft, die Wirbelsäule zu verlängern und den unteren Rücken zu entlasten.

2. **Blöcke unter den Knien:** Wenn deine Hüften noch nicht sehr flexibel sind, platziere Yoga-Blöcke oder Kissen unter deine Knie, um zusätzlichen Halt zu bieten. Dies reduziert die Belastung und ermöglicht eine sanfte Dehnung.

3. **Vorbeuge in Baddha Konasana:** Um die Haltung zu vertiefen, kannst du dich mit einer Ausatmung nach vorne beugen. Achte darauf, dass du aus den Hüften und nicht aus dem Rücken beugst. Dies intensiviert die Dehnung in den Hüften und dem unteren Rücken.

Baddha Konasana (die Schmetterlingshaltung) ist eine einfache, aber kraftvolle Yoga-Pose, die sowohl den Körper als auch den Geist in Balance bringt. Sie öffnet die Hüften, fördert die Flexibilität und stärkt das emotionale Gleichgewicht. Diese Haltung ist besonders wertvoll für das Sakralchakra und lädt uns ein, mit unserer Kreativität, Sinnlichkeit und emotionalen Tiefe in Kontakt zu treten. Ob du diese Haltung als Teil deiner täglichen Yoga-Praxis oder als Entspannungsübung nach einem langen Tag integrierst, Baddha Konasana wird dir helfen, körperliche Spannungen zu lösen und ein Gefühl der inneren Ruhe zu finden. Mit bewusster Atmung und Achtsamkeit kannst du in dieser Pose sowohl körperliche als auch emotionale Blockaden sanft auflösen und Raum für mehr Freude und Leichtigkeit schaffen.

Bhujangasana (Die Kobra)

Die Kobra, im Sanskrit als „Bhujangasana" bekannt, ist eine kraftvolle Yoga-Haltung, die sowohl für Anfänger als auch für fortgeschrittene Praktizierende geeignet ist. Sie gehört zu den rückbeu-
genden Asanas und ist besonders effektiv, um den Rücken zu
stärken, das Herz zu öffnen und Spannungen im Körper zu lösen.
Bhujangasana ist eng mit dem **Herzchakra (Anahata Chakra)**
verbunden, dem Zentrum für Liebe, Mitgefühl und emotionale
Heilung. Diese Übung fördert nicht nur die körperliche Flexibilität,
sondern auch das emotionale Wohlbefinden, indem sie das Herz
öffnet und den Atem vertieft.

In diesem ausführlichen Leitfaden werde ich dir Schritt für Schritt
erklären, wie du Bhujangasana korrekt ausführst, welche Vorteile
sie bietet, wie du sie anpassen kannst und welche spirituellen und
emotionalen Aspekte mit dieser Haltung verbunden sind.

Die Bedeutung von Bhujangasana

Bhujangasana, die Kobra-Haltung, ist eine rückbeugende Asana,
die den Körper ermutigt, sich nach vorne und oben zu öffnen. Die
Haltung symbolisiert die kraftvolle, aber geschmeidige Bewegung
einer Kobra, die sich aus der Erde erhebt und mit ihrer Energie
den Himmel erreicht. In dieser Pose verbindet der Praktizierende
die Kraft der Erdung mit der Offenheit des Himmels und schafft so
eine Balance zwischen Stabilität und Freiheit.

Diese Haltung öffnet den Herzbereich, dehnt die Brustmuskulatur
und aktiviert das Herzchakra. Das Herzchakra steht für bedingungslose Liebe, Mitgefühl, Selbstakzeptanz und Heilung. Durch
die Praxis von Bhujangasana fördern wir nicht nur die körperliche
Stärke und Flexibilität, sondern öffnen auch unsere emotionalen
und spirituellen Kanäle, um mehr Liebe und Mitgefühl in unser Leben zu lassen.

Schritt-für-Schritt-Anleitung: So führst du Bhujangasana (Die Kobra) korrekt aus

1. Vorbereitung: Bauchlage einnehmen

Beginne in der Bauchlage auf deiner Yogamatte. Lege deine Beine hüftbreit auseinander und lass die Zehen flach auf der Matte liegen. Die Stirn ruht sanft auf der Matte, und deine Arme liegen entlang deines Körpers, mit den Handflächen nach unten.

Atme ein paar Mal tief durch die Nase ein und aus, um dich auf die bevorstehende Übung vorzubereiten. Diese Anfangsposition hilft dir, dich mit der Matte zu verbinden und den Atem zu beruhigen.

2. Hände neben der Brust platzieren

Bringe nun deine Hände flach auf die Matte, direkt unterhalb deiner Schultern. Die Ellbogen zeigen dabei nach hinten und bleiben nah am Körper. Deine Finger sind weit gespreizt, um eine stabile Basis zu schaffen. Achte darauf, dass deine Hände fest mit der Matte verbunden sind, aber vermeide es, die Schultern nach oben zu ziehen – halte sie stattdessen entspannt.

3. Aktiviere deinen Körper

Bevor du dich in die Kobra hebst, aktiviere deinen gesamten Körper. Drücke die Fußrücken fest in die Matte, sodass deine Beine und dein Becken stabil auf dem Boden bleiben. Aktiviere deine Beinmuskulatur, indem du sie sanft anspannst. Dein Steißbein zeigt leicht in Richtung Fersen, um den unteren Rücken zu schützen.

Diese Aktivierung sorgt dafür, dass du deine Rückenmuskulatur entlastest und den Aufstieg aus der Brust und dem Herzbereich heraus beginnst, anstatt aus dem unteren Rücken.

4. Hebe dich in die Kobra

Mit einer tiefen Einatmung hebst du langsam den Kopf und den Brustkorb von der Matte ab. Nutze dabei die Kraft deiner Rückenmuskulatur und nicht nur deine Arme. Deine Ellbogen bleiben leicht gebeugt und nah am Körper. Dein Blick ist nach vorne gerichtet oder leicht nach oben, um den Nacken lang zu halten.

In der Kobra-Haltung ist es wichtig, dass du dich nicht zu weit nach oben drückst, um den unteren Rücken nicht zu überlasten. Es geht darum, eine sanfte, aber kraftvolle Rückbeuge zu schaffen, bei der die Brust nach vorne und oben geöffnet wird. Dein Steißbein bleibt nach hinten ausgerichtet, um die Wirbelsäule in einer sanften, harmonischen Biegung zu halten.

5. Schultern entspannen und Herz öffnen

Ein häufiger Fehler in Bhujangasana ist es, die Schultern zu stark nach oben zu ziehen. Achte darauf, dass deine Schultern entspannt bleiben und du sie sanft nach hinten und unten ziehst, um den Herzraum noch mehr zu öffnen. Spüre, wie sich deine Brust nach vorne weitet und der Herzbereich sich öffnet, während du in dieser Haltung verweilst.

Diese Öffnung des Herzens fördert nicht nur die physische Dehnung, sondern auch eine emotionale Öffnung – eine Einladung, mehr Liebe und Mitgefühl in dein Leben zu lassen.

6. Atmung in der Kobra-Haltung

Deine Atmung spielt in Bhujangasana eine zentrale Rolle. Atme tief und gleichmäßig durch die Nase ein und aus. Mit jeder Einatmung spürst du, wie sich dein Brustkorb hebt und weitet, während du mit jeder Ausatmung versuchst, die Spannung im unteren Rücken und in den Schultern loszulassen.

Lasse den Atem fließen und nutze ihn, um noch mehr Weite und Stabilität in die Haltung zu bringen. Wenn du merkst, dass du deinen Atem anhältst oder flach atmest, gehe ein wenig aus der Haltung zurück und finde eine Position, in der du ruhig und gleichmäßig atmen kannst.

7. Verweile in der Haltung

Bleibe für drei bis fünf Atemzüge in der Kobra-Haltung. Spüre, wie sich dein Körper anfühlt, während du deine Brust öffnest und die Rückenmuskulatur stärkt. Achte darauf, nicht zu viel Spannung im unteren Rücken aufzubauen.

8. Rückkehr in die Bauchlage

Mit einer langsamen und kontrollierten Ausatmung lässt du deinen Oberkörper wieder sanft zur Matte sinken. Lege die Stirn auf die Matte und entspanne deinen gesamten Körper. Spüre einen Moment nach und lass die Spannung los. Dies gibt deinem Körper die Möglichkeit, die Wirkung der Übung zu verarbeiten und sich zu erholen.

Varianten und Anpassungen von Bhujangasana

Es gibt verschiedene Varianten von Bhujangasana, die an die individuellen Bedürfnisse und Fähigkeiten angepasst werden können. Hier sind einige Möglichkeiten, wie du die Kobra-Haltung anpassen kannst:

1. Baby-Kobra (Sanchalanasana)

Für Anfänger oder Menschen mit Rückenbeschwerden kann die Baby-Kobra eine sanftere Variante der Kobra sein. Bei dieser Variante hebst du nur den Kopf und den oberen Teil der Brust von der Matte ab, während die Ellbogen am Boden bleiben. Diese Haltung ist sanfter für den unteren Rücken, aber sie bietet dennoch eine effektive Dehnung der Brustmuskulatur und eine Stärkung des oberen Rückens.

2. Stärkere Kobra

Für fortgeschrittene Praktizierende oder Menschen, die ihre Rückbeuge vertiefen möchten, kannst du die Hände fest in die Matte drücken und den Oberkörper weiter anheben. Achte jedoch darauf, dass du nicht zu stark ins Hohlkreuz gehst – der Schwerpunkt sollte auf der Öffnung des Herzens und der Weitung des Brustkorbs liegen.

3. Kobra mit Block

Wenn du Probleme mit der Ausrichtung oder der Stabilität in der Kobra hast, kannst du Yoga-Blöcke verwenden. Lege einen Block unter deine Hände, um deine Arme leicht anzuheben und dir mehr Kontrolle und Stabilität zu geben. Dies hilft dir, die Brust weiter zu öffnen, ohne den unteren Rücken zu überlasten.

Vorteile von Bhujangasana

Die Kobra-Haltung bietet eine Fülle von körperlichen, emotionalen und energetischen Vorteilen. Im Folgenden sind einige der wichtigsten Vorteile dieser Haltung aufgeführt:

1. Stärkung der Rückenmuskulatur: Bhujangasana stärkt die Muskulatur des gesamten Rückens, insbesondere des unteren und mittleren Rückens. Diese Kraft hilft, die Wirbelsäule zu stabilisieren und Rückenprobleme zu vermeiden oder zu lindern.

2. Öffnung des Herzbereichs: Diese Haltung dehnt den Brustkorb, die Schultern und den oberen Rücken, wodurch der Herzbereich geöffnet wird. Dies fördert die emotionale Offenheit und das Loslassen von festgehaltenen Spannungen und emotionalen Blockaden.

3. Verbesserung der Flexibilität: Die Kobra-Haltung dehnt die Bauchmuskeln, den Brustkorb und die Hüften, wodurch die Flexibilität dieser Bereiche verbessert wird. Die regelmäßige Praxis dieser Haltung kann helfen, Steifheit in der Wirbelsäule und den Hüften zu verringern.

4. Stimulation des Herzchakras: Bhujangasana aktiviert und harmonisiert das Herzchakra, das Zentrum für Liebe, Mitgefühl und emotionale Heilung. Durch die Öffnung des Herzraums fördert diese Haltung das Gefühl von innerem Frieden, Selbstakzeptanz und emotionaler Balance.

5. Linderung von Stress und Angst: Die Kobra-Haltung beruhigt das Nervensystem, indem sie den Atem vertieft und den Körper öffnet. Dies hilft, Stress und Angst abzubauen und ein Gefühl der inneren Ruhe zu fördern.

6. Verbesserung der Körperhaltung: Indem Bhujangasana die Rückenmuskulatur stärkt und die Brust öffnet, trägt sie dazu bei, die Körperhaltung zu verbessern. Eine regelmäßige Praxis dieser Haltung kann helfen, eine aufrechte und offene Haltung im Alltag zu bewahren.

Häufige Fehler und wie man sie vermeidet

Wie bei vielen Yoga-Posen gibt es auch in Bhujangasana einige häufige Fehler, die du vermeiden solltest, um Verletzungen zu vermeiden und die vollen Vorteile dieser Haltung zu erfahren:

1. Überstreckung des unteren Rückens: Ein häufiger Fehler ist es, sich zu weit in die Rückbeuge zu drücken und dabei den unteren Rücken zu überlasten. Achte darauf, dass die Bewegung aus der Brust heraus erfolgt und nicht aus dem unteren Rücken. Dein Steißbein sollte nach unten zeigen, um den unteren Rücken zu schützen.

2. Hochgezogene Schultern: Viele Menschen neigen dazu, die Schultern in Richtung der Ohren zu ziehen, was Spannungen verursacht. Versuche, die Schultern entspannt zu halten und sie sanft nach hinten und unten zu ziehen, um den Herzraum zu öffnen.

3. Flache Atmung: In Bhujangasana ist eine tiefe, gleichmäßige Atmung entscheidend. Wenn du merkst, dass dein Atem flach wird, gehe ein wenig aus der Haltung heraus, um den Atem zu beruhigen und die Pose zu stabilisieren.

Emotionale und Spirituelle Bedeutung von Bhujangasana

Neben den körperlichen Vorteilen hat Bhujangasana auch eine tiefe emotionale und spirituelle Bedeutung. Diese Haltung fördert die Öffnung des Herzchakras, das Zentrum für Liebe, Mitgefühl und emotionale Heilung. Indem du in dieser Haltung deinen Herzraum öffnest, öffnest du dich auch für mehr Liebe und Mitgefühl – sowohl für dich selbst als auch für andere.

Bhujangasana erinnert uns daran, dass es wichtig ist, das Herz offen zu halten, auch wenn es manchmal schmerzhaft oder schwierig ist. Die Haltung symbolisiert den Mut, mit einem offenen Herzen durchs Leben zu gehen und sowohl die Höhen als auch die Tiefen des Lebens mit Mitgefühl und Akzeptanz anzunehmen.

Bhujangasana (die Kobra-Haltung) ist eine kraftvolle und heilende Yoga-Übung, die nicht nur den Körper stärkt und öffnet, sondern auch das Herz und den Geist. Durch die Praxis dieser Haltung fördern wir die Flexibilität der Wirbelsäule, stärken die Rückenmuskulatur und öffnen den Herzbereich, um mehr Liebe und Mitgefühl in unser Leben zu lassen.

Ob du diese Haltung als Teil deiner regelmäßigen Yoga-Praxis oder als gezielte Übung zur Stärkung deines Rückens und zur Öffnung deines Herzens integrierst – Bhujangasana wird dir helfen, körperliche und emotionale Spannungen loszulassen und inneren Frieden zu finden. Mit jeder tiefen Einatmung in der Kobra-Haltung kannst du dich tiefer mit deinem Körper, deinem Geist und deinem Herzen verbinden und ein Gefühl der Weite und Freiheit erfahren.

Dhanurasana (Der Bogen)

Dhanurasana, im Deutschen als „Bogen" bekannt, ist eine kraftvolle Yoga-Haltung, die den gesamten Körper aktiviert und kräftigt. Diese Pose symbolisiert den gespannten Bogen und fördert
sowohl die körperliche Stärke als auch die emotionale Öffnung.
Dhanurasana wird besonders mit dem **Solarplexuschakra (Manipura Chakra)** in Verbindung gebracht, dem Zentrum für Willenskraft, Selbstbewusstsein und persönliche Stärke. Diese Asana
öffnet den Brustbereich, stärkt den Rücken und weckt innere
Energie.

In dieser detaillierten Beschreibung werde ich dir Schritt für
Schritt erklären, wie du Dhanurasana sicher und korrekt ausführst. Außerdem erfährst du, wie diese Pose das Solarplexuschakra beeinflusst und warum sie auf körperlicher, emotionaler
und energetischer Ebene so wertvoll ist.

Die Bedeutung von Dhanurasana

Dhanurasana leitet sich von den Sanskrit-Wörtern „Dhanur", was
„Bogen" bedeutet, und „Asana", was „Haltung" bedeutet, ab. In
dieser Pose ähnelt der Körper einem gespannten Bogen, wobei
die Füße die Pfeile darstellen und der Oberkörper den Bogen
selbst. Diese Haltung repräsentiert Stärke, Fokus und das Streben
nach Zielen. Der Bogen steht auch symbolisch für die Fähigkeit,
die eigene innere Energie und Kraft zu nutzen, um Ziele zu erreichen und Hindernisse zu überwinden.

Dhanurasana ist eine Rückbeuge, die den Brustkorb öffnet und
den gesamten Körper dehnt. Sie stärkt die Rückenmuskulatur,
verbessert die Flexibilität der Wirbelsäule und stimuliert die

inneren Organe. Auf emotionaler Ebene kann diese Haltung dazu beitragen, das Selbstvertrauen zu stärken und Ängste abzubauen, indem sie das Solarplexuschakra aktiviert.

Schritt-für-Schritt-Anleitung: So führst du Dhanurasana (den Bogen) korrekt aus

1. Vorbereitung: Bauchlage einnehmen

Lege dich flach auf den Bauch, die Stirn ruht auf der Matte, und deine Arme liegen entspannt neben deinem Körper. Die Beine sind hüftbreit geöffnet, und die Zehen zeigen nach hinten. Diese Ausgangsposition hilft dir, dich auf die Pose vorzubereiten, indem du dich erdest und deinen Körper in eine neutrale Position bringst.

Schließe für einen Moment die Augen und atme tief ein und aus, um dich auf die bevorstehende Asana zu konzentrieren. Diese kurze Vorbereitung ermöglicht es dir, deinen Geist zu beruhigen und eine innere Verbindung zu deinem Körper herzustellen.

2. Die Beine anwinkeln

Beuge nun langsam die Knie und bringe deine Fersen in Richtung Gesäß. Achte darauf, dass die Beine etwa hüftbreit auseinander bleiben. Deine Oberschenkel und Hüften bleiben fest auf der Matte.

Dein Atem bleibt dabei tief und ruhig, während du spürst, wie sich deine Oberschenkel und dein unterer Rücken aktivieren.

3. Greife deine Knöchel

Strecke deine Arme nach hinten aus und greife mit beiden Händen nach den Knöcheln oder Fußrücken. Achte darauf, dass du die Füße fest, aber nicht zu stark greifst – die Bewegung sollte kontrolliert und sanft sein. Dein Körper beginnt nun, sich auf die Rückbeuge vorzubereiten. In dieser Position konzentriere dich weiterhin auf deinen Atem. Atme tief ein und spüre, wie sich dein Brustkorb weitet und dein Körper sich darauf vorbereitet, sich in den Bogen zu heben.

4. Hebe deinen Oberkörper und deine Beine an

Mit einer tiefen Einatmung drückst du deine Füße sanft in deine Hände, während du gleichzeitig deinen Oberkörper und die Beine vom Boden abhebst. Dein Körper beginnt, sich in eine Bogenform zu wölben. Der Brustkorb öffnet sich nach vorne und oben, während die Beine nach hinten und oben gezogen werden. Achte darauf, dass du deine Hüften und den Bauch fest in die Matte drückst, um Stabilität und Halt zu finden. Die Bewegung sollte aus der Kraft der Rückenmuskulatur kommen und nicht aus den Armen. Die Arme dienen lediglich als Unterstützung, um die Beine nach hinten zu ziehen.

5. Öffne deinen Brustkorb

Während du in der Pose bleibst, konzentriere dich darauf, deinen Brustkorb weit zu öffnen. Ziehe die Schulterblätter sanft zueinander, sodass die Schultern nach hinten und unten gerichtet sind. Dein Nacken bleibt lang, und dein Blick kann entweder nach vorne oder leicht nach oben gerichtet sein. Es ist wichtig, dass du die Bewegung aus dem Herzen heraus machst, der Fokus liegt auf der Öffnung des Brustbereichs und nicht auf dem Druck im unteren Rücken. Atme tief ein und spüre, wie sich dein Brustkorb mit jeder Einatmung noch weiter öffnet.

6. Atme tief und ruhig

Die Atmung ist entscheidend, um in Dhanurasana präsent zu bleiben und Spannungen loszulassen. Atme tief durch die Nase ein und aus. Spüre, wie jede Einatmung deinen Brustkorb hebt und weitet, während jede Ausatmung dich in der Position stabilisiert.

Es kann hilfreich sein, sich vorzustellen, dass du durch das Herz atmest, was dir hilft, die Verbindung zu deinem Solarplexus- und Herzchakra zu vertiefen.

7. Verweile in der Haltung

Bleibe für drei bis fünf tiefe Atemzüge in Dhanurasana. Spüre die Intensität der Dehnung und die Kraft, die du in deinem Rücken, deinen Beinen und deinem Brustkorb aufbaust. Wenn du merkst, dass die Haltung zu intensiv wird, kannst du die Position jederzeit sanft verlassen. Es ist wichtig, auf den Körper zu hören und die Grenzen zu respektieren. Dhanurasana soll sich herausfordernd, aber nicht schmerzhaft anfühlen. Lasse die Haltung dich energetisieren und öffne dich für den Fluss der Energie, den sie bietet.

8. Lasse langsam los und entspanne

Mit einer langsamen und kontrollierten Ausatmung lässt du deine Beine und deinen Oberkörper sanft zurück zur Matte sinken. Löse den Griff um deine Knöchel und bringe die Arme entspannt neben deinen Körper.

Lege die Stirn sanft auf die Matte und entspanne deinen gesamten Körper. Spüre einen Moment nach und lass die Spannung los. Dies gibt deinem Körper die Möglichkeit, die Wirkung der Übung zu verarbeiten und sich zu erholen.

Dhanurasana kann an die individuellen Bedürfnisse und Fähigkeiten angepasst werden, um die Haltung für alle zugänglich zu machen. Hier sind einige Varianten und Anpassungen, die du ausprobieren kannst:

1. Sanfter Bogen für Anfänger

Wenn du gerade erst mit dieser Pose beginnst oder dein Rücken noch nicht so flexibel ist, kannst du den Bogen sanfter gestalten, indem du die Beine nicht zu hoch hebst. Hebe nur den Oberkörper und die Beine leicht an und konzentriere dich auf die Weite im Brustkorb.

2. Unterstützung mit einem Gurt

Wenn es dir schwerfällt, deine Knöchel zu erreichen, kannst du einen Yoga-Gurt verwenden. Lege den Gurt um deine Knöchel und halte ihn mit den Händen fest. Dies ermöglicht es dir, die Pose sanft zu praktizieren, ohne deinen Rücken zu überdehnen.

3. Fortgeschrittener Bogen

Für fortgeschrittene Praktizierende, die die Rückbeuge vertiefen möchten, kannst du die Beine weiter nach oben heben und gleichzeitig den Oberkörper stärker nach hinten wölben. Achte darauf, dass der Nacken lang bleibt und die Bewegung aus dem Herzen kommt.

Dhanurasana bietet eine Vielzahl von körperlichen, emotionalen und energetischen Vorteilen. Im Folgenden findest du die wichtigsten Vorteile dieser Haltung:

1. Stärkung der Rückenmuskulatur: Dhanurasana ist eine kraftvolle Rückbeuge, die die gesamte Rückenmuskulatur stärkt. Dies verbessert die Stabilität und Flexibilität der Wirbelsäule und kann dazu beitragen, Rückenprobleme zu lindern.

2. Öffnung des Brustkorbs: Diese Pose dehnt die Brustmuskulatur und öffnet den Brustkorb, wodurch die Lungenkapazität verbessert wird. Sie fördert tieferes Atmen und belebt den gesamten Körper.

3. Stimulation des Solarplexuschakras: Dhanurasana aktiviert und harmonisiert das Solarplexuschakra, das Zentrum für Willenskraft, Selbstbewusstsein und persönliche Stärke. Durch die Praxis dieser Haltung stärkst du dein Selbstvertrauen und deine Entschlossenheit, Herausforderungen im Leben mit Mut und innerer Stärke zu begegnen.

4. Förderung der Flexibilität: Diese Pose dehnt nicht nur den Rücken, sondern auch die Oberschenkel, Hüften und Schultern. Sie verbessert die Flexibilität in diesen Bereichen und fördert die Beweglichkeit des gesamten Körpers.

5. Linderung von Stress und Müdigkeit: Dhanurasana wirkt energetisierend und kann helfen, Müdigkeit zu lindern und den Geist zu beleben. Durch die Öffnung des Brustkorbs und die tiefe Atmung werden Stress und Spannungen im Körper gelöst.

6. Verbesserung der Körperhaltung: Diese Haltung stärkt die Muskulatur, die die Wirbelsäule stützt, und trägt so zur Verbesserung der Körperhaltung bei. Regelmäßiges Üben von Dhanurasana hilft, eine aufrechte und offene Haltung im Alltag zu bewahren.

Häufige Fehler und wie man sie vermeidet

Wie bei vielen Yoga-Posen gibt es auch in Dhanurasana einige häufige Fehler, die du vermeiden solltest, um Verletzungen zu vermeiden und die vollen Vorteile dieser Haltung zu erfahren:

1. Überstreckung des unteren Rückens: Ein häufiger Fehler ist es, den unteren Rücken zu stark zu überdehnen. Achte darauf, dass die Bewegung aus dem Brustkorb und den Beinen kommt und nicht nur aus dem unteren Rücken. Halte die Hüften stabil und achte auf eine gleichmäßige Verteilung der Dehnung.

2. Hochgezogene Schultern: Vermeide es, die Schultern in Richtung der Ohren zu ziehen. Stattdessen sollten die Schultern nach hinten und unten gerichtet sein, um den Brustkorb zu öffnen und den Nacken zu entlasten.

3. Flache Atmung: In Dhanurasana ist es wichtig, tief und gleichmäßig zu atmen. Wenn du feststellst, dass dein Atem flach wird oder du den Atem anhältst, gehe ein wenig aus der Haltung heraus und finde eine Position, in der du ruhig und gleichmäßig atmen kannst.

Dhanurasana ist nicht nur eine kraftvolle körperliche Übung, sondern auch eine Asana, die auf emotionaler und spiritueller Ebene tiefgreifende Wirkungen hat. Durch die Öffnung des Brustkorbs und die Aktivierung des Solarplexuschakras fördert diese Pose das Selbstbewusstsein, den Mut und die Entschlossenheit.

Das Solarplexuschakra, das in dieser Haltung besonders angesprochen wird, ist das Zentrum für persönliche Macht und Willenskraft. Indem du diese Pose praktizierst, stärkst du deine Fähigkeit, deine eigenen Ziele zu verfolgen, Hindernisse zu überwinden und dein volles Potenzial zu entfalten.

Dhanurasana lehrt uns, dass es wichtig ist, offen zu bleiben – für neue Erfahrungen, Herausforderungen und Veränderungen. Indem wir unseren Brustkorb öffnen und uns mutig nach vorne beugen, lernen wir, das Leben mit Stärke und Selbstvertrauen anzugehen.

Dhanurasana (Der Bogen) ist eine kraftvolle und energetisierende Yoga-Haltung, die den Körper stärkt, den Brustkorb öffnet und das Solarplexuschakra aktiviert. Diese Pose fördert die Flexibilität, stärkt die Rückenmuskulatur und verbessert das Selbstbewusstsein und die innere Stärke.

Durch das regelmäßige Üben dieser Haltung kannst du körperliche Spannungen loslassen, deine innere Kraft aktivieren und eine tiefere Verbindung zu deinem Selbst aufbauen. Dhanurasana hilft dir nicht nur, physisch stärker zu werden, sondern auch emotional und geistig zu wachsen. Sie erinnert uns daran, dass wir die Fähigkeit haben, Hindernisse zu überwinden und unser Leben mit Mut und Klarheit zu gestalten.

Ob du Dhanurasana in deine tägliche Yoga-Praxis integrierst oder sie als gezielte Übung zur Stärkung deines Solarplexuschakras praktizierst – diese Pose wird dir helfen, Balance, Stärke und innere Freiheit zu finden.

Eka Pada Rajakapotasana (Die Taube)

Eka Pada Rajakapotasana, besser bekannt als die **Taube**, ist eine kraftvolle und zugleich tief entspannende Yoga-Haltung. Sie ist besonders wirkungsvoll, um die Hüften und den unteren Rücken zu öffnen und Verspannungen zu lösen. Diese Pose eignet sich hervorragend für das **Sakralchakra (Svadhisthana Chakra)**, das Energiezentrum unserer Kreativität, Emotionen und Intimität. Durch die tiefe Dehnung der Hüftmuskulatur hilft die Taube, emotionale Blockaden zu lösen und den Fluss der Energie im Sakralbereich zu harmonisieren.

In dieser detaillierten Anleitung werde ich dir Schritt für Schritt erklären, wie du die Taube sicher und korrekt ausführen kannst. Außerdem erfährst du, welche Vorteile diese Pose mit sich bringt, wie du sie anpassen kannst und welche emotionalen und spirituellen Aspekte mit dieser Haltung verbunden sind.

Bedeutung von Eka Pada Rajakapotasana (Die Taube)

Die Taube ist eine Yoga-Haltung, die sowohl Stärke als auch Flexibilität erfordert. Der Sanskrit-Name „Eka Pada Rajakapotasana" setzt sich aus mehreren Wörtern zusammen: „Eka" bedeutet „eins", „Pada" bedeutet „Fuß" oder „Bein", „Raja" bedeutet „König" und „Kapota" bedeutet „Taube". Diese Pose wird oft als „Königstaube" bezeichnet, da sie eine majestätische Öffnung des Brustkorbs und der Hüften symbolisiert, ähnlich wie eine stolze Taube, die ihre Flügel ausbreitet.

Diese Haltung hilft dabei, den gesamten Hüftbereich zu öffnen und gleichzeitig den Brustkorb zu weiten, was uns emotional und körperlich Raum gibt, tiefer zu atmen und alte Spannungen loszulassen. Sie ist besonders wertvoll für Menschen, die viel sitzen oder unter Hüftverspannungen leiden, da sie die Flexibilität in den Hüften und im unteren Rücken fördert.

Schritt-für-Schritt-Anleitung: So führst du Eka Pada Rajakapotasana (die Taube) korrekt aus

1. Beginne im Vierfüßlerstand

Starte in der Tischposition (Vierfüßlerstand), indem du deine Handgelenke unter den Schultern und die Knie unter den Hüften platzierst. Diese Ausgangsposition hilft dir, dich zu erden und deinen Körper auf die bevorstehende Pose vorzubereiten.

Atme ein paar Mal tief durch die Nase ein und aus, um dich mit deinem Atem zu verbinden und den Geist zu beruhigen.

2. Bringe ein Knie nach vorne

Mit einer tiefen Einatmung ziehst du dein rechtes Knie nach vorne, in Richtung deines rechten Handgelenks. Dein rechter Fuß sollte dabei schräg unter deinem Körper liegen, sodass dein rechtes Schienbein schräg nach hinten zeigt. Die genaue Position des Fußes hängt von deiner Hüftflexibilität ab – für viele Menschen wird das rechte Schienbein näher am Becken liegen, während es für fortgeschrittene Yogis möglicherweise parallel zur kurzen Mattenseite ist.

Das linke Bein gleitet nach hinten, wobei die Zehen flach auf der Matte liegen. Achte darauf, dass dein linkes Bein gestreckt und in einer geraden Linie hinter dir liegt.

3. Richte deine Hüften aus

Dies ist einer der wichtigsten Schritte in der Taube. Achte darauf, dass deine Hüften parallel zum vorderen Rand der Matte ausgerichtet sind. Es ist normal, dass das Becken dazu neigt, auf eine Seite zu kippen – vor allem, wenn die Hüften noch etwas steif sind. Um die Hüften in einer neutralen Position zu halten, kannst du ein Kissen oder einen Block unter die rechte Hüfte legen, um dich zu stabilisieren.

Dein Ziel ist es, beide Hüften gleichmäßig auszurichten, sodass du die Dehnung in der rechten Hüfte spürst, ohne die linke Seite zu überlasten.

4. Hebe deinen Oberkörper an

Atme tief ein und richte deinen Oberkörper auf, während deine Fingerspitzen oder Handflächen sanft auf der Matte ruhen, um Stabilität zu bieten. Ziehe die Schultern nach hinten und unten und öffne den Brustkorb. Dein Herz ist weit nach vorne gerichtet, was eine Öffnung im Brust- und Herzbereich fördert.

Diese Position hilft, den Rücken zu stärken und gleichzeitig die Brustmuskulatur zu dehnen. Achte darauf, dass du in dieser Haltung weiterhin tief atmest, um den Oberkörper aufrecht und gleichzeitig entspannt zu halten.

5. Tiefer sinken – Vorwärtsbeuge (optional)

Wenn du bereit bist, kannst du mit einer Ausatmung deinen Oberkörper nach vorne absenken, um die Dehnung in den Hüften zu vertiefen. Bringe deine Unterarme auf den Boden oder lege deine Stirn sanft auf die Matte. Wenn du möchtest, kannst du deine Arme auch vor dir ausstrecken, um die Dehnung im Rücken und in den Schultern zu intensivieren.

In dieser Vorwärtsbeuge liegt der Schwerpunkt darauf, die Hüften tiefer in die Matte sinken zu lassen und gleichzeitig den Atem fließen zu lassen. Spüre, wie du mit jeder Ausatmung mehr Spannung loslässt und tiefer in die Haltung sinkst.

6. Atmung in der Taube

Die Atmung spielt eine entscheidende Rolle in Eka Pada Rajakapotasana. Atme tief und gleichmäßig durch die Nase ein und aus. Mit jeder Einatmung schaffst du Weite in deinem Brustkorb und in den Hüften, während du mit jeder Ausatmung bewusst Spannungen loslässt. Die Taube ist eine tief öffnende Haltung, die dich dazu einlädt, loszulassen – nicht nur körperlich, sondern auch emotional. Wenn du in der Vorwärtsbeuge bist, lass deinen Atem ruhig und entspannt fließen. Stelle dir vor, dass du mit jedem Atemzug Raum in deinen Hüften und im unteren Rücken schaffst.

7. Verweile in der Haltung

Bleibe für fünf bis zehn tiefe Atemzüge in Eka Pada Rajakapotasana. Spüre, wie die Dehnung sich allmählich intensiviert, während sich deine Hüften öffnen und dein Oberkörper sich entspannt. Es ist wichtig, auf den eigenen Körper zu hören und die Grenzen zu respektieren – die Taube kann intensiv sein, aber sie sollte niemals schmerzhaft sein.

8. Wechsel die Seiten

Nachdem du auf der rechten Seite verweilt hast, bringe mit einer Einatmung deinen Oberkörper wieder nach oben und verlasse die Haltung sanft. Bewege dich zurück in den Vierfüßlerstand und wiederhole die Übung auf der linken Seite, indem du dein linkes Knie nach vorne bringst und das rechte Bein nach hinten ausstreckst.

Eka Pada Rajakapotasana kann an verschiedene Bedürfnisse und Fähigkeiten angepasst werden. Hier sind einige Möglichkeiten, wie du die Taube individuell anpassen kannst:

1. Unterstützte Taube mit Blöcken

Wenn du Schwierigkeiten hast, deine Hüften parallel zu halten, oder die Dehnung zu intensiv ist, kannst du einen Yoga-Block oder ein Kissen unter die Hüfte des vorderen Beins legen. Dies unterstützt deine Hüften und sorgt für eine stabilere Position, während du trotzdem die Dehnung spürst.

2. Sanfte Variante für Anfänger

Für Anfänger oder Menschen mit Hüftproblemen kann die sanftere Variante der Taube durchgeführt werden. Anstatt das hintere Bein vollständig zu strecken, kannst du das Knie leicht gebeugt lassen und den Oberkörper nicht zu stark anheben. Dies verringert die Belastung der Hüften und des unteren Rückens und ermöglicht eine sanfte, aber effektive Dehnung.

3. Fortgeschrittene Variante: Königstaube

Fortgeschrittene Yogis können die Königstaube ausprobieren, bei der das hintere Bein angewinkelt und der Fuß mit den Händen oder Armen gegriffen wird. Dies intensiviert die Rückbeuge und erfordert sowohl Flexibilität als auch Kraft. Es ist wichtig, diese Variante nur dann zu praktizieren, wenn du bereits Erfahrung mit Rückbeugen hast und deine Hüften flexibel genug sind.

Eka Pada Rajakapotasana bietet eine Vielzahl von körperlichen, emotionalen und energetischen Vorteilen. Im Folgenden sind einige der wichtigsten Vorteile dieser Haltung aufgeführt:

1. Hüftöffnung und Flexibilität: Die Taube ist eine der effektivsten Yoga-Haltungen, um die Hüften zu öffnen und die Flexibilität in den Hüftgelenken und Oberschenkeln zu verbessern. Dies ist besonders hilfreich für Menschen, die viel sitzen oder unter Hüftverspannungen leiden.

2. Stärkung und Dehnung des Rückens: Während die Hüften gedehnt werden, stärkt die Taube gleichzeitig den unteren Rücken. Dies trägt dazu bei, die Flexibilität der Wirbelsäule zu verbessern und Rückenverspannungen zu lösen.

3. Emotionale Entlastung: Da in den Hüften oft emotionale Spannungen und Blockaden gespeichert werden, kann die Taube dazu beitragen, diese Spannungen zu lösen und emotionale Befreiung zu fördern. Diese Pose unterstützt dich dabei, loszulassen und dich emotional zu öffnen.

4. Stimulation des Sakralchakras: Eka Pada Rajakapotasana aktiviert und harmonisiert das Sakralchakra, das Energiezentrum für Kreativität, Emotionen und sexuelle Energie. Durch die Öffnung der Hüften und des unteren Rückens wird die Energie im Sakralbereich in den Fluss gebracht, was das emotionale Gleichgewicht fördert und die Kreativität steigert.

5. Verbesserung der Körperhaltung: Die Taube stärkt die Muskulatur im Rücken und den Schultern, was zu einer besseren Körperhaltung führt. Regelmäßiges Üben dieser Haltung kann helfen, eine aufrechte und offene Haltung im Alltag zu bewahren.

6. Beruhigung des Nervensystems: Diese Pose wirkt beruhigend auf das Nervensystem und kann helfen, Stress und Spannungen abzubauen. Durch die tiefe Dehnung und die bewusste Atmung unterstützt sie die Entspannung des Körpers und des Geistes.

Häufige Fehler und wie man sie vermeidet

Wie bei vielen Yoga-Posen gibt es auch in Eka Pada Rajakapotasana einige häufige Fehler, die du vermeiden solltest, um Verletzungen zu vermeiden und die vollen Vorteile dieser Haltung zu erfahren:

1. Hüften nicht parallel halten: Ein häufiger Fehler in der Taube ist es, dass die Hüften auf eine Seite kippen. Achte darauf, dass deine Hüften parallel zur Matte ausgerichtet sind, um eine gleichmäßige Dehnung in beiden Hüften zu gewährleisten.

2. Überlastung des unteren Rückens: Wenn du zu weit in die Rückbeuge gehst, ohne deine Hüften richtig auszurichten, kann dies den unteren Rücken überlasten. Achte darauf, die Rückbeuge aus dem Brustkorb heraus zu machen und die Hüften stabil zu halten.

3. Flache Atmung: In Eka Pada Rajakapotasana ist es wichtig, tief und gleichmäßig zu atmen. Wenn du merkst, dass dein Atem flach wird, gehe ein wenig aus der Haltung heraus und finde eine Position, in der du ruhig und tief atmen kannst.

Emotionale und Spirituelle Bedeutung von Eka Pada Rajakapotasana

Neben den körperlichen Vorteilen hat Eka Pada Rajakapotasana auch eine tiefe emotionale und spirituelle Bedeutung. Diese Haltung öffnet den Hüftbereich, in dem viele unserer Emotionen gespeichert sind, und ermöglicht es uns, alte Spannungen und Blockaden loszulassen.

Das Sakralchakra, das in dieser Haltung besonders angesprochen wird, ist das Zentrum für Kreativität, Emotionen und sexuelle Energie. Indem du diese Pose praktizierst, aktivierst du den Fluss der Energie in diesem Bereich und förderst emotionales Wohlbefinden und kreative Ausdruckskraft. Die Taube lehrt uns, dass es wichtig ist, loszulassen – alte Muster, Spannungen und Ängste – und uns für neue Möglichkeiten und Erfahrungen zu öffnen.

Eka Pada Rajakapotasana (Die Taube) ist eine kraftvolle und tief öffnende Yoga-Haltung, die den Körper stärkt, die Hüften dehnt und das Sakralchakra harmonisiert. Durch die Praxis dieser Pose förderst du die Flexibilität in den Hüften und im unteren Rücken, während du gleichzeitig emotionale Spannungen loslässt und Raum für Kreativität und Freude schaffst.

Die Taube ist eine wunderbare Haltung, die du in deine tägliche Yoga-Praxis integrieren kannst, um deinen Körper zu dehnen, deinen Geist zu beruhigen und deine emotionale Energie zu harmonisieren. Mit jeder tiefen Atmung in dieser Haltung kannst du dich tiefer mit deinem Körper, deinem Geist und deinen Emotionen verbinden und ein Gefühl der Leichtigkeit und Freiheit erfahren.

Halasana (Der Pflug)

Halasana, auch bekannt als der Pflug, ist eine kraftvolle Yoga-Haltung, die sowohl den Körper als auch den Geist beruhigt und stärkt. Diese Haltung gehört zu den umgekehrten Asanas und ist besonders wertvoll, um den Rücken, die Schultern und den Nacken zu dehnen und gleichzeitig die Wirbelsäule zu stärken. Halasana ist eng mit dem **Halschakra (Vishuddha Chakra)** verbunden, dem Zentrum für Kommunikation, Ausdruck und innere Wahrheit. Durch die sanfte Umkehrung des Körpers hilft diese Pose, den Energiefluss im Halsbereich zu harmonisieren und innere Klarheit zu fördern.

In dieser detaillierten Beschreibung werde ich dir Schritt für Schritt erklären, wie du Halasana sicher und korrekt ausführst. Außerdem erfährst du, welche körperlichen und emotionalen Vorteile diese Haltung bietet, wie du sie anpassen kannst und welche spirituellen Aspekte mit ihr verbunden sind.

Bedeutung von Halasana (Der Pflug)

Der Name **Halasana** leitet sich von dem Sanskrit-Wort „Hala" ab, was „Pflug" bedeutet. Der Pflug ist ein Symbol für Fruchtbarkeit, Wachstum und Transformation – in der landwirtschaftlichen Praxis wird der Boden mit einem Pflug vorbereitet, um Samen zu pflanzen, die dann gedeihen können. Ähnlich symbolisiert Halasana im Yoga die Bereitschaft, unseren inneren Boden vorzubereiten und Raum für neues Wachstum und Klarheit zu schaffen. Diese Haltung bringt uns nach innen, fördert Entspannung und hilft uns, loszulassen, um uns auf innere Transformation und Selbstausdruck zu konzentrieren.

Halasana wirkt besonders auf das **Vishuddha Chakra (Halschakra)**, das für den klaren Ausdruck unserer Gedanken und Gefühle zuständig ist. Durch die Dehnung des Nackens und die Kompression im Halsbereich wird dieses Chakra aktiviert, wodurch wir lernen, unsere innere Wahrheit zu erkennen und authentisch zu kommunizieren.

Schritt-für-Schritt-Anleitung: So führst du Halasana (den Pflug) korrekt aus

1. Vorbereitung: Rückenlage einnehmen

Beginne in der Rückenlage auf deiner Yogamatte. Deine Arme liegen entspannt neben deinem Körper, die Handflächen zeigen nach unten. Die Beine sind ausgestreckt, und du atmest tief ein und aus, um dich auf die folgende Umkehrhaltung vorzubereiten.

Nimm dir einen Moment, um deinen Geist zu beruhigen und dich mit deinem Atem zu verbinden. Halasana ist eine Haltung, die Ruhe und Konzentration erfordert, also stelle sicher, dass du dich in einem sicheren und friedlichen Raum befindest, um diese Übung auszuführen.

2. Beine anheben

Mit einer tiefen Einatmung hebst du langsam beide Beine in Richtung Decke. Achte darauf, dass deine Beine gestreckt und eng zusammen sind. Dein Oberkörper bleibt dabei flach auf der Matte, während deine Hände weiterhin neben dem Körper liegen.

Wenn du die Beine anhebst, achte darauf, deinen Atem ruhig und gleichmäßig fließen zu lassen. Diese Bewegung sollte aus dem Bauch und der Rückenmuskulatur kommen, nicht aus den Schultern oder dem Nacken.

3. Die Hüften heben und die Beine über den Kopf bringen

Mit der nächsten Ausatmung hebst du sanft die Hüften an und bringst die Beine langsam über deinen Kopf, sodass deine Füße in Richtung des Bodens hinter dir zeigen. Dein Ziel ist es, die Zehen auf dem Boden hinter deinem Kopf abzulegen. Wenn das noch nicht möglich ist, lass die Beine in der Luft schweben, bis du mehr Flexibilität erlangst.

In dieser Phase der Übung kommt es darauf an, die Schultern fest auf der Matte zu verankern, während du die Hüften leicht nach oben ziehst. Dein Nacken bleibt entspannt und in einer neutralen Position.

4. Hände verschränken und Schultern aktivieren

Sobald deine Füße den Boden hinter deinem Kopf berühren (oder so nah wie möglich daran sind), kannst du deine Hände unter deinem Rücken verschränken. Drücke die Arme fest in den Boden, um die Schultern noch weiter unter den Rücken zu ziehen. Diese Aktivierung der Schultern hilft, den Brustkorb zu weiten und den Rücken zu strecken.

Deine Beine sollten weiterhin gestreckt bleiben, und deine Füße drücken sanft in den Boden, um die Dehnung im Rücken und in den Oberschenkeln zu vertiefen.

5. Atme tief und ruhig

Die Atmung ist ein zentraler Bestandteil von Halasana. Atme tief und gleichmäßig durch die Nase ein und aus. Spüre, wie sich dein Brustkorb bei jeder Einatmung hebt und wie sich die Dehnung in deinem Rücken und den Schultern vertieft. Bei jeder Ausatmung lasse bewusst Spannungen in deinem Nacken und deinen Schultern los.

In Halasana geht es darum, den Atem frei fließen zu lassen, während der Körper in dieser umgekehrten Haltung Ruhe und Entspannung findet.

6. Verweile in der Haltung

Bleibe für fünf bis zehn tiefe Atemzüge in Halasana. Es ist wichtig, auf deinen Körper zu hören – die Pose sollte intensiv, aber nicht schmerzhaft sein. Wenn du das Gefühl hast, dass die Haltung zu viel Druck auf den Nacken oder den unteren Rücken ausübt, komm langsam aus der Pose heraus und probiere eine sanftere Variante (siehe Anpassungen weiter unten).

Denke daran, dass es in Halasana nicht darum geht, wie tief du in die Haltung kommst, sondern darum, eine Balance zwischen Dehnung, Stabilität und Atmung zu finden.

7. Langsam die Haltung verlassen

Um sicher aus Halasana herauszukommen, löse zuerst die Verschränkung deiner Hände. Drücke die Hände flach auf den Boden, um deine Hüften zu stützen, und rolle langsam Wirbel für Wirbel den Rücken zurück auf die Matte, bis deine Beine wieder senkrecht zur Decke zeigen. Senke dann langsam die Beine auf den Boden, bis du wieder in der Rückenlage bist.

Lege die Arme neben deinen Körper, atme tief durch und spüre, wie sich dein Körper nach der intensiven Umkehrhaltung entspannt.

1. Unterstützung mit einer Decke oder einem Kissen

Wenn du merkst, dass du in Halasana zu viel Druck auf deinen Nacken ausübst, kannst du eine gefaltete Decke oder ein Kissen unter deine Schultern legen, um den Nacken zu entlasten. Dies hilft, die Haltung sicherer und angenehmer zu gestalten, besonders für Anfänger.

2. Halasana mit angewinkelten Knien

Wenn es dir schwerfällt, die Beine in Richtung Boden zu bringen, kannst du die Knie leicht beugen. Bringe deine Beine über den Kopf und lasse die Knie in Richtung Stirn sinken. Dies reduziert den Druck auf den unteren Rücken und ermöglicht es dir, die Dehnung allmählich zu vertiefen.

3. Verwendung eines Blocks unter den Füßen

Für eine sanftere Variante von Halasana kannst du einen Yoga-Block hinter deinem Kopf platzieren, sodass deine Füße darauf ruhen können. Dies bietet eine zusätzliche Unterstützung und hilft dir, die Dehnung im Rücken langsam und kontrolliert aufzubauen.

Vorteile von Halasana

Halasana bietet eine Vielzahl von Vorteilen für den Körper und den Geist. Im Folgenden findest du einige der wichtigsten Vorteile dieser Pose:

1. Dehnung und Stärkung des Rückens: Halasana dehnt die gesamte Wirbelsäule und stärkt gleichzeitig die Rückenmuskulatur. Dies kann helfen, Rückenschmerzen zu lindern und die Flexibilität der Wirbelsäule zu verbessern.

2. Aktivierung des Halschakras: Durch die Kompression des Halsbereichs wird das Vishuddha Chakra (Halschakra) stimuliert, das für Kommunikation, Selbstausdruck und innere Wahrheit zuständig ist. Halasana fördert einen klaren Geist und hilft uns, unsere Gedanken und Gefühle authentisch auszudrücken.

3. Verbesserung der Verdauung: Halasana wirkt positiv auf die inneren Organe, insbesondere den Magen und den Darm. Durch die Kompression des Bauches wird die Verdauung angeregt und der Stoffwechsel gefördert.

4. Beruhigung des Nervensystems: Diese Pose hat eine beruhigende Wirkung auf das Nervensystem und kann helfen, Stress und Spannungen abzubauen. Die Umkehrhaltung fördert die Entspannung und hilft, den Geist zu beruhigen.

5. Förderung der Flexibilität in den Schultern und Beinen: Halasana dehnt nicht nur den Rücken, sondern auch die Schultern und die Beinrückseiten. Dies verbessert die Flexibilität in diesen Bereichen und fördert die Beweglichkeit des gesamten Körpers.

Häufige Fehler und wie man sie vermeidet

1. Zu viel Druck auf den Nacken: Ein häufiger Fehler in Halasana ist es, zu viel Druck auf den Nacken auszuüben, indem man die Schultern nicht genug aktiviert. Achte darauf, die Schultern fest in den Boden zu drücken und den Nacken lang und entspannt zu halten. Verwende bei Bedarf eine Decke unter den Schultern, um den Nacken zu entlasten.

2. Überstreckung des Rückens: Manche Menschen neigen dazu, den Rücken zu stark zu überstrecken, was zu Verspannungen im unteren Rücken führen kann. Achte darauf, die Bewegung kontrolliert und aus der Kraft der Bauchmuskeln auszuführen. Deine Beine sollten gerade bleiben, aber es ist nicht wichtig, dass sie den Boden erreichen.

3. Flache Atmung: In Halasana kann es leicht passieren, dass der Atem flach wird. Es ist wichtig, tief und gleichmäßig zu atmen, um die Wirkung der Pose zu maximieren und den Körper zu entspannen.

Emotionale und Spirituelle Bedeutung von Halasana

Halasana ist nicht nur eine kraftvolle körperliche Haltung, sondern auch eine Pose, die auf emotionaler und spiritueller Ebene tiefgreifende Wirkungen hat. Durch die Umkehrung des Körpers wird das **Vishuddha Chakra (Halschakra)** aktiviert, das Zentrum für Kommunikation und innere Wahrheit. Diese Pose fördert die Klarheit des Geistes und hilft uns, unsere Gedanken und Gefühle klarer auszudrücken.

Das Halschakra ist oft blockiert, wenn wir Schwierigkeiten haben, unsere Wahrheit zu sprechen oder authentisch zu kommunizieren. Halasana kann helfen, diese Blockaden zu lösen und den Energiefluss im Halsbereich zu harmonisieren. Indem wir den Nacken dehnen und den Atem in dieser umgekehrten Haltung fließen lassen, lernen wir, unsere innere Wahrheit zu erkennen und mit Klarheit und Authentizität zu leben.

Halasana (Der Pflug) ist eine kraftvolle und beruhigende Yoga-Haltung, die den Körper stärkt, den Rücken dehnt und das Halschakra harmonisiert. Durch die Praxis dieser Pose förderst du die Flexibilität der Wirbelsäule, stärkst die Rückenmuskulatur und unterstützt die Klarheit und den Ausdruck deiner inneren Wahrheit.

Ob du Halasana als Teil deiner täglichen Yoga-Praxis oder als gezielte Übung zur Entspannung und Stressreduktion integrierst – diese Pose wird dir helfen, sowohl körperliche als auch emotionale Spannungen loszulassen und ein tieferes Gefühl von Ruhe und Klarheit zu finden. Mit jeder tiefen Atmung in Halasana kannst du dich mit deinem Körper und deinem Geist verbinden und innere Balance und Harmonie erfahren.

Malasana (Tiefe Hocke)

Malasana, im Yoga auch als tiefe Hocke oder Girlandenstellung bekannt, ist eine wunderbare Haltung, die in ihrer Einfachheit und Zugänglichkeit große Tiefe und Wirkung birgt. Diese Asana ist besonders wertvoll, um die Hüften und den unteren Rücken zu öffnen, die Flexibilität in den Knöcheln und Beinen zu fördern und gleichzeitig die Wirbelsäule zu verlängern. **Malasana** ist eng mit dem **Wurzelchakra (Muladhara Chakra)** verbunden – dem Energiezentrum, das für Erdung, Sicherheit und Stabilität steht. Diese Haltung unterstützt nicht nur den physischen Körper, sondern bringt auch emotionale und energetische Balance, indem sie uns hilft, geerdet und im gegenwärtigen Moment verankert zu bleiben. In dieser detaillierten Anleitung werde ich dir Schritt für Schritt erklären, wie du Malasana korrekt und sicher ausführst, welche körperlichen und emotionalen Vorteile sie bietet und wie sie das Wurzelchakra stärkt. Außerdem werde ich auf mögliche Varianten und Anpassungen eingehen, um die Pose für alle zugänglich zu machen.

Bedeutung von Malasana (Tiefe Hocke)

Malasana, die tiefe Hocke, ist eine Haltung, die in vielen Kulturen traditionell als Ruheposition verwendet wird. Besonders in Asien ist diese Position im Alltag weit verbreitet, da sie eine natürliche Haltung zum Sitzen und Entspannen darstellt. Im Yoga hat Malasana jedoch eine tiefere Bedeutung: Sie symbolisiert Erdung, Stabilität und die Verbindung zur Erde. Durch das Senken des Körpers in diese Position fördert Malasana nicht nur körperliche Flexibilität, sondern hilft auch, den Geist zu beruhigen und uns auf unsere inneren Wurzeln zu konzentrieren.

Die Verbindung zum **Wurzelchakra (Muladhara Chakra)** ist in dieser Pose besonders stark. Das Wurzelchakra ist unser energetisches Zentrum für Stabilität, Sicherheit und Urvertrauen. Es ist das erste der sieben Hauptchakren und befindet sich am unteren Ende der Wirbelsäule. Wenn dieses Chakra ausbalanciert ist, fühlen wir uns sicher, geerdet und mit unserer Umgebung verbunden. Malasana hilft uns, dieses Chakra zu aktivieren und den Energiefluss im unteren Körper zu harmonisieren.

Schritt-für-Schritt-Anleitung: So führst du Malasana (tiefe Hocke) korrekt aus

1. Ausgangsposition: Stehen in Tadasana (Berghaltung)

Beginne in **Tadasana** (Berghaltung), indem du aufrecht stehst und deine Füße etwa hüftbreit auseinanderstellst. Deine Arme hängen entspannt an den Seiten deines Körpers, und dein Gewicht ist gleichmäßig auf beide Füße verteilt. Atme ein paar Mal tief ein und aus, um dich zu zentrieren und deinen Geist auf die folgende Haltung vorzubereiten.

2. Finde die richtige Fußposition

Stelle deine Füße etwas weiter auseinander, als es in der Berghaltung der Fall war. Deine Füße sollten leicht nach außen gedreht sein, etwa in einem Winkel von 45 Grad, damit du deine Hüften leichter öffnen kannst. Achte darauf, dass die Knie in Richtung der Zehen zeigen – dies sorgt für eine gesunde Ausrichtung deiner Beine und Hüften.

3. Senke dich in die Hocke

Mit einer langsamen Ausatmung beginnst du, deine Knie zu beugen und dich nach unten in eine tiefe Hocke zu senken. Achte darauf, dass deine Fersen fest auf dem Boden bleiben, während du deinen Oberkörper zwischen deine Oberschenkel bringst. Wenn es dir schwerfällt, die Fersen auf dem Boden zu halten, kannst du ein gerolltes Handtuch oder eine Decke unter deine Fersen legen, um Unterstützung zu bieten. Deine Knie sollten in Richtung der Zehen zeigen, während du die Hüften so tief wie möglich sinken lässt. Der Schwerpunkt liegt darauf, den Rücken lang zu halten und das Brustbein leicht nach vorne zu heben.

4. Hände in Gebetshaltung bringen

Bringe deine Handflächen vor deinem Herzen in die **Gebetshaltung** (Anjali Mudra). Deine Ellbogen drücken sanft gegen die Innenseiten deiner Knie, um die Hüften weiter zu öffnen und den Oberkörper aufrecht zu halten. Spüre, wie sich dein Brustkorb weitet und gleichzeitig deine Wirbelsäule in die Länge zieht.

Dein Kopf ist in einer neutralen Position, und der Nacken bleibt entspannt. Atme tief und ruhig durch die Nase ein und aus, während du spürst, wie dein Körper sich in dieser Position stabilisiert und gleichzeitig eine tiefe Dehnung erfährt.

5. Atme tief und ruhig

Die Atmung spielt in Malasana eine zentrale Rolle. Atme tief und gleichmäßig durch die Nase ein und aus. Mit jeder Einatmung schaffst du Weite in deinem Brustkorb und Raum in deiner Wirbelsäule. Mit jeder Ausatmung lässt du bewusst Spannungen in deinen Hüften und deinem unteren Rücken los, sodass du tiefer in die Haltung sinken kannst.

Es kann hilfreich sein, sich vorzustellen, dass dein Atem aus deinem Becken aufsteigt und dich von innen heraus stabilisiert. Diese bewusste Atmung fördert die Entspannung und hilft dir, in dieser intensiven Haltung ruhig und zentriert zu bleiben.

6. Verweile in der Haltung

Bleibe für fünf bis zehn tiefe Atemzüge in Malasana. Spüre, wie sich die Dehnung in den Hüften und Oberschenkeln intensiviert, während dein Körper gleichzeitig stabil und geerdet bleibt. Achte darauf, dass du in dieser Haltung nicht die Schultern anspannst – sie sollten entspannt bleiben, während du mit jedem Atemzug tiefer sinkst.

Es ist wichtig, auf deinen Körper zu hören. Wenn die Haltung zu intensiv wird, kannst du jederzeit die Knie leicht beugen oder aus der Pose kommen. Denke daran, dass es in Malasana nicht darum geht, wie tief du sinkst, sondern darum, eine Balance zwischen Stabilität, Erdung und Dehnung zu finden.

7. Langsam die Haltung verlassen

Um sicher aus Malasana herauszukommen, drücke sanft mit den Händen gegen den Boden oder gegen deine Knie und richte dich langsam wieder auf, indem du die Beine streckst. Lass dir dabei Zeit, um ein Gefühl der Stabilität und Leichtigkeit zu bewahren.

Varianten und Anpassungen von Malasana

1. Unterstützung mit einem Block oder einer Decke

Wenn es dir schwerfällt, in Malasana die Fersen auf dem Boden zu halten oder die Hüften tief zu senken, kannst du einen Yoga-Block oder eine gerollte Decke unter deine Hüften legen. Dies bietet zusätzliche Unterstützung und ermöglicht es dir, die Pose länger und entspannter zu halten. Der Block hilft dir auch dabei, die Wirbelsäule aufrecht zu halten, ohne dass du das Gleichgewicht verlierst.

2. Malasana mit angewinkelten Ellbogen

Wenn du noch mehr Dehnung in den Hüften möchtest, kannst du die Ellbogen tiefer in die Knie drücken und den Oberkörper dabei weiter nach vorne lehnen. Dies intensiviert die Öffnung in den Hüften und fördert gleichzeitig die Flexibilität im unteren Rücken und in den Beinen.

3. Malasana für Anfänger

Für Anfänger oder Menschen mit eingeschränkter Flexibilität in den Hüften oder Knöcheln kann es hilfreich sein, die Füße etwas weiter auseinander zu stellen oder die Fersen leicht anzuheben. Dies erleichtert das Halten der Pose und reduziert die Belastung in den Knien und Knöcheln.

Vorteile von Malasana

Malasana bietet eine Vielzahl von körperlichen, emotionalen und energetischen Vorteilen. Hier sind einige der wichtigsten Vorteile dieser Haltung:

1. Öffnung der Hüften und Steigerung der Flexibilität: Malasana ist eine der effektivsten Yoga-Haltungen, um die Hüftgelenke zu öffnen und die Flexibilität in den Beinen und Knöcheln zu verbessern. Durch die tiefe Dehnung der Hüftmuskulatur wird die Beweglichkeit in diesen Bereichen gefördert, was besonders für Menschen hilfreich ist, die viel sitzen oder unter Hüftverspannungen leiden.

2. Stärkung des unteren Rückens und der Beine: Während die Hüften gedehnt werden, stärkt Malasana gleichzeitig die Muskulatur im unteren Rücken, den Beinen und den Knöcheln. Dies fördert die Stabilität und Balance im gesamten Körper und verbessert die Körperhaltung.

3. Aktivierung des Wurzelchakras: Malasana ist eng mit dem Wurzelchakra (Muladhara Chakra) verbunden, dem Zentrum für Erdung, Sicherheit und Stabilität. Durch die tiefe Verbindung zur Erde wird das Wurzelchakra aktiviert und harmonisiert, was dazu beiträgt, ein Gefühl von innerer Stabilität und Sicherheit zu fördern.

4. Verbesserung der Verdauung: Diese Pose wirkt positiv auf die inneren Organe im Beckenbereich, insbesondere den Darm. Durch die Kompression des Bauchs wird die Verdauung angeregt und der Stoffwechsel unterstützt.

5. Förderung der Körperhaltung: Durch die Stärkung der Muskulatur im unteren Rücken und den Beinen trägt Malasana zur Verbesserung der Körperhaltung bei. Eine regelmäßige Praxis dieser Haltung hilft, eine aufrechte und stabile Haltung im Alltag zu bewahren.

Häufige Fehler und wie man sie vermeidet

1. Zu starkes Heben der Fersen: Ein häufiger Fehler in Malasana ist es, die Fersen zu stark anzuheben, um tiefer in die Hocke zu kommen. Achte darauf, dass die Fersen möglichst fest auf dem Boden bleiben, um Stabilität und Erdung zu gewährleisten. Wenn du Schwierigkeiten hast, die Fersen auf dem Boden zu halten, verwende ein gerolltes Handtuch oder einen Block zur Unterstützung.

2. Rundung des Rückens: Viele Menschen neigen dazu, den Rücken in Malasana zu runden, was zu einer Fehlbelastung des unteren Rückens führen kann. Achte darauf, die Wirbelsäule lang zu halten und das Brustbein nach vorne zu heben, um eine gesunde Ausrichtung zu bewahren.

3. Flache Atmung: In Malasana kann es leicht passieren, dass der Atem flach wird, besonders wenn die Haltung intensiv wird. Es ist wichtig, tief und gleichmäßig zu atmen, um die Muskeln zu entspannen und die Dehnung zu vertiefen.

Emotionale und Spirituelle Bedeutung von Malasana

Malasana ist nicht nur eine kraftvolle körperliche Haltung, sondern hat auch eine tiefgreifende emotionale und spirituelle Bedeutung. Durch die Erdung des Körpers in dieser tiefen Hocke fördert Malasana ein Gefühl von Stabilität und Sicherheit, das direkt mit dem **Wurzelchakra (Muladhara Chakra)** verbunden ist.

Das Wurzelchakra ist unser energetisches Zentrum für Urvertrauen, Sicherheit und Verbindung zur physischen Welt. Wenn dieses Chakra im Gleichgewicht ist, fühlen wir uns sicher, geerdet und mit unserer Umgebung verbunden. Wenn es jedoch blockiert ist, können wir Gefühle der Angst, Unsicherheit oder des Ungleichgewichts erfahren. Malasana hilft, dieses Chakra zu aktivieren und den Energiefluss im unteren Körper zu harmonisieren, was dazu beiträgt, ein tieferes Gefühl von innerer Stabilität und Erdung zu entwickeln.

Durch die tiefe Dehnung und die bewusste Atmung in Malasana lernen wir, loszulassen – alte Spannungen, Ängste und Sorgen – und uns auf das Hier und Jetzt zu konzentrieren. Diese Pose erinnert uns daran, dass wahre Stabilität von innen kommt, indem wir unsere Wurzeln fest in der Erde verankern.

Malasana (die tiefe Hocke) ist eine kraftvolle Yoga-Haltung, die den Körper stärkt, die Hüften öffnet und das Wurzelchakra aktiviert. Durch die Praxis dieser Pose förderst du nicht nur die Flexibilität und Stabilität im Körper, sondern schaffst auch eine tiefere Verbindung zu deiner inneren Erdung und deinem Urvertrauen.

Ob du Malasana als Teil deiner täglichen Yoga-Praxis oder als gezielte Übung zur Stärkung deines Wurzelchakras praktizierst – diese Pose wird dir helfen, körperliche und emotionale Spannungen loszulassen und ein Gefühl von Stabilität und innerem Frieden zu finden. Mit jeder tiefen Atmung in Malasana kannst du dich mit deinem Körper, deinem Geist und der Erde verbinden und innere Balance und Harmonie erfahren.

Matsyasana (Der Fisch)

Matsyasana, auch bekannt als der **Fisch**, ist eine Yoga-Haltung, die den Brustkorb öffnet, die Wirbelsäule dehnt und den Nacken stärkt. Diese Pose ist besonders kraftvoll, um das **Herzchakra (Anahata Chakra)** zu aktivieren, das Zentrum für Liebe, Mitgefühl und emotionale Heilung. Der Fisch ist eine Rückbeuge, die den Herzraum öffnet und uns hilft, tiefer zu atmen, emotional loszulassen und uns für Liebe und Freude zu öffnen.

In dieser detaillierten Anleitung werde ich dir Schritt für Schritt erklären, wie du Matsyasana sicher und korrekt ausführst. Du wirst die vielen körperlichen und emotionalen Vorteile dieser Pose entdecken, wie du sie anpassen kannst und wie sie auf energetischer Ebene das Herzchakra aktiviert und harmonisiert.

Bedeutung von Matsyasana (Der Fisch)

Der Sanskrit-Name **Matsyasana** bedeutet „Fisch-Haltung", und diese Asana wird oft als Herzöffner bezeichnet. Der Fisch ist in vielen Kulturen ein Symbol für Tiefe, emotionale Freiheit und Fluss. In der Mythologie wird Matsyasana mit der Geschichte von Matsya, dem Fisch-Avatar des Gottes Vishnu, in Verbindung gebracht, der die Menschheit vor einer großen Flut rettete. In ähnlicher Weise symbolisiert Matsyasana das Loslassen von emotionalen Blockaden und die Befreiung der inneren Energie, um durch die Herausforderungen des Lebens zu schwimmen.

Matsyasana ist besonders wohltuend für das **Herzchakra (Anahata Chakra)**, das sich im Zentrum der Brust befindet und unsere Fähigkeit zur Liebe, zum Mitgefühl und zur emotionalen Heilung steuert. Wenn das Herzchakra ausbalanciert ist, fühlen wir uns offen, liebevoll und mit uns selbst und anderen verbunden. Matsyasana hilft dabei, diesen Energiefluss zu harmonisieren, indem sie den Brustraum öffnet und das Herz energetisiert.

Schritt-für-Schritt-Anleitung: So führst du Matsyasana (den Fisch) korrekt aus

1. Vorbereitung: Lege dich auf den Rücken

Beginne in der Rückenlage auf deiner Yogamatte. Deine Beine sind ausgestreckt, und die Arme liegen entspannt neben deinem Körper, mit den Handflächen nach unten. Atme ein paar Mal tief ein und aus, um dich zu entspannen und dich auf die bevorstehende Haltung vorzubereiten.

Nimm dir einen Moment, um deine Aufmerksamkeit nach innen zu lenken und den Atem ruhig fließen zu lassen. Matsyasana ist eine ruhige, aber kraftvolle Haltung, die sowohl Flexibilität als auch emotionale Offenheit erfordert.

2. Bringe die Hände unter den Körper

Schiebe deine Hände unter deinen Körper, sodass die Handflächen nach unten zeigen und die Finger in Richtung deiner Füße zeigen. Deine Ellbogen bleiben nah am Körper, und die Unterarme sind fest auf dem Boden verankert. Diese Position der Hände gibt dir Stabilität und unterstützt den Oberkörper während der Rückbeuge.

Die Arme dienen als Hebel, um die Brust nach oben zu heben und den Nacken zu unterstützen, während du dich in die Rückbeuge begibst.

3. Hebe den Oberkörper an und bringe den Scheitel zum Boden

Mit einer tiefen Einatmung hebst du langsam den Oberkörper und den Kopf vom Boden ab. Stütze dich dabei auf deine Unterarme, um die Brust nach oben zu ziehen. Wenn dein Brustkorb gut geöffnet ist, lass den Kopf sanft nach hinten sinken und bringe den Scheitel des Kopfes auf den Boden.

Achte darauf, dass du den Nacken nicht überstreckst – die Dehnung sollte angenehm und kontrolliert sein. Dein Gewicht liegt hauptsächlich auf den Unterarmen und dem Oberkörper, nicht auf dem Kopf.

4. Öffne deinen Brustkorb

In dieser Position ist es wichtig, den Brustkorb so weit wie möglich zu öffnen. Ziehe die Schultern sanft nach hinten und unten, während du den Brustkorb nach oben streckst. Dein Herz ist nach oben gerichtet, und der gesamte Brustbereich erfährt eine intensive Dehnung.

Diese Öffnung im Herzraum fördert nicht nur die Flexibilität der Brustmuskulatur, sondern auch das emotionale Loslassen. Matsyasana ist eine herzöffnende Haltung, die dir hilft, dich emotional freier und offener zu fühlen.

5. Halte die Position und atme tief

Bleibe in Matsyasana für fünf bis zehn tiefe Atemzüge. Achte darauf, dass deine Atmung ruhig und gleichmäßig fließt. Mit jeder Einatmung spürst du, wie sich dein Brustkorb noch mehr hebt und öffnet, und mit jeder Ausatmung lässt du Spannungen in den Schultern und im Nacken los.

Die tiefe Atmung in dieser Haltung hilft, den Brustraum weiter zu dehnen und den Energiefluss im Herzchakra zu harmonisieren. Stelle dir vor, dass du mit jedem Atemzug Licht und Liebe in dein Herz einatmest und mit jeder Ausatmung alte Spannungen und Sorgen loslässt.

6. Langsam die Haltung verlassen

Um aus Matsyasana herauszukommen, drücke dich sanft mit deinen Unterarmen nach oben, während du gleichzeitig das Kinn in Richtung Brust ziehst, um den Kopf sanft anzuheben. Lasse dann deinen Oberkörper und Kopf langsam auf die Matte zurücksinken. Ziehe die Hände unter deinem Körper hervor und lege sie entspannt neben deinen Körper.

Ruhe in der Rückenlage für ein paar Atemzüge nach und spüre, wie sich dein Brustraum und dein Nacken nach der intensiven Dehnung anfühlen. Lasse deinen Atem ruhig und gleichmäßig fließen und genieße das Gefühl von Weite und Entspannung in deinem Körper.

Varianten und Anpassungen von Matsyasana

1. Sanfter Fisch mit Unterstützung

Wenn dir die volle Rückbeuge in Matsyasana zu intensiv ist, kannst du eine sanftere Variante mit Unterstützung ausprobieren. Verwende ein Yoga-Block oder ein zusammengerolltes Handtuch, das du unter deinen oberen Rücken legst, um den Brustkorb sanft anzuheben. Diese Variante bietet dir die Vorteile der Öffnung im Brustraum, ohne dass der Nacken oder der untere Rücken zu stark belastet wird.

2. Matsyasana mit gebeugten Knien

Wenn du Spannungen im unteren Rücken oder in den Beinen verspürst, kannst du die Knie leicht beugen und die Füße flach auf den Boden stellen. Dies verringert den Druck auf den unteren Rücken und erleichtert das Halten der Pose, insbesondere für Anfänger oder Menschen mit Rückenproblemen.

3. Matsyasana mit Kissen unter dem Kopf

Wenn du deinen Nacken entlasten möchtest, kannst du ein Kissen oder ein gefaltetes Handtuch unter den Kopf legen, anstatt den Scheitel auf dem Boden abzulegen. Dies bietet eine sanftere Dehnung im Nacken und macht die Haltung für Menschen mit Nackenproblemen zugänglicher.

Vorteile von Matsyasana

1. Öffnung des Brustkorbs und Verbesserung der Atmung: Matsyasana dehnt die Brustmuskulatur und öffnet den Brustkorb, was die Atmung vertieft und die Lungenkapazität verbessert. Diese Haltung fördert tieferes Atmen und kann helfen, Verspannungen im Brust- und Rückenbereich zu lösen.

2. Aktivierung des Herzchakras: Matsyasana ist eine kraftvolle Herzöffner-Übung, die das Anahata Chakra (Herzchakra) stimuliert. Diese Haltung hilft, emotionale Blockaden zu lösen, das Mitgefühl zu fördern und die Fähigkeit zu verbessern, Liebe zu geben und zu empfangen.

3. Verbesserung der Körperhaltung: Matsyasana stärkt die Rückenmuskulatur und hilft, die Wirbelsäule zu verlängern. Regelmäßiges Üben dieser Haltung kann dazu beitragen, eine aufrechte Körperhaltung zu bewahren und Rückenschmerzen zu lindern.

4. Linderung von Stress und Ängsten: Die Öffnung des Herzraums in Matsyasana hat eine beruhigende Wirkung auf das Nervensystem und kann helfen, Stress und Ängste abzubauen. Diese Pose fördert ein Gefühl von innerem Frieden und emotionaler Ausgeglichenheit.

5. Dehnung des Nackens und der Schultern: Matsyasana dehnt den Nacken und die Schultern, was Verspannungen in diesen Bereichen löst und die Beweglichkeit verbessert. Dies ist besonders hilfreich für Menschen, die viel sitzen oder unter Nackenverspannungen leiden.

6. Verbesserung der Flexibilität im Rücken: Durch die Rückbeuge wird die Flexibilität der Wirbelsäule gefördert, insbesondere im oberen Rücken. Diese Haltung hilft, die Beweglichkeit des Rückens zu verbessern und Verspannungen zu lösen.

Häufige Fehler und wie man sie vermeidet

1. Zu viel Druck auf den Nacken: Ein häufiger Fehler in Matsyasana ist es, zu viel Druck auf den Nacken zu legen, indem man den Kopf zu stark nach hinten fallen lässt. Achte darauf, dass dein Gewicht hauptsächlich auf den Unterarmen und nicht auf dem Kopf ruht. Der Nacken sollte lang und entspannt bleiben, um Verletzungen zu vermeiden.

2. Rundung des Rückens: Manchmal neigen Menschen dazu, den Rücken in Matsyasana zu runden, anstatt den Brustkorb wirklich zu öffnen. Achte darauf, die Schultern nach hinten zu ziehen und den Brustkorb nach oben zu heben, um eine vollständige Öffnung im Herzraum zu erreichen.

3. Flache Atmung: In Matsyasana ist es wichtig, tief und gleichmäßig zu atmen, um die Brustöffnung zu vertiefen und den Körper zu entspannen. Wenn du feststellst, dass dein Atem flach wird
oder du den Atem anhältst, gehe ein wenig aus der Rückbeuge
heraus und finde eine Position, in der du ruhig und tief atmen
kannst.

Emotionale und Spirituelle Bedeutung von Matsyasana

Matsyasana ist nicht nur eine kraftvolle körperliche Übung, sondern auch eine Pose, die auf emotionaler und spiritueller Ebene
tiefgreifende Wirkungen hat. Durch die Öffnung des Herzraums
wird das **Anahata Chakra (Herzchakra)** aktiviert, das Zentrum
für Liebe, Mitgefühl und emotionale Heilung. Wenn das Herzchakra blockiert ist, können wir Schwierigkeiten haben, Liebe zu
geben und zu empfangen, oder wir fühlen uns emotional verschlossen.

Matsyasana hilft, diese Blockaden zu lösen, indem sie den Herzraum öffnet und uns ermutigt, uns emotional zu öffnen. Diese
Haltung fördert das Gefühl, sich selbst und anderen mit Mitgefühl
und Liebe zu begegnen. Sie erinnert uns daran, dass wahre
Stärke und Heilung aus einem offenen und liebevollen Herzen
kommen.

Das Herzchakra steht auch für Vergebung, sowohl uns selbst als
auch anderen gegenüber. Wenn wir in Matsyasana den Brustkorb
öffnen und den Atem tief fließen lassen, schaffen wir Raum für
emotionale Heilung und die Möglichkeit, alte Verletzungen loszulassen.

Matsyasana (der Fisch) ist eine kraftvolle Yoga-Haltung, die den Körper öffnet, das Herzchakra harmonisiert und den Atem vertieft. Diese Pose fördert nicht nur die Flexibilität und Stärke des Rückens, sondern hilft auch, emotionale Blockaden zu lösen und ein tieferes Gefühl von Liebe und Mitgefühl zu entwickeln.

Ob du Matsyasana als Teil deiner täglichen Yoga-Praxis oder als gezielte Übung zur Stärkung deines Herzchakras praktizierst – diese Pose wird dir helfen, körperliche und emotionale Spannungen loszulassen und ein tieferes Gefühl von innerer Freiheit und Frieden zu finden. Mit jeder tiefen Atmung in Matsyasana kannst du dich mit deinem Herzen verbinden und Liebe und Mitgefühl in dein Leben einladen.

Navasana (Das Boot)

Navasana, auch bekannt als das **Boot**, ist eine kraftvolle Yoga-Haltung, die die Kernmuskulatur stärkt, die Balance fördert und den Geist fokussiert. Diese Pose ist besonders wirksam, um das **Solarplexuschakra (Manipura Chakra)** zu aktivieren, das Zentrum für Selbstbewusstsein, Willenskraft und innere Stärke. Navasana erfordert sowohl körperliche als auch geistige Kraft und unterstützt dabei, innere Stabilität zu entwickeln und Vertrauen in die eigene Stärke zu finden.

In dieser ausführlichen Beschreibung werde ich dir Schritt für Schritt erklären, wie du Navasana sicher und korrekt ausführst. Du wirst die vielen körperlichen und emotionalen Vorteile dieser Haltung entdecken und erfahren, wie sie auf energetischer Ebene das Solarplexuschakra stärkt und ausbalanciert. Ich werde auch auf mögliche Varianten und Anpassungen eingehen, um die Pose für alle zugänglich zu machen.

Bedeutung von Navasana (Das Boot)

Der Name **Navasana** leitet sich vom Sanskrit-Wort „Nava" ab, was „Boot" bedeutet, und „Asana", was „Haltung" bedeutet. Die Pose ähnelt einem Boot, das auf dem Wasser schwimmt, mit ausgestreckten Beinen und angehobenen Armen, was sowohl Balance als auch Stabilität erfordert. Im übertragenen Sinne steht Navasana dafür, den eigenen Kurs zu finden und das Leben mit innerer Stärke und Entschlossenheit zu steuern. Diese Pose symbolisiert unsere Fähigkeit, uns inmitten von Herausforderungen und Unsicherheiten zu zentrieren und standhaft zu bleiben.

Navasana aktiviert das **Solarplexuschakra (Manipura Chakra)**, das sich im Bereich des Bauchnabels befindet und mit unserer persönlichen Macht, unserer Selbstdisziplin und unserem Selbstvertrauen verbunden ist. Ein starkes und ausbalanciertes Solarplexuschakra hilft uns, Ziele zu setzen, Herausforderungen zu meistern und selbstbewusst durchs Leben zu gehen. Navasana stärkt diesen inneren Kern sowohl körperlich als auch energetisch und fördert so ein tiefes Gefühl der Selbstsicherheit und inneren Kraft.

Schritt-für-Schritt-Anleitung: So führst du Navasana (das Boot) korrekt aus

1. Vorbereitung: Setze dich aufrecht hin

Beginne im Sitzen auf deiner Yogamatte. Deine Beine sind ausgestreckt, und deine Hände ruhen sanft neben deinen Hüften. Achte darauf, dass dein Rücken gerade ist und deine Schultern entspannt sind. Diese aufrechte Sitzposition dient als Ausgangspunkt, um die Wirbelsäule zu verlängern und den Geist zu zentrieren.

Atme ein paar Mal tief durch die Nase ein und aus, um deinen Geist zu beruhigen und dich auf die bevorstehende Haltung vorzubereiten. In Navasana geht es darum, innere Stabilität und Balance zu finden, daher ist es wichtig, den Atem ruhig und gleichmäßig fließen zu lassen.

2. Beine anheben und Balance finden

Mit einer tiefen Einatmung beginnst du, beide Beine sanft anzuheben. Deine Knie bleiben zunächst leicht gebeugt, und deine Füße schweben etwa auf Kniehöhe über dem Boden. Finde hier deine

Balance, indem du dein Gewicht gleichmäßig auf dein Gesäß verlagerst und deinen Oberkörper leicht nach hinten lehnst.

Achte darauf, dass du den Rücken gerade hältst und die Wirbelsäule lang bleibt. Deine Hüften und Bauchmuskeln sind jetzt aktiv, während du versuchst, die Balance zwischen Beinen und Oberkörper zu halten. Es ist in Ordnung, wenn du in dieser Phase noch ein wenig wackelst – das ist Teil des Prozesses, dein inneres Gleichgewicht zu finden.

3. Strecke deine Arme nach vorne

Sobald du die Balance in der Position gefunden hast, strecke deine Arme parallel zum Boden nach vorne aus, sodass die Handflächen zueinander zeigen. Deine Schultern sollten entspannt bleiben, während du die Arme streckst und deinen Brustkorb leicht anhebst.

Die Arme unterstützen dich dabei, die Balance zu halten, während der gesamte Körper in dieser Pose aktiv ist. Spüre, wie deine Kernmuskulatur arbeitet, um den Oberkörper aufrecht und stabil zu halten.

4. Strecke deine Beine aus

Wenn du dich stabil fühlst und bereit bist, kannst du die Beine langsam und kontrolliert ausstrecken. Die Beine sind in dieser Variante gerade und etwa auf Augenhöhe angehoben. Deine Füße sind dabei geflext (die Zehen zeigen zu dir), um die Aktivierung der Beinmuskulatur zu verstärken.

Achte weiterhin darauf, dass dein Rücken gerade bleibt und dein Brustkorb nach oben gerichtet ist. Die Aktivierung des Bauches und der Hüften ist hier entscheidend, um die Haltung zu stabilisieren und die Wirbelsäule in einer gesunden Ausrichtung zu halten.

5. Halte die Position und atme tief

Bleibe in Navasana für fünf bis zehn tiefe Atemzüge. Deine Atmung sollte ruhig und gleichmäßig fließen, während du die Haltung hältst. Mit jeder Einatmung hebst du den Brustkorb weiter an
und verlängerst die Wirbelsäule, während du mit jeder Ausatmung
die Stabilität im Bauch und in den Beinen bewahrst.

Es kann hilfreich sein, sich vorzustellen, dass dein Atem den gesamten Bauchraum stärkt und dich von innen heraus stabilisiert.
Diese bewusste Atmung hilft dir, die Pose länger zu halten und
gleichzeitig ruhig und zentriert zu bleiben.

6. Langsam die Haltung verlassen

Um aus Navasana herauszukommen, beuge die Knie sanft und
bringe die Füße langsam zurück auf den Boden. Setze dich aufrecht hin, lege die Hände auf deine Knie und atme tief durch.
Spüre, wie sich dein Körper nach der intensiven Haltung anfühlt,
und genieße das Gefühl von Stabilität und Kraft, das du aufgebaut
hast.

Varianten und Anpassungen von Navasana

1. Anfänger-Variante: Beine gebeugt halten

Wenn dir das Strecken der Beine in Navasana zu intensiv ist,
kannst du die Knie gebeugt lassen und die Füße leicht anheben.
Diese Variante reduziert die Belastung der Bauchmuskulatur und
macht es leichter, die Balance zu finden. Die Hände können in
dieser Variante entweder vor dir ausgestreckt oder hinter den
Knien platziert werden, um zusätzlichen Halt zu bieten.

2. Unterstützung mit einem Gurt

Um die Stabilität in Navasana zu verbessern, kannst du einen Yoga-Gurt um deine Füße legen und die Enden des Gurtes mit deinen Händen greifen. Dies hilft dir, die Beine zu strecken und gleichzeitig den Rücken aufrecht zu halten, ohne dass die Bauchmuskulatur zu stark beansprucht wird. Der Gurt gibt dir zusätzlichen Halt und ermöglicht es dir, die Pose länger zu halten.

3. Fortgeschrittene Variante: Navasana mit gestreckten Armen über Kopf

Für fortgeschrittene Praktizierende gibt es die Möglichkeit, die Arme über den Kopf zu heben, während du in Navasana bist. Dies intensiviert die Herausforderung für die Bauchmuskulatur und fördert noch mehr Balance und Kraft im gesamten Körper. Achte darauf, dass du die Schultern entspannt lässt, während du die Arme nach oben streckst.

Vorteile von Navasana

1. Stärkung der Kernmuskulatur: Navasana ist eine der effektivsten Yoga-Haltungen, um die Bauchmuskulatur zu stärken. Die Pose trainiert sowohl die tiefen als auch die äußeren Bauchmuskeln, was zu einer verbesserten Stabilität und Balance im gesamten Körper führt.

2. Aktivierung des Solarplexuschakras: Navasana aktiviert das Manipura Chakra (Solarplexuschakra), das Zentrum für Willenskraft, Selbstbewusstsein und innere Stärke. Diese Haltung stärkt nicht nur den physischen Körper, sondern fördert auch das Vertrauen in die eigene Stärke und Entschlossenheit.

3. Verbesserung der Balance und Körperhaltung: Durch die Aktivierung der Kernmuskulatur und die Aufrichtung der Wirbelsäule hilft Navasana, das Gleichgewicht und die Körperhaltung zu verbessern. Eine regelmäßige Praxis dieser Haltung kann zu einer aufrechteren und stabileren Haltung im Alltag führen.

4. Förderung der Konzentration und mentalen Stärke: Navasana erfordert nicht nur körperliche Stärke, sondern auch mentale Konzentration. Das Halten der Balance in dieser Pose hilft, den Geist zu fokussieren und die Fähigkeit zur Selbstdisziplin und Konzentration zu stärken.

5. Stärkung der Bein- und Rückenmuskulatur: Neben den Bauchmuskeln trainiert Navasana auch die Muskulatur der Beine und des unteren Rückens. Dies fördert die Kraft und Flexibilität in diesen Bereichen und unterstützt die allgemeine Stabilität des Körpers.

6. Förderung der Verdauung: Durch die Aktivierung der Bauchmuskulatur und die Kompression des Bauches kann Navasana die Verdauung anregen und den Stoffwechsel verbessern. Die Haltung fördert die Durchblutung im Bauchraum und unterstützt so die Verdauungsorgane.

Häufige Fehler und wie man sie vermeidet

1. Rundung des Rückens: Ein häufiger Fehler in Navasana ist es, den Rücken zu runden, anstatt den Brustkorb nach oben zu heben. Achte darauf, die Wirbelsäule lang zu halten und den Brustkorb anzuheben, um die Dehnung im Bauch und die Öffnung im Brustbereich zu fördern.

2. Zu viel Spannung in den Schultern: Viele Menschen neigen dazu, in Navasana die Schultern hochzuziehen und anzuspannen. Halte die Schultern entspannt und achte darauf, dass sie weg von den Ohren bleiben. Die Kraft sollte aus der Mitte deines Körpers kommen, nicht aus den Schultern.

3. Atem anhalten: In Navasana kann es leicht passieren, dass du den Atem anhältst, besonders wenn die Haltung intensiv wird. Es ist wichtig, tief und gleichmäßig zu atmen, um den Körper zu entspannen und die Pose länger halten zu können.

Emotionale und Spirituelle Bedeutung von Navasana

Navasana ist nicht nur eine kraftvolle körperliche Übung, sondern hat auch eine tiefgreifende emotionale und spirituelle Bedeutung. Diese Haltung aktiviert das **Manipura Chakra (Solarplexuschakra)**, das Zentrum unserer persönlichen Macht und Willenskraft. Wenn dieses Chakra im Gleichgewicht ist, fühlen wir uns selbstbewusst, stark und in der Lage, unsere Ziele zu verfolgen.

Das Solarplexuschakra steht für innere Stärke, Selbstwertgefühl und den Mut, Herausforderungen anzunehmen. Navasana fordert uns auf, in unserer Mitte zu bleiben, auch wenn das Leben um uns herum stürmisch wird. Indem wir in dieser Haltung Balance finden, stärken wir nicht nur unseren physischen Körper, sondern auch unser Vertrauen in unsere eigene innere Kraft.

Emotionale Blockaden wie Unsicherheiten, Zweifel oder Ängste können das Solarplexuschakra schwächen. Navasana hilft, diese Blockaden zu lösen und fördert das Gefühl, kraftvoll und in der Lage zu sein, das Leben mit Entschlossenheit und Selbstvertrauen zu meistern.

Navasana (das Boot) ist eine kraftvolle Yoga-Haltung, die den Körper stärkt, das Solarplexuschakra harmonisiert und die Balance fördert. Diese Pose aktiviert nicht nur die Bauchmuskulatur, sondern stärkt auch das Selbstbewusstsein, die innere Kraft und die Entschlossenheit. Navasana ist eine wunderbare Übung, um körperliche Stabilität und mentale Stärke zu entwickeln und das Vertrauen in die eigene Kraft zu stärken.

Ob du Navasana als Teil deiner täglichen Yoga-Praxis oder als gezielte Übung zur Stärkung deines Solarplexuschakras praktizierst – diese Pose wird dir helfen, körperliche und emotionale Spannungen loszulassen und ein tieferes Gefühl von innerer Stärke und Balance zu finden. Mit jeder tiefen Atmung in Navasana kannst du dich mit deiner inneren Kraft verbinden und die Welt mit Selbstvertrauen und Klarheit angehen.

Padmasana (Lotussitz)

Padmasana, auch bekannt als der **Lotussitz**, ist eine der bekanntesten und symbolträchtigsten Yoga-Haltungen. Diese Pose wird oft mit Meditation und spirituellem Wachstum in Verbindung gebracht. Sie steht für Reinheit, innere Ruhe und die Verbindung zwischen Körper, Geist und Seele. Der Lotussitz ist besonders wertvoll, um das **Kronenchakra (Sahasrara Chakra)** zu aktivieren, das Zentrum für spirituelles Bewusstsein, Erleuchtung und universelle Verbindung.

In dieser ausführlichen Beschreibung werde ich dir Schritt für Schritt erklären, wie du Padmasana sicher und korrekt ausführst. Du wirst die vielen körperlichen und emotionalen Vorteile dieser Pose entdecken und erfahren, wie sie auf energetischer Ebene das Kronenchakra aktiviert und harmonisiert. Ich werde auch auf mögliche Varianten und Anpassungen eingehen, um die Pose für alle zugänglich zu machen.

Bedeutung von Padmasana (Der Lotussitz)

Der Name **Padmasana** leitet sich vom Sanskrit-Wort „Padma" ab, was „Lotus" bedeutet, und „Asana", was „Haltung" bedeutet. Der Lotus ist ein Symbol für Reinheit und spirituelle Erleuchtung. Er wächst aus schlammigen Gewässern empor und entfaltet seine schönen Blüten an der Wasseroberfläche, was sinnbildlich für den spirituellen Weg eines Menschen steht – von den Herausforderungen und Unreinheiten des Lebens hin zu innerer Klarheit und Erleuchtung.

Padmasana ist die klassische Sitzhaltung für Meditation, da sie den Körper stabilisiert und den Geist beruhigt. Die Haltung hilft, eine aufrechte und ausgeglichene Wirbelsäule zu bewahren, was den Energiefluss im Körper harmonisiert. Besonders das **Kronenchakra (Sahasrara Chakra)**, das sich an der Spitze des Kopfes befindet, wird in dieser Haltung aktiviert. Das Kronenchakra ist das Zentrum des spirituellen Bewusstseins und der Verbindung zum Universellen. Wenn dieses Chakra im Gleichgewicht ist, erleben wir ein Gefühl der Einheit mit allem und Zugang zu höherem Wissen.

Schritt-für-Schritt-Anleitung: So führst du Padmasana (den Lotussitz) korrekt aus

1. Vorbereitung: Setze dich auf deine Matte

Beginne im Sitzen auf deiner Yogamatte. Wenn du möchtest, kannst du ein Meditationskissen oder eine gefaltete Decke unter dein Gesäß legen, um die Hüften etwas anzuheben und die Haltung bequemer zu gestalten. Dies hilft, die Wirbelsäule zu verlängern und den unteren Rücken zu unterstützen.

Nimm dir ein paar Atemzüge Zeit, um dich zu erden und den Geist zu beruhigen. Schließe die Augen und atme tief und gleichmäßig ein und aus. Bereite dich innerlich darauf vor, in eine Haltung einzutauchen, die körperliche Stabilität und geistige Ruhe fördert.

2. Beuge ein Bein und lege es auf den Oberschenkel

Mit einer langsamen und bewussten Bewegung beugst du das rechte Bein und legst den rechten Fuß sanft auf den linken Oberschenkel, sodass die Fußsohle nach oben zeigt. Achte darauf, dass das Knie bequem auf dem Boden oder in der Nähe des Bodens ruht. Diese Bewegung sollte ohne Anstrengung erfolgen. Es ist wichtig, dass du deinen Körper respektierst und die Hüften und Knie nicht überdehnst. Padmasana erfordert Flexibilität in den Hüften, daher solltest du nur so weit gehen, wie es sich angenehm anfühlt.

3. Beuge das andere Bein und lege es auf den anderen Oberschenkel

Beuge nun das linke Bein und lege den linken Fuß auf den rechten Oberschenkel, ebenfalls mit der Fußsohle nach oben. Beide Beine sind nun gekreuzt, und die Füße ruhen auf den Oberschenkeln, während die Knie auf dem Boden oder in der Nähe des Bodens liegen. Achte darauf, dass deine Hüften und Knie entspannt sind und sich kein Druck oder Unbehagen bemerkbar macht. Wenn du Schwierigkeiten hast, beide Füße auf die Oberschenkel zu legen, kannst du auch eine einfachere Variante, den halben Lotussitz (Ardha Padmasana), wählen, bei dem nur ein Fuß auf dem Oberschenkel liegt und das andere Bein unter dem Körper ausgestreckt bleibt.

4. Richte die Wirbelsäule auf

Sobald du dich im Lotussitz befindest, richte deine Wirbelsäule auf. Dein Rücken sollte lang und gerade sein, wobei du darauf achtest, dass der untere Rücken nicht nach hinten kippt. Ziehe die Schultern sanft nach hinten und unten, sodass der Brustkorb leicht geöffnet ist. Dein Kopf ist in einer neutralen Position, und das Kinn ist leicht gesenkt.

Diese aufrechte Haltung fördert nicht nur eine gesunde Ausrichtung der Wirbelsäule, sondern auch den freien Energiefluss durch die Chakren, insbesondere durch das Kronenchakra.

5. Bringe die Hände in eine Mudra

Die Hände kannst du entweder in den Schoß legen, mit den Handflächen nach oben und die Daumen sanft aneinandergelegt, oder
du wählst eine Mudra, wie die **Chin Mudra** oder **Jnana Mudra**.
In diesen Mudras sind die Daumen und Zeigefinger zu einem Kreis
verbunden, während die anderen Finger entspannt ausgestreckt
sind. Diese Handgesten fördern Konzentration und geistige Klarheit und helfen, die Energie in den Händen und Armen zu beruhigen.

Atmung und Achtsamkeit in Padmasana

Die Atmung ist ein wesentlicher Bestandteil von Padmasana. Eine
gleichmäßige, tiefe Atmung hilft, den Geist zu beruhigen und den
Körper zu entspannen. Während du in Padmasana verweilst,
achte auf deinen Atem und lass ihn frei fließen.

Tiefe Bauchatmung: Beginne damit, tief in den Bauch einzuat-
men, sodass sich dein Bauch sanft hebt, während du einatmest.
Spüre, wie sich die Luft durch deinen gesamten Körper bewegt
und den Geist beruhigt. Mit jeder Ausatmung lass Spannung und
Unruhe los und versenke dich tiefer in die Haltung.

Achtsamkeit auf das Kronenchakra: Während du atmest,
konzentriere dich auf das Kronenchakra am Scheitel deines Kopfes. Stelle dir vor, dass du mit jedem Atemzug Licht und Energie
in diesen Bereich einatmest und dadurch deine Verbindung zum
Universellen und zum höheren Bewusstsein stärkst. Diese bewusste Atmung hilft, das Kronenchakra zu aktivieren und den
Geist zu erweitern.

1. Ardha Padmasana (Halber Lotussitz)

Wenn du Schwierigkeiten hast, in den vollen Lotussitz zu kommen, kannst du Ardha Padmasana (den halben Lotussitz) üben. Dabei legst du nur einen Fuß auf den Oberschenkel des gegenüberliegenden Beins, während das andere Bein unter dem Körper bleibt. Dies bietet dir eine ähnliche Stabilität und fördert die Öffnung der Hüften, ohne dass du zu viel Druck auf die Knie ausübst.

2. Sitz mit Unterstützung

Wenn dir das Sitzen im Lotussitz unangenehm ist oder deine Hüften oder Knie schmerzen, kannst du ein Kissen oder eine gefaltete Decke unter dein Gesäß legen. Dies hebt die Hüften an und reduziert den Druck auf die Knie, was die Haltung für Anfänger und Menschen mit eingeschränkter Flexibilität in den Hüften zugänglicher macht.

Vorteile von Padmasana

1. Förderung von Stabilität und Balance

Padmasana bietet dem Körper eine stabile und ausgeglichene Basis, insbesondere für Meditation und Achtsamkeitsübungen. Durch die feste Verankerung des Körpers in dieser Haltung wird die Balance verbessert, sowohl körperlich als auch geistig.

2. Aktivierung des Kronenchakras

Padmasana aktiviert und harmonisiert das Sahasrara Chakra (Kronenchakra), das Zentrum für spirituelles Bewusstsein und Erleuchtung. Diese Pose fördert die Verbindung zu höheren Bewusstseinsebenen und hilft, ein Gefühl der Einheit mit dem Universellen zu erleben.

3. Verbesserung der Flexibilität in Hüften und Knien

Durch die Positionierung der Beine im Lotussitz werden die Hüften und Knie sanft gedehnt, was zu einer Verbesserung der Flexibilität in diesen Bereichen führt. Regelmäßiges Üben von Padmasana kann die Beweglichkeit in den Hüftgelenken fördern und Verspannungen lösen.

4. Beruhigung des Nervensystems

Padmasana hat eine beruhigende Wirkung auf das Nervensystem. Die Kombination aus stabiler Sitzhaltung und tiefer Atmung hilft, den Geist zu beruhigen, Stress abzubauen und das parasympathische Nervensystem zu aktivieren, das für Entspannung und Erholung verantwortlich ist.

5. Förderung der Achtsamkeit und Meditation

Diese Pose bietet eine ideale Grundlage für Meditation und Achtsamkeitspraxis. Durch die feste und stabile Position des Körpers wird der Geist eingeladen, sich nach innen zu wenden und in tiefe Meditation einzutauchen. Padmasana unterstützt dabei, den Geist zu klären und eine tiefere Verbindung zu sich selbst und zum Universellen herzustellen.

1. Zu viel Druck auf die Knie

Ein häufiger Fehler in Padmasana ist es, zu viel Druck auf die Knie auszuüben, besonders wenn die Hüften noch nicht flexibel genug sind. Es ist wichtig, die Hüften schrittweise zu öffnen und die Knie nicht zu zwingen, tiefer zu gehen, als es bequem ist. Achte darauf, dass du deine Knie nicht überanstrengst und arbeite stattdessen daran, die Flexibilität in den Hüften zu verbessern.

2. Rundung des Rückens

In Padmasana kann es leicht passieren, dass der Rücken sich rundet, besonders wenn die Hüften noch nicht vollständig geöffnet sind. Achte darauf, die Wirbelsäule lang zu halten und den Brustkorb leicht anzuheben. Dies fördert nicht nur eine gesunde Körperhaltung, sondern unterstützt auch den Energiefluss durch die Chakren.

3. Flache Atmung

Ein weiteres Problem kann flache Atmung sein, besonders wenn du dich auf die Haltung konzentrierst. Es ist wichtig, tief und gleichmäßig zu atmen, um den Körper zu entspannen und den Geist zu beruhigen. Achte darauf, dass dein Atem ruhig und tief bleibt, während du in Padmasana verweilst.

Padmasana ist mehr als nur eine körperliche Haltung – sie hat eine tiefgreifende emotionale und spirituelle Bedeutung. Durch die Stabilität und Balance in dieser Pose wird das **Sahasrara Chakra (Kronenchakra)** aktiviert, das Zentrum für spirituelles Bewusstsein und Erleuchtung. Dieses Chakra verbindet uns mit höheren Bewusstseinsebenen und fördert das Gefühl, Teil des Universellen zu sein.

Wenn das Kronenchakra im Gleichgewicht ist, erleben wir ein tiefes Gefühl der inneren Ruhe, Klarheit und spirituellen Verbindung. Wir fühlen uns verbunden mit allem, was uns umgibt, und haben Zugang zu einem tieferen Verständnis des Lebens und unserer Rolle darin. Padmasana hilft, diese Verbindung zu fördern, indem sie den Körper stabilisiert und den Geist beruhigt.

Emotionale Blockaden wie Ängste oder Unsicherheiten können das Kronenchakra blockieren. Padmasana unterstützt die Lösung dieser Blockaden und fördert ein Gefühl der inneren Ausgeglichenheit und des Friedens. Durch die tiefe Atmung und die bewusste Ausrichtung auf das Kronenchakra hilft diese Pose, das spirituelle Bewusstsein zu erweitern und ein Gefühl der Einheit mit dem Universum zu erleben.

Padmasana (der Lotussitz) ist eine kraftvolle Yoga-Haltung, die den Körper stabilisiert, das Kronenchakra harmonisiert und den Geist beruhigt. Diese Pose bietet die ideale Grundlage für Meditation und spirituelles Wachstum, da sie den Körper in einer stabilen und ausgeglichenen Position verankert und den Geist nach innen führt.

Ob du Padmasana als Teil deiner täglichen Yoga-Praxis oder als gezielte Übung zur Stärkung deines Kronenchakras praktizierst –

diese Pose wird dir helfen, körperliche und emotionale Spannungen loszulassen und ein tieferes Gefühl von innerer Ruhe und spiritueller Verbindung zu finden. Mit jeder tiefen Atmung in Padmasana kannst du dich mit deinem höchsten Selbst verbinden und den Weg zur inneren Erleuchtung und spirituellen Klarheit ebnen.

Paschimottanasana, die **Vorwärtsbeuge im Sitzen**, ist eine der grundlegenden Yoga-Haltungen, die sich auf die Dehnung der gesamten Körperrückseite konzentriert. Diese Asana beruhigt den Geist, dehnt die Wirbelsäule und die Beinmuskulatur und fördert tiefe Entspannung und Reflexion. Sie ist besonders kraftvoll, um das **Sakralchakra (Svadhisthana Chakra)** zu aktivieren und auszugleichen, das Zentrum für Emotionen, Kreativität und Lebensfreude. Paschimottanasana ist eine Haltung, die uns hilft, uns nach innen zu wenden, loszulassen und inneren Frieden zu finden.

In dieser ausführlichen Anleitung werde ich dir Schritt für Schritt erklären, wie du Paschimottanasana sicher und korrekt ausführst. Du wirst die körperlichen und emotionalen Vorteile dieser Pose entdecken und erfahren, wie sie auf energetischer Ebene das Sakralchakra aktiviert und harmonisiert. Ich werde auch auf mögliche Varianten und Anpassungen eingehen, um die Pose für alle zugänglich zu machen.

Bedeutung von Paschimottanasana (Die Vorwärtsbeuge im Sitzen)

Der Name **Paschimottanasana** leitet sich vom Sanskrit-Wort „Paschima" ab, was „Rückseite" bedeutet, und „Uttana", was „intensives Dehnen" bedeutet. Die Vorwärtsbeuge im Sitzen zielt auf die Dehnung der gesamten Körperrückseite ab – von den Fersen bis zum Nacken. Diese Haltung symbolisiert Hingabe, Loslassen und Reflexion. Sie fördert eine tiefe Verbindung mit dem eigenen Inneren und hilft, emotionale und körperliche Spannungen zu lösen.

Paschimottanasana ist eng mit dem **Sakralchakra (Svadhisthana Chakra)** verbunden, das sich im unteren Bauch, etwa zwei Fingerbreit unterhalb des Bauchnabels, befindet. Das Sakralchakra ist das Zentrum für Kreativität, Emotionen und sinnliche Energie. Ein ausbalanciertes Sakralchakra hilft uns, unsere Emotionen frei auszudrücken, Freude zu empfinden und uns kreativ auszuleben. Diese Pose aktiviert den Energiefluss in diesem Bereich und fördert die emotionale und körperliche Flexibilität.

Schritt-für-Schritt-Anleitung: So führst du Paschimottanasana (die Vorwärtsbeuge im Sitzen) korrekt aus

1. Vorbereitung: Setze dich aufrecht hin

Beginne in einer bequemen Sitzposition auf deiner Yogamatte. Deine Beine sind ausgestreckt und eng zusammen, und deine Füße sind geflext (die Zehen zeigen zu dir). Achte darauf, dass du auf deinen Sitzhöckern sitzt, und ziehe deine Wirbelsäule lang nach oben, um die Haltung vorzubereiten.

Nimm dir ein paar Atemzüge Zeit, um dich zu zentrieren. Schließe die Augen und richte deine Aufmerksamkeit auf deinen Atem. Spüre, wie du mit jeder Einatmung Länge in deinem Rücken und mit jeder Ausatmung Ruhe und Stabilität in deinem Körper schaffst.

2. Strecke die Arme nach oben

Mit einer tiefen Einatmung hebst du beide Arme über den Kopf. Deine Arme sind gestreckt, und die Handflächen zeigen zueinander. Achte darauf, dass deine Schultern entspannt bleiben, während du die Arme hebst. Diese Bewegung hilft, den Oberkörper zu verlängern und den Raum zwischen den Wirbeln zu schaffen.

Spüre, wie du mit jedem Atemzug deinen Rücken weiter streckst und dich auf die Vorwärtsbeuge vorbereitest. Diese Länge im Rücken ist entscheidend, um die Wirbelsäule in einer gesunden Ausrichtung zu halten, während du dich nach vorne beugst.

3. Beuge dich nach vorne

Mit einer langsamen Ausatmung beginnst du, dich aus der Hüfte nach vorne zu beugen. Achte darauf, dass die Bewegung aus der Hüfte kommt und nicht aus dem unteren Rücken. Dein Ziel ist es, die Wirbelsäule so lang wie möglich zu halten, während du dich nach vorne neigst.

Wenn du nach vorne kommst, lasse deine Hände sanft zu deinen Füßen gleiten. Wenn du deine Füße nicht erreichst, kannst du deine Hände auch auf den Schienbeinen oder Knien ablegen. Es ist wichtig, dass du dich nicht zwingst, tiefer zu gehen, als es dein Körper erlaubt – respektiere deine Grenzen und bleibe in einer Position, in der du dich wohlfühlst.

4. Lasse den Kopf und Nacken los

Sobald du dich in die Vorwärtsbeuge begeben hast, lass deinen Kopf und Nacken los. Dein Kopf kann entspannt nach unten hängen, und dein Nacken bleibt lang und locker. Die Dehnung in der Vorwärtsbeuge sollte angenehm sein und den gesamten Rücken entspannen.

Achte darauf, dass deine Schultern nicht hochgezogen oder angespannt sind. Sie sollten entspannt nach unten sinken, um die Dehnung im Rücken zu vertiefen und die Wirbelsäule lang zu halten.

5. Halte die Position und atme tief

Bleibe in Paschimottanasana für fünf bis zehn tiefe Atemzüge. Achte darauf, dass deine Atmung ruhig und gleichmäßig durch die Nase fließt. Mit jeder Einatmung schaffst du Länge in deinem Rücken, und mit jeder Ausatmung lässt du deinen Körper tiefer in die Haltung sinken.

Die Atmung in Paschimottanasana ist entscheidend, um die Muskulatur zu entspannen und die Dehnung zu vertiefen. Mit jeder Ausatmung lass bewusst Spannung in deinem unteren Rücken, deinen Schultern und deinen Beinen los.

6. Langsam die Haltung verlassen

Um aus Paschimottanasana herauszukommen, hebst du mit einer Einatmung sanft den Oberkörper, indem du die Wirbelsäule Wirbel für Wirbel aufrichtest. Bringe die Arme langsam zurück an deine Seiten und lasse die Schultern entspannt nach unten sinken. Spüre nach, wie sich dein Körper nach der intensiven Vorwärtsbeuge anfühlt, und genieße das Gefühl der Ruhe und Entspannung.

Varianten und Anpassungen von Paschimottanasana

1. Unterstützung mit einem Gurt

Wenn du Schwierigkeiten hast, in die Vorwärtsbeuge zu kommen oder deine Füße zu erreichen, kannst du einen Yoga-Gurt verwenden. Lege den Gurt um deine Füße und halte ihn mit beiden Händen fest. Dies gibt dir zusätzlichen Halt und ermöglicht es dir, die Haltung sicher und bequem zu halten, während du den Rücken gestreckt lässt.

2. Leicht gebeugte Knie

Wenn du in Paschimottanasana Druck oder Unbehagen in den Knien oder dem unteren Rücken verspürst, kannst du die Knie leicht beugen. Diese Anpassung reduziert die Spannung in den Beinen und ermöglicht es dir, die Dehnung im Rücken und in den Schultern zu genießen, ohne den unteren Rücken zu überlasten.

3. Unterstützung mit einer Decke unter den Sitzhöckern

Um die Haltung für Anfänger oder Menschen mit eingeschränkter Flexibilität zugänglicher zu machen, kannst du eine gefaltete Decke oder ein Kissen unter deine Sitzhöcker legen. Dies hebt die Hüften leicht an und erleichtert es, sich nach vorne zu beugen, während der untere Rücken geschützt bleibt.

Vorteile von Paschimottanasana

1. Dehnung der gesamten Körperrückseite

Paschimottanasana dehnt die gesamte Körperrückseite – von den Fersen über die Beine, den Rücken bis hin zu den Schultern und dem Nacken. Diese intensive Dehnung fördert die Flexibilität in den Beinmuskeln und der Wirbelsäule und hilft, Verspannungen in diesen Bereichen zu lösen.

2. Aktivierung des Sakralchakras

Die Vorwärtsbeuge im Sitzen aktiviert und harmonisiert das Svadhisthana Chakra (Sakralchakra), das Zentrum für Emotionen, Kreativität und sinnliche Energie. Durch die Dehnung im unteren Rücken und die bewusste Atmung fördert Paschimottanasana den freien Energiefluss im Beckenbereich und hilft, emotionale Blockaden zu lösen.

3. Beruhigung des Nervensystems

Paschimottanasana hat eine beruhigende Wirkung auf das Nervensystem und kann helfen, Stress und innere Unruhe abzubauen. Die Vorwärtsbeuge fördert die Entspannung des Körpers und des Geistes und unterstützt die Regeneration des parasympathischen Nervensystems, das für Ruhe und Erholung verantwortlich ist.

4. Förderung der Verdauung

Durch die Kompression des Bauches und des unteren Rückens in Paschimottanasana wird die Durchblutung der inneren Organe angeregt, was die Verdauung fördern und den Stoffwechsel unterstützen kann. Diese Haltung hilft, die inneren Organe zu stimulieren und das Verdauungssystem zu stärken.

5. Verbesserung der Flexibilität und Körperhaltung

Regelmäßiges Üben von Paschimottanasana verbessert die Flexibilität in den Beinen, der Hüfte und dem unteren Rücken. Diese Pose fördert auch eine gesunde Körperhaltung, da sie den Rücken streckt und die Wirbelsäule in eine natürliche Ausrichtung bringt.

Häufige Fehler und wie man sie vermeidet

1. Rundung des Rückens

Ein häufiger Fehler in Paschimottanasana ist es, den Rücken zu stark zu runden, anstatt die Vorwärtsbeuge aus der Hüfte zu machen. Achte darauf, die Bewegung aus der Hüfte zu initiieren und die Wirbelsäule so lang wie möglich zu halten, um den Rücken zu schützen.

2. Zu viel Druck auf die Knie

Manche Menschen neigen dazu, die Knie zu überstrecken oder zu viel Druck auf die Knie auszuüben, besonders wenn die Beine eng gestreckt sind. Um dies zu vermeiden, halte die Beine leicht gebeugt und achte darauf, dass du dich in der Haltung wohl fühlst, ohne Druck oder Schmerzen in den Knien zu spüren.

3. Flache Atmung

In Paschimottanasana kann es leicht passieren, dass der Atem flach wird, besonders wenn die Haltung intensiv wird. Es ist wichtig, tief und gleichmäßig zu atmen, um die Muskulatur zu entspannen und die Dehnung zu vertiefen. Achte darauf, dass dein Atem ruhig und gleichmäßig bleibt, während du in der Vorwärtsbeuge verweilst.

Emotionale und Spirituelle Bedeutung von Paschimottanasana

Paschimottanasana ist nicht nur eine kraftvolle körperliche Übung, sondern hat auch eine tiefgreifende emotionale und spirituelle Bedeutung. Diese Haltung fördert die Verbindung mit dem **Svadhisthana Chakra (Sakralchakra)**, dem Zentrum für Emotionen, Kreativität und Lebensfreude.

Das Sakralchakra ist eng mit unseren Emotionen und unserer Fähigkeit verbunden, Freude, Kreativität und Sinnlichkeit zu erleben. Wenn dieses Chakra blockiert ist, können wir Schwierigkeiten haben, unsere Emotionen auszudrücken, und uns in kreativen oder emotionalen Prozessen gehemmt fühlen. Paschimottanasana hilft, diese Blockaden zu lösen, indem sie den unteren Rücken und das Becken öffnet und den Energiefluss in diesem Bereich fördert.

Diese Haltung lädt uns auch dazu ein, nach innen zu schauen und uns mit unserer emotionalen Welt zu verbinden. Durch die Vorwärtsbeuge, die sowohl physische als auch emotionale Hingabe symbolisiert, lernen wir, loszulassen – alte Spannungen, emotionale Blockaden und Sorgen – und Raum für neue kreative Energie und Lebensfreude zu schaffen.

Paschimottanasana (die Vorwärtsbeuge im Sitzen) ist eine kraftvolle Yoga-Haltung, die den Körper dehnt, das Sakralchakra harmonisiert und den Geist beruhigt. Diese Pose fördert nicht nur die Flexibilität in den Beinen und im Rücken, sondern hilft auch, emotionale Blockaden zu lösen und ein tieferes Gefühl von innerem Frieden und Kreativität zu entwickeln.

Ob du Paschimottanasana als Teil deiner täglichen Yoga-Praxis oder als gezielte Übung zur Stärkung deines Sakralchakras praktizierst – diese Pose wird dir helfen, körperliche und emotionale Spannungen loszulassen und ein tieferes Gefühl von innerer Ruhe und Ausgeglichenheit zu finden. Mit jeder tiefen Atmung in Paschimottanasana kannst du dich mit deinem Körper, deinem Geist und deiner kreativen Energie verbinden und inneres Gleichgewicht und Freude erfahren.

Sarvangasana, auch bekannt als der **Schulterstand**, ist eine der klassischen Yoga-Haltungen, die sowohl den Körper als auch den Geist intensiv beeinflussen. Diese Umkehrhaltung wird oft als „die Mutter aller Asanas" bezeichnet, da sie viele Vorteile für den gesamten Körper bietet. Sarvangasana ist eine kraftvolle Übung, um das **Halschakra (Vishuddha Chakra)** zu aktivieren und auszugleichen, das Zentrum für Kommunikation, Selbstausdruck und innere Wahrheit. In dieser Pose wird der Körper umgekehrt, wodurch der Energiefluss verändert und das Nervensystem beruhigt wird.

In dieser ausführlichen Anleitung werde ich dir Schritt für Schritt erklären, wie du Sarvangasana sicher und korrekt ausführst. Du wirst die vielen körperlichen und emotionalen Vorteile dieser Pose entdecken und erfahren, wie sie auf energetischer Ebene das Halschakra aktiviert und harmonisiert. Ich werde auch auf mögliche Varianten und Anpassungen eingehen, um die Pose für alle zugänglich zu machen.

Bedeutung von Sarvangasana (Der Schulterstand)

Der Name **Sarvangasana** leitet sich aus den Sanskrit-Wörtern „Sarva" (ganz) und „Anga" (Körperteil) ab, was „die Haltung, die den ganzen Körper betrifft" bedeutet. In dieser Pose wird der gesamte Körper aktiviert, insbesondere der Hals- und Nackenbereich, sowie die Schultern und der Rücken. Sarvangasana ist eine Umkehrhaltung, bei der der Kopf tiefer als das Herz ist, was die Durchblutung fördert, den Geist beruhigt und die Nerven entspannt.

Sarvangasana ist eng mit dem **Vishuddha Chakra (Halschakra)** verbunden, das sich im Bereich des Halses befindet und für Kommunikation, Wahrheit und Ausdruck steht. Das Halschakra ist das Zentrum für authentischen Selbstausdruck und die Fähigkeit, unsere inneren Gedanken und Gefühle klar zu kommunizieren. Wenn dieses Chakra blockiert ist, kann es uns schwerfallen, uns auszudrücken oder unsere Wahrheit zu leben. Sarvangasana hilft, den Energiefluss in diesem Bereich zu harmonisieren und das Halschakra zu aktivieren.

Schritt-für-Schritt-Anleitung: So führst du Sarvangasana (den Schulterstand) korrekt aus

1. Vorbereitung: Lege dich auf den Rücken

Beginne in der Rückenlage auf deiner Yogamatte. Deine Arme liegen entspannt neben deinem Körper, die Handflächen zeigen nach unten, und deine Beine sind ausgestreckt. Nimm dir ein paar tiefe Atemzüge, um dich zu zentrieren und dich auf die bevorstehende Umkehrhaltung vorzubereiten. Achte darauf, dass du genügend Platz um dich herum hast, um dich frei zu bewegen.

2. Hebe die Beine an

Mit einer tiefen Einatmung hebst du langsam beide Beine in Richtung Decke. Deine Beine sollten gestreckt sein, und deine Füße sind geflext (die Zehen zeigen zu dir). Wenn du Schwierigkeiten hast, die Beine zu heben, kannst du deine Hände verwenden, um die Bewegung zu unterstützen. Diese erste Bewegung aktiviert die Bauchmuskulatur und bereitet den Körper auf die Umkehrhaltung vor. Achte darauf, den unteren Rücken und die Schultern entspannt zu halten, während du die Beine nach oben bringst.

3. Hebe die Hüften und stütze den unteren Rücken

Mit der nächsten Ausatmung hebst du die Hüften an und bringst die Beine über den Kopf, sodass sie in Richtung des Bodens hinter dir zeigen. Verwende deine Hände, um den unteren Rücken zu stützen, und bringe die Ellbogen nah an den Körper. Deine Handflächen stützen den unteren Rücken, während du die Beine weiterhin nach oben streckst.

Achte darauf, dass der Nacken entspannt bleibt und der Druck auf den Schultern und nicht auf dem Nacken liegt. Die Schultern tragen in dieser Haltung das Gewicht des Körpers, während der Kopf und Nacken ruhig auf der Matte ruhen.

4. Bringe die Beine nach oben

Sobald du eine stabile Basis mit den Schultern und Händen gefunden hast, bringst du deine Beine langsam und kontrolliert nach oben in Richtung Decke. Deine Beine sollten gestreckt und die Füße geflext bleiben, um die Dehnung in den Beinen und den unteren Rücken zu unterstützen.

Achte darauf, dass deine Hüften, Schultern und Füße in einer geraden Linie sind. Diese Ausrichtung hilft, den Körper zu stabilisieren und die Dehnung in der Wirbelsäule zu fördern.

5. Halte die Position und atme tief

Sobald du die vollständige Haltung erreicht hast, bleibe für fünf bis zehn tiefe Atemzüge in Sarvangasana. Atme ruhig und gleichmäßig durch die Nase ein und aus. Mit jeder Einatmung spürst du, wie sich dein Brustkorb hebt und deine Wirbelsäule verlängert. Mit jeder Ausatmung lassst du bewusst Spannungen in den Schultern und im Nacken los.

Die tiefe Atmung in dieser Umkehrhaltung fördert die Durchblutung und beruhigt den Geist. Konzentriere dich auf deinen Atem und versuche, alle Ablenkungen loszulassen, während du in dieser kraftvollen Haltung verweilst.

6. Langsam die Haltung verlassen

Um sicher aus Sarvangasana herauszukommen, bringst du zuerst die Beine langsam nach hinten über den Kopf, sodass sie in Richtung Boden zeigen (wie in Halasana, dem Pflug). Halte die Hände weiterhin am unteren Rücken und lass die Beine so weit wie möglich nach hinten sinken. Löse dann langsam die Hände und lege sie flach auf den Boden, während du Wirbel für Wirbel den Rücken zurück auf die Matte abrollst. Lasse dir Zeit, um aus der Haltung herauszukommen, und spüre, wie sich dein Körper anfühlt, wenn du wieder auf dem Rücken liegst.

Varianten und Anpassungen von Sarvangasana

1. Unterstützung mit einer Decke oder einem Kissen

Wenn du empfindliche Schultern oder Nacken hast, kannst du eine gefaltete Decke oder ein Kissen unter deine Schultern legen, um den Nacken zu entlasten. Diese Unterstützung hilft, den Druck auf den Nacken zu reduzieren und gleichzeitig die Wirbelsäule in einer gesunden Ausrichtung zu halten.

2. Sarvangasana mit angewinkelten Beinen

Wenn du Schwierigkeiten hast, die Beine vollständig zu strecken, kannst du die Knie leicht beugen und die Beine näher an den Körper bringen. Diese Variante erleichtert es, die Haltung zu halten, während du weiterhin die Vorteile der Umkehrung und Dehnung genießt.

3. Anfänger-Variante mit Unterstützung

Für Anfänger oder Menschen mit eingeschränkter Flexibilität ist es möglich, Sarvangasana an der Wand zu üben. Lege dich mit dem Rücken auf die Matte und bringe die Beine nach oben, sodass sie gegen die Wand gestützt werden. Dies gibt dir zusätzlichen Halt und ermöglicht es dir, die Haltung länger zu halten, ohne die Schultern oder den Nacken zu belasten.

Vorteile von Sarvangasana

1. Beruhigung des Nervensystems

Sarvangasana hat eine stark beruhigende Wirkung auf das Nervensystem. Die Umkehrhaltung hilft, Stress und innere Unruhe zu reduzieren, indem sie das parasympathische Nervensystem aktiviert, das für Entspannung und Erholung verantwortlich ist. Die tiefe Atmung in dieser Haltung fördert den Abbau von Spannungen und unterstützt die geistige Ruhe.

2. Aktivierung des Halschakras

Der Schulterstand aktiviert und harmonisiert das Vishuddha Chakra (Halschakra), das Zentrum für Kommunikation, Selbstausdruck und innere Wahrheit. Durch die Kompression im Halsbereich wird der Energiefluss in diesem Bereich gefördert, was zu Klarheit im Ausdruck und einem Gefühl der Authentizität beiträgt.

3. Verbesserung der Durchblutung

Da Sarvangasana eine Umkehrhaltung ist, fördert sie die Durchblutung und verbessert die Sauerstoffversorgung des Gehirns. Dies kann das Gedächtnis und die Konzentration stärken sowie die geistige Klarheit fördern. Die Umkehrung des Blutflusses unterstützt auch die Entlastung von schweren Beinen und Krampfadern.

4. Stärkung von Schultern und Rücken

Sarvangasana stärkt die Schultern, Arme und den Rücken, da diese Muskeln das Körpergewicht tragen, während du in der Umkehrhaltung bist. Regelmäßiges Üben dieser Pose kann helfen, die Muskulatur in diesen Bereichen zu kräftigen und die Haltung zu verbessern.

5. Unterstützung der Verdauung und Entgiftung

Durch die Kompression im Bauchraum regt Sarvangasana die inneren Organe an und fördert die Verdauung. Diese Haltung hilft auch, die Entgiftung des Körpers zu unterstützen, indem sie den Fluss von Blut und Lymphe verbessert.

Häufige Fehler und wie man sie vermeidet

1. Zu viel Druck auf den Nacken

Ein häufiger Fehler in Sarvangasana ist es, zu viel Druck auf den Nacken auszuüben, anstatt das Gewicht gleichmäßig auf die Schultern zu verteilen. Achte darauf, dass der Nacken entspannt bleibt und der Druck auf den Schultern ruht. Verwende bei Bedarf eine Decke unter den Schultern, um den Nacken zu entlasten.

2. Rundung des Rückens

Manchmal neigen Menschen dazu, den Rücken in Sarvangasana zu runden, was zu Verspannungen im unteren Rücken führen kann. Achte darauf, die Wirbelsäule lang zu halten und die Hüften in einer geraden Linie über den Schultern zu positionieren, um eine gesunde Ausrichtung zu bewahren.

3. Flache Atmung

In Sarvangasana kann es leicht passieren, dass der Atem flach wird, besonders wenn die Haltung intensiv wird. Es ist wichtig, tief und gleichmäßig zu atmen, um den Körper zu entspannen und den Geist zu beruhigen. Achte darauf, dass dein Atem ruhig und tief bleibt, während du in der Umkehrhaltung verweilst.

Emotionale und Spirituelle Bedeutung von Sarvangasana

Sarvangasana ist nicht nur eine kraftvolle körperliche Übung, sondern hat auch eine tiefgreifende emotionale und spirituelle Bedeutung. Durch die Umkehrung des Körpers und die Kompression des Halsbereichs wird das **Vishuddha Chakra (Halschakra)** aktiviert, das Zentrum für Kommunikation, Wahrheit und Selbstausdruck.

Das Halschakra ist der Ort, an dem wir unsere Gedanken und Gefühle in Worte fassen und uns mit der Welt um uns herum austauschen. Wenn dieses Chakra blockiert ist, können wir Schwierigkeiten haben, unsere Wahrheit zu sprechen oder authentisch zu kommunizieren. Sarvangasana hilft, diese Blockaden zu lösen und den Energiefluss im Halsbereich zu harmonisieren, was zu einem klareren und authentischeren Ausdruck führt.

Die Umkehrhaltung von Sarvangasana lädt uns auch dazu ein, die Perspektive zu wechseln und das Leben aus einem anderen Blickwinkel zu betrachten. Diese Pose fördert die Reflexion und das Loslassen von alten Gedankenmustern, die uns daran hindern, unsere Wahrheit zu leben. Durch die tiefe Atmung und die bewusste Ausrichtung auf das Halschakra unterstützt Sarvangasana die emotionale und spirituelle Heilung und fördert ein tieferes Verständnis unserer inneren Wahrheit.

Sarvangasana (der Schulterstand) ist eine kraftvolle Yoga-Haltung, die den Körper stärkt, das Halschakra harmonisiert und den Geist beruhigt. Diese Umkehrhaltung fördert nicht nur die Flexibilität und Kraft in den Schultern und im Rücken, sondern hilft auch, emotionale Blockaden zu lösen und ein tieferes Gefühl von innerer Wahrheit und Klarheit zu entwickeln.

Ob du Sarvangasana als Teil deiner täglichen Yoga-Praxis oder als gezielte Übung zur Stärkung deines Halschakras praktizierst – diese Pose wird dir helfen, körperliche und emotionale Spannungen loszulassen und ein tieferes Gefühl von innerer Ruhe und Ausgeglichenheit zu finden. Mit jeder tiefen Atmung in Sarvangasana kannst du dich mit deinem Körper, deinem Geist und deiner inneren Wahrheit verbinden und ein Gefühl von Klarheit und Authentizität erfahren

Simhasana (Der Löwe)

Simhasana, auch bekannt als der **Löwe**, ist eine Yoga-Haltung, die auf den ersten Blick ungewöhnlich wirken mag, aber eine tiefe Bedeutung und großartige Vorteile für Körper und Geist hat. Simhasana wird oft übersehen, ist jedoch besonders wirkungsvoll, um das **Halschakra (Vishuddha Chakra)** zu aktivieren und zu harmonisieren. Diese Pose hilft dabei, angestaute Energien im Bereich des Halses und des Gesichts freizusetzen und fördert eine kraftvolle, authentische Ausdrucksweise.

In dieser detaillierten Anleitung werde ich dir Schritt für Schritt erklären, wie du Simhasana sicher und korrekt ausführst. Du wirst die körperlichen und emotionalen Vorteile dieser Pose entdecken und erfahren, wie sie auf energetischer Ebene das Halschakra aktiviert und harmonisiert. Ich werde auch auf mögliche Varianten und Anpassungen eingehen, um die Pose für alle zugänglich zu machen.

Bedeutung von Simhasana (Der Löwe)

Der Name **Simhasana** leitet sich aus dem Sanskrit-Wort „Simha" ab, was „Löwe" bedeutet, und „Asana", was „Haltung" bedeutet. Die Haltung des Löwen symbolisiert Stärke, Mut und den kraftvollen Ausdruck des Selbst. In dieser Pose ahmen wir das Bild eines brüllenden Löwen nach, indem wir den Mund weit öffnen, die Zunge herausstrecken und die Stimme freilassen. Dies fördert nicht nur die physische Befreiung im Bereich des Gesichts, des Kiefers und des Halses, sondern auch die emotionale Freisetzung von inneren Spannungen.

Simhasana ist eng mit dem **Vishuddha Chakra (Halschakra)** verbunden, das sich im Bereich des Halses befindet und für Kommunikation, Wahrheit und Selbstausdruck steht. Das Halschakra ist das Zentrum für authentischen Ausdruck, und wenn es blockiert ist, kann es uns schwerfallen, unsere innere Wahrheit klar auszusprechen. Simhasana hilft, den Energiefluss in diesem Bereich zu harmonisieren, Blockaden zu lösen und das Selbstbewusstsein im Ausdruck zu stärken.

Schritt-für-Schritt-Anleitung: So führst du Simhasana (den Löwen) korrekt aus

1. Vorbereitung: Setze dich in eine bequeme Position

Beginne, indem du dich auf deine Yogamatte setzt. Du kannst dich entweder in den **Vajrasana (Fersensitz)** setzen, indem du dich auf deine Fersen setzt, oder im **Sukhasana (einfacher Sitz)**, wenn das bequemer für dich ist. Achte darauf, dass dein Rücken gerade ist und deine Schultern entspannt sind. Die Hände liegen entspannt auf den Knien oder Oberschenkeln.

Nimm dir ein paar tiefe Atemzüge, um dich auf die Haltung vorzubereiten. Spüre, wie dein Atem ruhig und gleichmäßig fließt, während du den Geist zentrierst und den Körper entspannst.

2. Positioniere deine Hände

Bringe nun deine Hände auf deine Knie oder Oberschenkel und spreize die Finger weit auseinander. Deine Finger sollten wie die Krallen eines Löwen ausgestreckt sein, während du die Hände fest auf die Knie drückst. Diese Bewegung fördert die Stabilität im Oberkörper und aktiviert gleichzeitig die Energie in den Armen und Händen. Stelle dir vor, wie ein Löwe seine Krallen zeigt – stark, mutig und bereit, seine Energie freizusetzen. Diese Handposition hilft, dich auf die kraftvolle und expressive Haltung des Löwen einzustellen.

3. Öffne den Mund und strecke die Zunge heraus

Mit einer tiefen Einatmung öffnest du den Mund so weit wie möglich und streckst die Zunge heraus, als würdest du einen Löwen nachahmen, der brüllt. Die Zunge sollte dabei vollständig ausgestreckt sein, und die Kiefermuskulatur entspannt sich. Diese Bewegung ist ein wichtiger Teil von Simhasana, da sie Spannungen im Gesicht, im Kiefer und im Halsbereich löst. Viele Menschen halten unbewusst Spannung in diesen Bereichen, und das bewusste Öffnen des Mundes und Strecken der Zunge hilft, diese loszulassen.

4. Brülle oder atme kraftvoll aus

Mit der nächsten Ausatmung brüllst du entweder wie ein Löwe oder atmest kraftvoll durch den Mund aus. Dabei erzeugst du ein tiefes, kräftiges Geräusch, das von deinem Bauch aufsteigt und durch deinen Hals strömt. Achte darauf, dass der Klang tief und voll ist, während du die gesamte Luft aus den Lungen ausstößt.Diese kraftvolle Ausatmung hilft, angestaute Energie im Hals und in den Atemwegen freizusetzen.

Das Brüllen oder Ausatmen ist ein Symbol für den Ausdruck deiner inneren Kraft und deines Mutes, das Loslassen von Ängsten und Unsicherheiten.

5. Halte die Augen weit offen

Während du die Zunge herausstreckst und kraftvoll ausatmest, halte deine Augen weit geöffnet und richte deinen Blick auf einen Punkt vor dir oder zwischen deine Augenbrauen. Diese bewusste Öffnung der Augen verstärkt die Energie der Pose und hilft dir, vollständig präsent zu sein.

Der offene Blick und die Weite der Augen symbolisieren Wachsamkeit und Klarheit. Simhasana fördert nicht nur den Ausdruck deiner inneren Kraft, sondern auch die Bereitschaft, die Welt um dich herum mit klaren Augen zu betrachten.

6. Entspanne und wiederhole die Haltung

Nach der Ausatmung entspanne den Mund, die Zunge und die Augen. Atme ein paar Mal tief durch die Nase ein und aus, um den Körper zu beruhigen. Du kannst die Übung drei- bis fünfmal wiederholen, je nachdem, wie viel Energie und Spannungen du freisetzen möchtest.

Varianten und Anpassungen von Simhasana

1. Simhasana im Sitzen auf einem Stuhl

Wenn du Schwierigkeiten hast, im Fersensitz oder einfachen Sitz zu bleiben, kannst du Simhasana auch auf einem Stuhl praktizieren. Setze dich aufrecht auf den Stuhl, mit den Füßen flach auf dem Boden. Die Hände legst du auf die Oberschenkel, und du führst die gleichen Bewegungen aus – strecke die Zunge heraus, öffne den Mund weit und brülle oder atme kraftvoll aus.

Diese Variante bietet den gleichen Nutzen, ist jedoch für Menschen mit eingeschränkter Beweglichkeit oder Knieproblemen zugänglicher.

2. Simhasana ohne Brüllen

Wenn du in einer Umgebung übst, in der du nicht laut brüllen kannst, kannst du den kraftvollen Atem durch die Mundatmung ersetzen. Auch ohne den Klang eines Brüllens wirst du die energetischen und befreienden Wirkungen der Pose spüren. Achte dabei darauf, dass deine Ausatmung dennoch kraftvoll und tief bleibt.

3. Einfache Gesichtsmassage nach Simhasana

Eine angenehme Ergänzung nach Simhasana ist eine sanfte Gesichtsmassage. Massiere nach der Pose sanft deinen Kiefer, die Wangenknochen und die Stirn, um die gelösten Spannungen weiter zu entspannen und ein Gefühl von Weichheit und Ruhe im Gesicht zu fördern.

Vorteile von Simhasana

1. Lösen von Spannungen im Gesicht und im Kiefer

Simhasana ist besonders wirksam, um Spannungen im Gesicht, im Kiefer und im Nackenbereich zu lösen. Viele Menschen neigen dazu, unbewusst Spannung in diesen Bereichen zu halten, was zu Kieferverkrampfungen oder Nackenschmerzen führen kann. Durch das bewusste Öffnen des Mundes und das Strecken der Zunge wird diese Spannung gelöst, und der gesamte Gesichtsmuskulatur wird entspannt.

2. Aktivierung des Halschakras

Simhasana aktiviert und harmonisiert das Vishuddha Chakra (Halschakra), das Zentrum für Kommunikation und Selbstausdruck. Diese Pose fördert die Befreiung von Blockaden im Halsbereich, die oft durch unterdrückte Emotionen oder Ängste entstehen. Simhasana hilft, das Selbstbewusstsein zu stärken und die Fähigkeit zu fördern, sich klar und authentisch auszudrücken.

3. Stärkung der Stimme und der Atemwege

Durch die kraftvolle Ausatmung in Simhasana werden die Atemwege geöffnet und die Stimme gestärkt. Diese Pose fördert die Gesundheit des Halses und der Stimmbänder und ist besonders hilfreich für Menschen, die viel sprechen oder singen. Die Aktivierung der Lungen und des Zwerchfells stärkt das Atemsystem und verbessert die Sauerstoffversorgung.

4. Förderung der geistigen Klarheit und Konzentration

Simhasana hilft nicht nur, körperliche Spannungen zu lösen, sondern fördert auch die geistige Klarheit und Konzentration. Durch das bewusste Öffnen der Augen und den kraftvollen Ausdruck in der Pose wird der Geist wach und präsent. Simhasana unterstützt dich dabei, deinen inneren Löwen zu wecken und Herausforderungen mit Mut und Entschlossenheit zu begegnen.

5. Stressabbau und emotionale Befreiung

Simhasana ist eine ausgezeichnete Haltung, um Stress und emotionale Anspannung abzubauen. Die kraftvolle Ausatmung und das Brüllen symbolisieren das Loslassen von Ängsten, Unsicherheiten und aufgestauten Emotionen. Diese Pose gibt dir die Möglichkeit, angestaute Gefühle auf gesunde Weise zu befreien und dich danach ruhiger und ausgeglichener zu fühlen.

1. Zu viel Spannung im Nacken

Ein häufiger Fehler in Simhasana ist es, zu viel Spannung im Nackenbereich zu halten, insbesondere wenn du den Kopf nach vorne schiebst, um den Ausdruck zu verstärken. Achte darauf, dass der Nacken lang und entspannt bleibt, und vermeide es, den Kopf zu sehr nach vorne zu schieben. Der Fokus liegt darauf, die Energie im Gesicht und Halsbereich zu lösen, nicht zusätzliche Spannung zu erzeugen.

2. Flache Atmung

In Simhasana kann es leicht passieren, dass der Atem flach wird, besonders wenn die Pose intensiv wird. Achte darauf, tief und gleichmäßig zu atmen, sowohl vor als auch nach dem kraftvollen Brüllen. Die tiefe Atmung hilft, die Muskulatur zu entspannen und die Wirkung der Pose zu verstärken.

3. Zögerliches Brüllen oder Ausatmen

Manche Menschen fühlen sich beim Brüllen oder kraftvollen Ausatmen in Simhasana unsicher oder zurückhaltend. Es ist jedoch wichtig, sich in dieser Pose vollkommen zu öffnen und den Klang frei fließen zu lassen. Das Brüllen oder Ausatmen ist ein wesentlicher Bestandteil der Pose und hilft, Blockaden zu lösen und die innere Stärke zu aktivieren.

Emotionale und Spirituelle Bedeutung von Simhasana

Simhasana ist nicht nur eine kraftvolle körperliche Übung, sondern hat auch eine tiefgreifende emotionale und spirituelle Bedeutung. Durch das bewusste Öffnen des Mundes und die kraftvolle Ausatmung wird das **Vishuddha Chakra (Halschakra)** aktiviert, das Zentrum für Kommunikation und Selbstausdruck. Wenn das Halschakra blockiert ist, kann es uns schwerfallen, unsere Wahrheit zu sprechen oder authentisch zu kommunizieren. Simhasana hilft, diese Blockaden zu lösen und den Energiefluss im Halsbereich zu harmonisieren. Auf einer emotionalen Ebene gibt Simhasana uns die Möglichkeit, angestaute Gefühle und Spannungen auf gesunde Weise freizusetzen. Die Pose symbolisiert Mut, Ausdruckskraft und die Bereitschaft, sich selbst vollständig zu zeigen. Durch die Praxis von Simhasana lernen wir, unsere innere Wahrheit mit Selbstbewusstsein und Klarheit auszudrücken.

Simhasana (der Löwe) ist eine kraftvolle Yoga-Haltung, die den Körper entspannt, das Halschakra harmonisiert und den Geist befreit. Diese Pose fördert nicht nur die körperliche Entspannung im Gesicht und im Kiefer, sondern hilft auch, emotionale Blockaden zu lösen und ein tieferes Gefühl von Authentizität und innerer Stärke zu entwickeln.

Ob du Simhasana als Teil deiner täglichen Yoga-Praxis oder als gezielte Übung zur Stärkung deines Halschakras praktizierst – diese Pose wird dir helfen, körperliche und emotionale Spannungen loszulassen und ein tieferes Gefühl von Selbstausdruck und innerer Klarheit zu finden. Mit jeder kraftvollen Ausatmung in Simhasana kannst du dich mit deinem inneren Löwen verbinden und das Selbstbewusstsein entwickeln, deine Wahrheit klar und authentisch zu leben.

Sirsasana, der **Kopfstand**, ist eine der bekanntesten und anspruchsvollsten Yoga-Haltungen. Oft als „König der Asanas" bezeichnet, bietet der Kopfstand eine Vielzahl von körperlichen und geistigen Vorteilen. Er fördert die Konzentration, stärkt den gesamten Körper und beruhigt den Geist. Energetisch gesehen ist Sirsasana besonders wirkungsvoll, um das **Kronenchakra (Sahasrara Chakra)** zu aktivieren und zu harmonisieren. Das Kronenchakra ist unser Zentrum für spirituelles Bewusstsein und die Verbindung zum Universellen.

In dieser ausführlichen Anleitung werde ich dir Schritt für Schritt erklären, wie du Sirsasana sicher und korrekt ausführst. Du wirst die vielen körperlichen und emotionalen Vorteile dieser Pose entdecken und erfahren, wie sie auf energetischer Ebene das Kronenchakra aktiviert und harmonisiert. Zudem werde ich auf Varianten und Anpassungen eingehen, um den Kopfstand für alle zugänglich zu machen.

Bedeutung von Sirsasana (Der Kopfstand)

Der Name **Sirsasana** leitet sich von den Sanskrit-Wörtern „Sirsa" (Kopf) und „Asana" (Haltung) ab und bedeutet „Kopfstand". Diese Umkehrhaltung, bei der der Kopf auf dem Boden ruht und der Körper in einer geraden Linie nach oben gestreckt ist, fördert die Durchblutung des Gehirns und bringt Körper und Geist in Einklang.

Sirsasana ist stark mit dem **Kronenchakra (Sahasrara Chakra)** verbunden, das sich an der Spitze des Kopfes befindet. Das Kronenchakra steht für spirituelles Bewusstsein, Erleuchtung und die

Verbindung zum Universellen. Wenn dieses Chakra im Gleichgewicht ist, erleben wir ein tiefes Gefühl von innerer Ruhe, Klarheit und Einheit mit dem Universum. Der Kopfstand hilft, die Energie in diesem Bereich zu aktivieren, indem er den Blutfluss zum Gehirn steigert und das Bewusstsein für den Geist schärft.

Schritt-für-Schritt-Anleitung: So führst du Sirsasana (den Kopfstand) korrekt aus

1. Vorbereitung: Finde eine stabile Unterlage

Beginne in einer bequemen Position auf deiner Yogamatte. Achte darauf, dass die Matte fest auf dem Boden liegt und dir genügend Halt bietet, um den Kopfstand sicher auszuführen. Wenn du den Kopfstand zum ersten Mal übst, kannst du dich in die Nähe einer Wand stellen, um Unterstützung zu erhalten. Eine gefaltete Decke oder ein Yoga-Block kann unter deinem Kopf oder deinen Armen als Polster dienen.

Atme ein paar Mal tief ein und aus, um dich zu zentrieren und deinen Geist auf die bevorstehende Herausforderung vorzubereiten. Der Kopfstand erfordert Konzentration und Stabilität, daher ist es wichtig, den Atem ruhig und gleichmäßig fließen zu lassen.

2. Hände und Arme positionieren

Knie dich auf der Matte nieder und lege deine Unterarme auf den Boden. Deine Ellbogen sollten schulterbreit auseinander liegen, und deine Hände sind fest ineinander verschränkt. Die Hände bilden einen stabilen „Korb", in den du später deinen Kopf legen wirst. Achte darauf, dass deine Unterarme eine feste Basis bilden, da sie in dieser Haltung viel Gewicht tragen.

Diese stabile Grundlage ist entscheidend für den sicheren Kopfstand. Wenn deine Arme und Hände richtig positioniert sind, ist es leichter, das Gleichgewicht zu finden und den Kopfstand ohne unnötige Anstrengung zu halten.

3. Den Kopf auf den Boden legen

Lege nun den oberen Teil deines Kopfes vorsichtig in den „Korb", den du mit deinen Händen gebildet hast. Achte darauf, dass der Scheitel deines Kopfes den Boden berührt und der Nacken entspannt bleibt. Dein Nacken sollte lang sein, und es sollte kein Druck oder Unbehagen im Halsbereich entstehen.

Die Position des Kopfes ist entscheidend, um den Kopfstand sicher und bequem auszuführen. Wenn der Kopf richtig ausgerichtet ist, verteilt sich das Gewicht gleichmäßig auf die Unterarme und den Kopf, was die Stabilität verbessert.

4. Hebe die Hüften und gehe in den herabschauenden Hund

Mit der nächsten Einatmung hebst du deine Hüften vom Boden ab, sodass dein Körper in eine Position ähnlich dem herabschauenden Hund kommt. Deine Füße bleiben zunächst auf dem Boden, und deine Beine sind gestreckt. Achte darauf, dass dein Rücken lang bleibt und du den Nacken nicht belastest.

Diese Zwischenposition hilft dir, den Körper auf den nächsten Schritt vorzubereiten, indem du den Oberkörper verlängerst und die Balance auf den Armen und dem Kopf findest.

5. Laufe mit den Füßen näher zum Körper

Nun beginnst du, mit deinen Füßen langsam näher zu deinen Ellbogen zu laufen. Dabei kommen deine Hüften weiter nach oben, und dein Oberkörper richtet sich mehr auf. Achte darauf, dass du den Rücken gerade hältst und den Nacken weiterhin entlastest.

Das Laufen der Füße nach vorne hilft, das Körpergewicht in Richtung der Arme und des Kopfes zu verlagern, was es dir leichter macht, den nächsten Schritt – das Heben der Beine – auszuführen.

6. Hebe die Beine an

Sobald du die Hüften weit genug nach oben gebracht hast, kannst du beginnen, ein Bein nach dem anderen vorsichtig vom Boden abzuheben. Du kannst zunächst ein Bein an die Brust ziehen und dann das andere Bein folgen lassen. Sobald beide Beine in der Luft sind, bringe sie langsam und kontrolliert in eine gestreckte Position nach oben.

Achte darauf, dass du das Gleichgewicht behältst und die Kontrolle über deinen Körper nicht verlierst. Die Beine sollten gestreckt und in einer Linie mit dem Oberkörper sein. Deine Füße sind geflext, und deine Zehen zeigen nach oben.

7. Halte die Position und atme tief

Sobald du im Kopfstand bist, halte die Position für fünf bis zehn tiefe Atemzüge. Achte darauf, dass deine Atmung ruhig und gleichmäßig bleibt. Mit jeder Einatmung verlängerst du die Wirbelsäule, und mit jeder Ausatmung lässt du Spannungen in den Schultern und im Nacken los.

Die tiefe Atmung hilft, den Geist zu beruhigen und den Fokus auf den gegenwärtigen Moment zu lenken. Konzentriere dich auf dein

Kronenchakra und stelle dir vor, dass du mit jeder Einatmung Licht und Energie in diesen Bereich ziehst.

8. Langsam die Haltung verlassen

Um sicher aus Sirsasana herauszukommen, bringst du langsam ein Bein nach dem anderen zurück zum Boden, sodass du wieder in die Position des herabschauenden Hundes kommst. Lasse dir Zeit, um die Beine sanft abzusenken, und achte darauf, die Kontrolle über deinen Körper zu behalten.

Rolle dich vorsichtig aus dem herabschauenden Hund in die Kindeshaltung (Balasana), um den Kopf und Nacken zu entspannen. Bleibe für ein paar Atemzüge in dieser Position, um den Körper nach der intensiven Umkehrhaltung zu beruhigen.

Varianten und Anpassungen von Sirsasana

1. Unterstützung mit der Wand

Wenn du dich im Kopfstand unsicher fühlst oder Probleme mit dem Gleichgewicht hast, kannst du Sirsasana an einer Wand üben. Stelle dich mit dem Rücken zur Wand und gehe Schritt für Schritt in den Kopfstand, während du die Wand als Unterstützung nutzt. Dies gibt dir Sicherheit und hilft, das Gleichgewicht zu finden, ohne Angst vor einem Umfallen zu haben.

2. Kopfstand mit angewinkelten Beinen

Wenn du Schwierigkeiten hast, die Beine vollständig zu strecken, kannst du die Beine angewinkelt lassen, sodass die Knie näher an der Brust sind. Diese Variante reduziert die Belastung und hilft, die Balance zu halten, während du die Kraft in Armen und Schultern aufbaust.

3. Unterstützung mit einem Partner

Ein Partner kann dir beim Kopfstand helfen, indem er dich stützt, während du die Beine hebst. Der Partner kann deine Hüften oder Beine halten, um dir Stabilität zu geben und dir zu helfen, dich in der Haltung wohl und sicher zu fühlen.

Vorteile von Sirsasana

1. Verbesserung der Konzentration und geistigen Klarheit

Sirsasana fördert die Durchblutung des Gehirns, was die geistige Klarheit verbessert und die Konzentration steigert. Durch die erhöhte Sauerstoffzufuhr zum Gehirn werden die kognitiven Funktionen angeregt, was das Gedächtnis und die Denkleistung stärkt.

2. Aktivierung des Kronenchakras

Der Kopfstand aktiviert und harmonisiert das Sahasrara Chakra (Kronenchakra), das Zentrum für spirituelles Bewusstsein und Erleuchtung. Diese Pose hilft, die Verbindung zum Universellen zu fördern und ein tieferes Verständnis für das Leben und unsere spirituelle Reise zu entwickeln.

3. Stärkung der Arme, Schultern und des Kerns

Sirsasana erfordert viel Kraft in den Armen, Schultern und im Kern, um das Gleichgewicht zu halten. Regelmäßiges Üben dieser Pose stärkt die Muskulatur in diesen Bereichen und fördert eine bessere Körperhaltung.

4. Beruhigung des Nervensystems

Sirsasana hat eine beruhigende Wirkung auf das Nervensystem und kann helfen, Stress und Ängste abzubauen. Die Umkehrhaltung unterstützt die Entspannung und aktiviert das parasympathische Nervensystem, das für Ruhe und Erholung verantwortlich ist.

5. Verbesserung der Durchblutung

Durch die Umkehrung des Körpers wird die Durchblutung verbessert, insbesondere im Gehirn. Dies kann helfen, den Blutdruck zu regulieren und das Herz-Kreislauf-System zu unterstützen. Die erhöhte Durchblutung der Kopfhaut kann sogar das Haarwachstum fördern.

Häufige Fehler und wie man sie vermeidet

1. Zu viel Druck auf den Nacken

Ein häufiger Fehler in Sirsasana ist es, zu viel Druck auf den Nacken auszuüben, anstatt das Gewicht gleichmäßig auf den Kopf und die Unterarme zu verteilen. Achte darauf, dass der Nacken entspannt bleibt und das Gewicht hauptsächlich von den Armen getragen wird.

2. Verkrampfen der Schultern

Manche Menschen neigen dazu, in Sirsasana die Schultern zu verkrampfen und nach oben zu ziehen. Achte darauf, die Schultern von den Ohren wegzuziehen und den Oberkörper stabil zu halten, um die Spannung im Nackenbereich zu vermeiden.

3. Flache Atmung

In Sirsasana kann es leicht passieren, dass der Atem flach wird, besonders wenn die Pose intensiv wird. Achte darauf, tief und gleichmäßig zu atmen, um den Körper zu entspannen und die Pose länger zu halten.

Emotionale und Spirituelle Bedeutung von Sirsasana

Sirsasana ist nicht nur eine körperliche Herausforderung, sondern hat auch eine tiefe emotionale und spirituelle Bedeutung. Durch die Umkehrung des Körpers wird das **Sahasrara Chakra (Kronenchakra)** aktiviert, das Zentrum für spirituelles Bewusstsein und Erleuchtung.

Das Kronenchakra ist der Ort, an dem wir die Verbindung zum Universellen erleben. Wenn dieses Chakra im Gleichgewicht ist, fühlen wir uns mit allem um uns herum verbunden und erleben ein tiefes Gefühl von innerer Ruhe und spiritueller Klarheit. Sirsasana fördert die Öffnung dieses Chakras und unterstützt das Erwachen des Geistes und das Erreichen eines höheren Bewusstseins.

Auf emotionaler Ebene hilft Sirsasana, Ängste und Unsicherheiten loszulassen. Die Umkehrhaltung gibt uns die Möglichkeit, eine neue Perspektive zu gewinnen und das Leben aus einem anderen Blickwinkel zu betrachten. Sie fördert das Vertrauen in die eigene innere Stärke und hilft, mentale Blockaden zu lösen.

Sirsasana (der Kopfstand) ist eine kraftvolle Yoga-Haltung, die den Körper stärkt, das Kronenchakra harmonisiert und den Geist beruhigt. Diese Umkehrhaltung fördert nicht nur die Flexibilität und Kraft in den Armen und Schultern, sondern hilft auch, emotionale Blockaden zu lösen und ein tieferes Gefühl von innerer Ruhe und spiritueller Verbindung zu entwickeln.

Ob du Sirsasana als Teil deiner täglichen Yoga-Praxis oder als gezielte Übung zur Stärkung deines Kronenchakras praktizierst – diese Pose wird dir helfen, körperliche und emotionale Spannungen loszulassen und ein tieferes Gefühl von Klarheit und innerer Ausgeglichenheit zu finden. Mit jeder tiefen Atmung in Sirsasana kannst du dich mit deinem Körper, deinem Geist und deinem höheren Selbst verbinden und das Gefühl von Einheit mit dem Universellen erfahren.

Ustrasana (Das Kamel)

Ustrasana, auch bekannt als die **Kamel-Haltung**, ist eine kraftvolle Rückbeuge, die tief in die Muskulatur des Rückens, der Schultern und der Brust hineinwirkt. Diese Pose öffnet das Herz und fördert eine tiefe Dehnung des gesamten Körpers. Ustrasana ist besonders effektiv, um das **Herzchakra (Anahata Chakra)** zu aktivieren und zu harmonisieren, das Zentrum für Liebe, Mitgefühl und emotionale Heilung. Durch die bewusste Öffnung des Brustbereichs in dieser Pose hilft Ustrasana, Blockaden im Herzchakra zu lösen und tief verwurzelte Spannungen loszulassen.

In dieser ausführlichen Beschreibung werde ich dir Schritt für Schritt erklären, wie du Ustrasana sicher und korrekt ausführst. Du wirst die vielen körperlichen und emotionalen Vorteile dieser Pose entdecken und erfahren, wie sie auf energetischer Ebene das Herzchakra aktiviert und harmonisiert. Zudem werde ich auf mögliche Varianten und Anpassungen eingehen, um die Pose für alle zugänglich zu machen.

Bedeutung von Ustrasana (Das Kamel)

Der Name **Ustrasana** leitet sich von den Sanskrit-Wörtern „Ustra" (Kamel) und „Asana" (Haltung) ab. In dieser Pose beugst du den Rücken nach hinten, öffnest den Brustkorb und beugst den Kopf zurück, wodurch du die Form eines Kamels nachahmst. Diese Rückbeuge symbolisiert Offenheit und Hingabe. Sie lädt dich ein, dein Herz weit zu öffnen und dich emotional und energetisch zu entfalten.

Ustrasana ist eng mit dem **Anahata Chakra (Herzchakra)** verbunden, das sich im Brustbereich befindet. Das Herzchakra ist das

Zentrum für Liebe, Mitgefühl und emotionale Balance. Ein ausbalanciertes Herzchakra ermöglicht es uns, Liebe zu empfangen und zu geben, in Harmonie mit unseren Gefühlen zu leben und emotionale Heilung zu erfahren. Ustrasana aktiviert das Herzchakra, indem es den Brustkorb öffnet und das Gefühl von Freiheit und Raum in diesem Bereich fördert.

Schritt-für-Schritt-Anleitung: So führst du Ustrasana (das Kamel) korrekt aus

1. Vorbereitung: Knie dich auf die Matte

Beginne in einer knienden Position auf deiner Yogamatte. Deine Knie sind etwa hüftbreit auseinander, und deine Füße liegen flach auf dem Boden, sodass die Fußrücken den Boden berühren. Achte darauf, dass deine Hüften direkt über den Knien ausgerichtet sind und dein Oberkörper aufrecht ist.

Nimm dir ein paar Atemzüge, um dich zu zentrieren und den Geist auf die bevorstehende Rückbeuge vorzubereiten. Atme tief durch die Nase ein und aus und stelle dir vor, dass sich dein Brustkorb mit jeder Einatmung weitet.

2. Hände auf die Hüften legen

Lege deine Hände sanft auf deine Hüften, mit den Fingerspitzen nach unten gerichtet. Deine Daumen können deinen unteren Rücken stützen. Drücke leicht mit den Händen gegen deine Hüften, um den unteren Rücken zu unterstützen und die Aufrichtung der Wirbelsäule zu fördern. Diese Position hilft dir, die Hüften nach vorne auszurichten, während du dich auf die Rückbeuge vorbereitest.

Achte darauf, dass dein unterer Rücken lang bleibt und sich keine übermäßige Spannung aufbaut. Die Rückbeuge sollte aus der Mitte des Rückens und nicht aus dem unteren Rücken kommen.

3. Öffne den Brustkorb

Mit der nächsten Einatmung hebst du deinen Brustkorb nach oben und vorne, als würdest du dein Herz weit öffnen. Dein Brustbein strebt zur Decke, und du ziehst die Schultern sanft nach hinten, um die Brust noch weiter zu öffnen. Achte darauf, dass du nicht im unteren Rücken zusammensackst, sondern die Länge in der Wirbelsäule bewahrst.

Die Öffnung des Brustkorbs ist ein zentraler Bestandteil von Ustrasana. Diese Bewegung hilft, das Herzchakra zu aktivieren, indem sie Raum im Brustbereich schafft und eine tiefe Dehnung im Oberkörper fördert.

4. Greife deine Fersen

Mit der nächsten Ausatmung neigst du dich langsam nach hinten und greifst mit deinen Händen zu deinen Fersen. Wenn du Schwierigkeiten hast, deine Fersen zu erreichen, kannst du auch die Fußgelenke oder die Waden greifen, je nachdem, was für dich am besten funktioniert. Achte darauf, dass deine Hüften weiterhin über den Knien bleiben und sich nicht nach hinten verlagern.

Sobald du die Fersen ergriffen hast, kannst du dich tiefer in die Rückbeuge sinken lassen. Spüre, wie sich deine Brust noch weiter öffnet, während du den Kopf sanft in den Nacken fallen lässt. Diese Bewegung fördert die vollständige Öffnung des Herzchakras und lässt dich gleichzeitig tief in die Rückbeuge eintauchen.

5. Halte die Position und atme tief

Bleibe in Ustrasana für fünf bis zehn tiefe Atemzüge. Achte darauf, dass deine Atmung ruhig und gleichmäßig bleibt. Mit jeder Einatmung verlängerst du die Wirbelsäule, und mit jeder Ausatmung lässt du den Brustkorb noch weiter öffnen.

Während du in dieser Haltung verweilst, spüre, wie sich dein Herzbereich weitet und öffnet. Ustrasana fördert ein tiefes Gefühl der Hingabe und des Loslassens, indem es emotionale Spannungen löst und dich einlädt, offen und verletzlich zu sein.

6. Langsam die Haltung verlassen

Um sicher aus Ustrasana herauszukommen, bringst du zuerst deine Hände zurück auf deine Hüften. Mit einer Einatmung richtest du den Oberkörper langsam wieder auf, indem du die Wirbelsäule Wirbel für Wirbel aufrichtest. Lass dir Zeit, um aus der Rückbeuge herauszukommen, und achte darauf, dass du die Kontrolle über deinen Körper behältst.

Setze dich anschließend sanft auf deine Fersen und lege die Hände in den Schoß. Atme ein paar Mal tief durch, um den Körper nach der intensiven Rückbeuge zu beruhigen, und spüre nach, wie sich dein Brustkorb, dein Rücken und dein Herzbereich anfühlen.

1. Unterstützung mit Yoga-Blöcken

Wenn es dir schwerfällt, deine Fersen zu erreichen, kannst du Yoga-Blöcke verwenden. Platziere die Blöcke neben deinen Füßen und greife statt der Fersen nach den Blöcken. Dies gibt dir zusätzlichen Halt und erleichtert es, die Rückbeuge sicher und bequem zu halten.

2. Ustrasana mit Unterstützung eines Partners

Ein Partner kann dir in Ustrasana helfen, indem er dich sanft an den Schultern oder am unteren Rücken stützt. Dies gibt dir zusätzliche Stabilität und hilft dir, dich tiefer in die Rückbeuge zu begeben, während du gleichzeitig sicher und unterstützt bleibst.

3. Ustrasana mit gebeugtem Nacken

Wenn du Nackenprobleme hast oder Schwierigkeiten hast, den Kopf in den Nacken fallen zu lassen, kannst du den Kopf in einer neutralen Position halten, ohne ihn nach hinten zu beugen. Dies schützt den Nacken und ermöglicht es dir dennoch, die volle Rückbeuge im Brust- und Rückenbereich zu genießen.

1. Öffnung des Brustkorbs und Verbesserung der Atmung

Ustrasana dehnt die Muskulatur des Brustkorbs und der Schultern und fördert dadurch eine tiefere und bewusste Atmung. Diese Pose erweitert den Raum in den Lungen und verbessert die Sauerstoffversorgung des Körpers, was besonders hilfreich ist, um Stress abzubauen und den Geist zu beruhigen.

2. Aktivierung des Herzchakras

Ustrasana aktiviert und harmonisiert das Anahata Chakra (Herz-chakra), das Zentrum für Liebe, Mitgefühl und emotionale Hei-lung. Diese Pose fördert das Gefühl der Offenheit und lädt dich ein, emotionale Blockaden loszulassen, die dich daran hindern könnten, Liebe zu empfangen oder auszudrücken.

3. Stärkung des Rückens und der Beine

Ustrasana stärkt die Rückenmuskulatur, insbesondere im mittleren und unteren Rücken, sowie die Beine und den Rumpf. Durch die bewusste Ausrichtung der Hüften und die Rückbeuge in dieser Haltung wird die gesamte Körperrückseite aktiviert, was zu einer verbesserten Haltung und stärkeren Muskulatur führt.

4. Förderung der emotionalen Befreiung

Durch die bewusste Öffnung des Herzraums in Ustrasana kannst du tief verwurzelte emotionale Spannungen und Ängste loslassen. Diese Pose fördert die emotionale Heilung und hilft, negative Emotionen wie Trauer, Angst oder Wut loszulassen. Sie lädt dich ein, dich mit deinen Gefühlen zu verbinden und Liebe und Mitge-fühl in dein Leben zu integrieren.

5. Verbesserung der Flexibilität in Rücken und Schultern

Ustrasana verbessert die Flexibilität in der Wirbelsäule und in den Schultern. Regelmäßiges Üben dieser Pose fördert die Beweglich-keit im gesamten Oberkörper und hilft, Verspannungen im Rücken und Nackenbereich zu lösen.

1. Zu viel Druck auf den unteren Rücken

Ein häufiger Fehler in Ustrasana ist es, zu viel Druck auf den unteren Rücken auszuüben, indem man die Rückbeuge hauptsächlich aus dem Lendenbereich macht. Achte darauf, dass die Rückbeuge aus der Mitte des Rückens kommt und der untere Rücken gestützt bleibt. Drücke die Hüften nach vorne, um die Belastung des unteren Rückens zu verringern.

2. Hochgezogene Schultern

Manche Menschen neigen dazu, die Schultern nach oben zu ziehen, was zu Verspannungen im Nackenbereich führen kann. Achte darauf, die Schultern entspannt zu lassen und sie nach unten und hinten zu ziehen, um den Brustkorb vollständig zu öffnen.

3. Zu weit nach hinten kippen

In Ustrasana sollten die Hüften direkt über den Knien bleiben. Ein häufiger Fehler ist es, die Hüften zu weit nach hinten kippen zu lassen, was den unteren Rücken unnötig belastet. Konzentriere dich darauf, die Hüften stabil zu halten und dich aus der Mitte des Rückens zu dehnen, anstatt die Hüften nach hinten zu schieben.

Ustrasana ist nicht nur eine kraftvolle körperliche Übung, sondern hat auch eine tiefgreifende emotionale und spirituelle Bedeutung. Durch die bewusste Öffnung des Herzraums wird das **Anahata Chakra (Herzchakra)** aktiviert, das Zentrum für Liebe, Mitgefühl und emotionale Balance.

Das Herzchakra ist der Ort, an dem wir Liebe empfangen und geben, und es steht im Zusammenhang mit unserer Fähigkeit, emotional offen und verbunden zu sein. Wenn das Herzchakra blockiert ist, können wir Schwierigkeiten haben, Liebe zu empfangen oder uns anderen gegenüber verletzlich zu zeigen. Ustrasana hilft, diese Blockaden zu lösen und das Herzchakra zu öffnen, was es uns ermöglicht, Liebe und Mitgefühl freier zu fließen zu lassen.

Auf einer emotionalen Ebene fördert Ustrasana die Befreiung von Ängsten, Unsicherheiten und emotionalen Wunden. Diese Pose lädt dich ein, dein Herz zu öffnen, selbst wenn es sich verletzlich anfühlt, und die Liebe in dir und um dich herum anzunehmen.

Ustrasana (das Kamel) ist eine kraftvolle Yoga-Haltung, die den Körper stärkt, das Herzchakra harmonisiert und den Geist öffnet. Diese Rückbeuge fördert nicht nur die Flexibilität und Kraft im Rücken und in den Schultern, sondern hilft auch, emotionale Blockaden zu lösen und ein tieferes Gefühl von Mitgefühl und innerer Liebe zu entwickeln.

Ob du Ustrasana als Teil deiner täglichen Yoga-Praxis oder als gezielte Übung zur Stärkung deines Herzchakras praktizierst – diese Pose wird dir helfen, körperliche und emotionale Spannungen loszulassen und ein tieferes Gefühl von Liebe, Offenheit und innerer Ausgeglichenheit zu finden. Mit jeder tiefen Atmung in Ustrasana kannst du dich mit deinem Herzraum verbinden und das Gefühl von Liebe und Mitgefühl in deinem Leben kultivieren.

Uttanasana (Vorwärtsbeuge im Stehen)

Uttanasana, die **Vorwärtsbeuge im Stehen**, ist eine der grundlegenden Yoga-Haltungen, die Körper und Geist intensiv beeinflusst. Diese Asana fördert die Dehnung der Rückseite des Körpers, beruhigt den Geist und hilft, Verspannungen loszulassen. Sie ist besonders kraftvoll, um das **Wurzelchakra (Muladhara Chakra)** zu aktivieren und zu harmonisieren. Das Wurzelchakra ist das Zentrum für Sicherheit, Erdung und Stabilität. Durch die bewusste Vorwärtsbeuge in dieser Pose kannst du dich mit deinem Körper und der Erde verbinden und ein tiefes Gefühl von Ruhe und Sicherheit entwickeln.

In dieser detaillierten Anleitung werde ich dir Schritt für Schritt erklären, wie du Uttanasana sicher und korrekt ausführst. Du wirst die körperlichen und emotionalen Vorteile dieser Pose entdecken und erfahren, wie sie auf energetischer Ebene das Wurzelchakra aktiviert und harmonisiert. Ich werde auch auf mögliche Varianten und Anpassungen eingehen, um die Pose für alle zugänglich zu machen.

Bedeutung von Uttanasana (Die Vorwärtsbeuge im Stehen)

Der Name **Uttanasana** leitet sich von den Sanskrit-Wörtern „Ut" (intensiv) und „Tan" (dehnen oder strecken) ab, was die intensive Dehnung des Körpers in dieser Haltung beschreibt. In dieser Pose neigst du den Oberkörper nach vorne, lässt die Wirbelsäule lang und streckst die gesamte Rückseite des Körpers – von den Fersen über die Beine, den Rücken bis hin zum Nacken. Diese intensive Vorwärtsbeuge lädt dich dazu ein, dich nach innen zu wenden, loszulassen und in die Tiefe deines Selbst einzutauchen.

Uttanasana ist eng mit dem **Muladhara Chakra (Wurzelchakra)** verbunden, das sich an der Basis der Wirbelsäule befindet. Das Wurzelchakra ist das energetische Zentrum für Sicherheit, Erdung und Überleben. Wenn dieses Chakra ausgeglichen ist, fühlen wir uns sicher, stabil und fest in der Welt verwurzelt. Diese Pose fördert die Erdung, indem sie uns hilft, loszulassen und den Körper mit der Erde zu verbinden.

Schritt-für-Schritt-Anleitung: So führst du Uttanasana (die Vorwärtsbeuge im Stehen) korrekt aus

1. Vorbereitung: Stehe aufrecht

Beginne in **Tadasana (der Berghaltung)**, mit den Füßen hüftbreit auseinander und den Armen an den Seiten deines Körpers. Deine Füße sollten fest auf dem Boden stehen, und dein Gewicht ist gleichmäßig auf die Fußsohlen verteilt. Achte darauf, dass deine Wirbelsäule lang ist, dein Brustkorb leicht angehoben und deine Schultern entspannt.

Atme ein paar Mal tief durch die Nase ein und aus und konzentriere dich auf deinen Atem. Spüre, wie sich dein Körper mit jedem Atemzug aufrichtet und du in deiner Mitte ankommst. Diese bewusste Vorbereitung hilft, den Geist zu beruhigen und dich auf die Vorwärtsbeuge vorzubereiten.

2. Hebe die Arme über den Kopf

Mit einer tiefen Einatmung hebst du beide Arme über den Kopf. Deine Handflächen zeigen zueinander, und deine Arme sind gestreckt. Achte darauf, dass du die Schultern entspannt hältst, während du die Arme hebst. Diese Bewegung verlängert die Wirbelsäule und schafft Raum im Oberkörper.

Mit jedem Atemzug spürst du, wie sich deine Wirbelsäule streckt, und bereitest dich darauf vor, dich nach vorne zu beugen. Diese Streckung ist entscheidend, um die Vorwärtsbeuge sicher und gesund auszuführen.

3. Beuge dich aus der Hüfte nach vorne

Mit der nächsten Ausatmung beginnst du, dich langsam aus der Hüfte nach vorne zu beugen. Achte darauf, dass die Bewegung aus den Hüften kommt und nicht aus dem unteren Rücken. Dein Oberkörper sollte lang bleiben, während du dich nach vorne neigst, und die Wirbelsäule bleibt gerade.

Wenn du nach vorne kommst, lasse deine Hände langsam zu den Beinen oder zum Boden sinken. Je nachdem, wie flexibel du bist, kannst du deine Hände auf den Schienbeinen, den Knöcheln oder auf dem Boden platzieren. Wichtig ist, dass du dich nicht zwingst, tiefer zu gehen, als es sich angenehm anfühlt.

4. Lasse den Kopf und Nacken los

Sobald du dich in die Vorwärtsbeuge begeben hast, lasse den Kopf und Nacken los. Dein Kopf sollte entspannt nach unten hängen, und dein Nacken bleibt lang und locker. Die Schultern sind entspannt, und die Schwerkraft hilft, den Oberkörper sanft tiefer sinken zu lassen.

Achte darauf, dass du die Schultern nicht hochziehst oder verkrampfst. Die gesamte Haltung sollte sich sanft und frei anfühlen, ohne dass du dich anstrengst oder verkrampfst.

5. Halte die Position und atme tief

Bleibe in Uttanasana für fünf bis zehn tiefe Atemzüge. Atme ruhig und gleichmäßig durch die Nase ein und aus. Mit jeder Einatmung verlängerst du die Wirbelsäule und schaffst Raum im Rücken, und mit jeder Ausatmung lässt du deinen Körper tiefer in die Vorwärtsbeuge sinken.

Die tiefe Atmung ist entscheidend, um die Muskulatur zu entspannen und die Dehnung zu vertiefen. Spüre, wie sich die Rückseite deines Körpers – von den Fersen über die Beine bis hin zum Rücken – dehnt und öffnet, während du den Atem fließen lässt.

6. Langsam die Haltung verlassen

Um sicher aus Uttanasana herauszukommen, beugst du leicht die Knie und richtest den Oberkörper mit einer tiefen Einatmung langsam auf. Rolle die Wirbelsäule Wirbel für Wirbel auf, bis du wieder in der aufrechten Position stehst. Lasse dir Zeit, um aus der Vorwärtsbeuge herauszukommen, und spüre nach, wie sich dein Körper anfühlt.

Wenn du wieder in Tadasana stehst, atme ein paar Mal tief durch und spüre die Nachwirkungen der Vorwärtsbeuge. Genieße das Gefühl der Erdung und Stabilität, das diese Pose fördert.

1. Uttanasana mit gebeugten Knien

Wenn du Schwierigkeiten hast, die Beine in Uttanasana gestreckt zu halten, kannst du die Knie leicht beugen. Diese Variante reduziert den Druck auf den unteren Rücken und die Kniesehnen und ermöglicht es dir, die Vorwärtsbeuge sicher und bequem zu halten. Achte darauf, dass du dich in der Haltung wohlfühlst und keine Spannung im Rücken oder den Beinen spürst.

2. Uttanasana mit Unterstützung eines Yoga-Blocks

Wenn deine Hände den Boden nicht erreichen, kannst du einen Yoga-Block unter deine Hände legen. Dies gibt dir zusätzlichen Halt und ermöglicht es dir, die Vorwärtsbeuge tiefer zu genießen, ohne dass du dich überdehnst oder aus der Balance gerätst.

3. Uttanasana mit Unterstützung der Wand

Für Anfänger oder Menschen mit eingeschränkter Flexibilität ist es möglich, Uttanasana an einer Wand zu üben. Stelle dich mit dem Rücken zur Wand und beuge dich langsam nach vorne, während du die Hände an die Wand legst, um Unterstützung zu erhalten. Dies gibt dir Halt und hilft, die Balance zu finden, während du die Rückseite des Körpers dehnst.

1. Dehnung der gesamten Körperrückseite

Uttanasana dehnt die gesamte Körperrückseite – von den Fersen über die Beine, den Rücken bis hin zum Nacken. Diese intensive Dehnung fördert die Flexibilität in den Beinmuskeln und der Wirbelsäule und hilft, Verspannungen in diesen Bereichen zu lösen.

2. Aktivierung des Wurzelchakras

Die Vorwärtsbeuge im Stehen aktiviert und harmonisiert das Muladhara Chakra (Wurzelchakra), das Zentrum für Sicherheit, Erdung und Stabilität. Durch die bewusste Erdung in dieser Pose kannst du dich mit deinem Körper und der Erde verbinden und ein tiefes Gefühl von Ruhe und Stabilität entwickeln.

3. Beruhigung des Nervensystems

Uttanasana hat eine beruhigende Wirkung auf das Nervensystem und kann helfen, Stress und innere Unruhe abzubauen. Die Vorwärtsbeuge fördert die Entspannung des Körpers und des Geistes und unterstützt die Regeneration des parasympathischen Nervensystems, das für Ruhe und Erholung verantwortlich ist.

4. Förderung der Durchblutung und Verdauung

Durch die Umkehrung des Körpers in Uttanasana wird die Durchblutung des Kopfes und des Oberkörpers gefördert. Diese Pose hilft, den Blutfluss zu den inneren Organen zu verbessern, was die Verdauung und die allgemeine Gesundheit unterstützt. Gleichzeitig wird der Kopfbereich besser durchblutet, was zu einer geistigen Klarheit und Entspannung führt.

5. Verbesserung der Flexibilität und Körperhaltung

Regelmäßiges Üben von Uttanasana verbessert die Flexibilität in den Beinen, der Hüfte und dem unteren Rücken. Diese Pose fördert auch eine gesunde Körperhaltung, da sie den Rücken streckt und die Wirbelsäule in eine natürliche Ausrichtung bringt.

1. Rundung des Rückens

Ein häufiger Fehler in Uttanasana ist es, den Rücken zu stark zu runden, anstatt die Vorwärtsbeuge aus der Hüfte zu machen. Achte darauf, die Bewegung aus der Hüfte zu initiieren und die Wirbelsäule so lang wie möglich zu halten, um den Rücken zu schützen.

2. Zu viel Druck auf die Knie

Manche Menschen neigen dazu, die Knie zu überstrecken oder zu viel Druck auf die Knie auszuüben, besonders wenn die Beine eng gestreckt sind. Um dies zu vermeiden, halte die Beine leicht gebeugt und achte darauf, dass du dich in der Haltung wohl fühlst, ohne Druck oder Schmerzen in den Knien zu spüren.

3. Flache Atmung

In Uttanasana kann es leicht passieren, dass der Atem flach wird, besonders wenn die Haltung intensiv wird. Es ist wichtig, tief und gleichmäßig zu atmen, um die Muskulatur zu entspannen und die Dehnung zu vertiefen. Achte darauf, dass dein Atem ruhig und gleichmäßig bleibt, während du in der Vorwärtsbeuge verweilst.

Emotionale und Spirituelle Bedeutung von Uttanasana

Uttanasana ist nicht nur eine kraftvolle körperliche Übung, sondern hat auch eine tiefgreifende emotionale und spirituelle Bedeutung. Diese Haltung fördert die Verbindung mit dem **Muladhara Chakra (Wurzelchakra)**, dem Zentrum für Sicherheit, Erdung und Stabilität.

Das Wurzelchakra ist eng mit unserem Überlebensinstinkt und unserer Fähigkeit verbunden, uns in der Welt sicher und stabil zu fühlen. Wenn dieses Chakra blockiert ist, können wir uns ängstlich, unsicher oder instabil fühlen. Uttanasana hilft, diese Blockaden zu lösen, indem sie den Körper erdet und den Energiefluss in den unteren Rücken und die Beine fördert.

Diese Haltung lädt uns auch dazu ein, loszulassen – alte Spannungen, Sorgen und negative Gedankenmuster – und Raum für neue Energie und Stabilität zu schaffen. Durch die Vorwärtsbeuge, die sowohl physische als auch emotionale Hingabe symbolisiert, lernen wir, uns auf das Wesentliche zu konzentrieren und uns mit unserem innersten Selbst zu verbinden.

Uttanasana (die Vorwärtsbeuge im Stehen) ist eine kraftvolle Yoga-Haltung, die den Körper dehnt, das Wurzelchakra harmonisiert und den Geist beruhigt. Diese Pose fördert nicht nur die Flexibilität in den Beinen und im Rücken, sondern hilft auch, emotionale Blockaden zu lösen und ein tieferes Gefühl von innerem Frieden und Sicherheit zu entwickeln.

Ob du Uttanasana als Teil deiner täglichen Yoga-Praxis oder als gezielte Übung zur Stärkung deines Wurzelchakras praktizierst – diese Pose wird dir helfen, körperliche und emotionale Spannungen loszulassen und ein tieferes Gefühl von innerer Ruhe und Ausgeglichenheit zu finden. Mit jeder tiefen Atmung in Uttanasana kannst du dich mit deinem Körper, deinem Geist und der Erde verbinden und innere Stabilität und Erdung erfahren.

Virabhadrasana (Kriegerhaltung)

Virabhadrasana, die **Krieger-Haltung**, ist eine kraftvolle Yoga-Übung, die Mut, Stärke und inneres Gleichgewicht fördert. Diese Pose gehört zu den stärksten stehenden Haltungen im Yoga und verbindet Körper, Geist und Atem auf intensive Weise. Virabhadrasana ist besonders effektiv, um das **Solarplexus-Chakra (Manipura Chakra)** zu aktivieren und zu harmonisieren. Das Solarplexus-Chakra ist das energetische Zentrum für Selbstbewusstsein, innere Stärke und Entschlossenheit. Durch das Üben der Krieger-Haltung kannst du nicht nur körperliche Kraft aufbauen, sondern auch dein Selbstbewusstsein und deinen inneren Mut stärken.

In dieser ausführlichen Beschreibung werde ich dir Schritt für Schritt erklären, wie du Virabhadrasana sicher und korrekt ausführst. Du wirst die vielen körperlichen und emotionalen Vorteile dieser Pose entdecken und erfahren, wie sie auf energetischer Ebene das Solarplexus-Chakra aktiviert und harmonisiert. Zudem werde ich auf Varianten und Anpassungen eingehen, um die Pose für alle zugänglich zu machen.

Bedeutung von Virabhadrasana (Der Krieger)

Der Name **Virabhadrasana** leitet sich von den Sanskrit-Wörtern „Virabhadra" (ein mächtiger Krieger in der hinduistischen Mythologie) und „Asana" (Haltung) ab. Virabhadra war ein starker und mutiger Krieger, der von Shiva erschaffen wurde. Diese Pose symbolisiert Mut, Entschlossenheit und innere Stärke. Der Krieger ist bereit, Herausforderungen zu meistern und Hindernisse mit Zuversicht zu überwinden.

Virabhadrasana I ist besonders kraftvoll, um das **Manipura Chakra (Solarplexus-Chakra)** zu aktivieren. Dieses Chakra befindet sich im Bereich des oberen Bauchs, etwa oberhalb des Nabels. Es steht für Selbstvertrauen, Willenskraft und die Fähigkeit, das eigene Leben aktiv zu gestalten. Ein ausgeglichenes Solarplexus-Chakra fördert ein starkes Gefühl der Selbstachtung und des inneren Feuers, um Ziele mit Entschlossenheit zu verfolgen.

Schritt-für-Schritt-Anleitung: So führst du Virabhadrasana (den Krieger) korrekt aus

1. Vorbereitung: Stehe aufrecht in Tadasana (Berghaltung)

Beginne in der **Tadasana (Berghaltung)**. Stehe aufrecht mit den Füßen zusammen oder hüftbreit auseinander, und deine Arme hängen entspannt an den Seiten deines Körpers. Achte darauf, dass dein Gewicht gleichmäßig auf beide Füße verteilt ist, und ziehe deine Wirbelsäule lang nach oben. Dein Blick ist geradeaus gerichtet, und deine Schultern sind entspannt.

Nimm ein paar tiefe Atemzüge und konzentriere dich auf deinen Atem. Spüre, wie du mit jedem Atemzug mehr Stabilität und Ruhe in deinem Körper findest. Bereite dich darauf vor, dich in die kraftvolle Haltung des Kriegers zu begeben.

2. Setze einen Fuß zurück

Mit einer tiefen Ausatmung machst du mit einem Fuß einen großen Schritt zurück. Die Füße stehen etwa hüftbreit auseinander, und das hintere Bein ist gestreckt. Achte darauf, dass dein hinterer Fuß leicht nach außen gedreht ist, sodass die Ferse fest auf dem Boden bleibt. Dein vorderes Knie ist gebeugt und steht direkt über dem Fuß, um das Knie zu schützen.

Dein Körper bleibt nach vorne ausgerichtet, während du deine Hüften leicht drehst, sodass sie zum vorderen Bein zeigen. Dies sorgt für eine stabile Ausrichtung in der Haltung.

3. Hebe die Arme nach oben

Mit einer tiefen Einatmung hebst du beide Arme über den Kopf. Deine Handflächen zeigen zueinander, und die Arme sind gestreckt, aber die Schultern bleiben entspannt. Diese Bewegung verlängert die Wirbelsäule und öffnet den Brustkorb, während du gleichzeitig Stabilität und Kraft in deinem Oberkörper aufbaust.

Achte darauf, dass du nicht im unteren Rücken einsackst. Ziehe dein Steißbein leicht nach unten, um den unteren Rücken zu schützen und die Bauchmuskulatur zu aktivieren.

4. Beuge das vordere Knie und halte die Hüften stabil

Dein vorderes Knie bleibt gebeugt und steht über dem Fuß. Dein hinteres Bein ist fest und stark, und die Ferse drückt in den Boden. Achte darauf, dass dein vorderes Knie nicht nach innen oder außen fällt, sondern gerade nach vorne zeigt. Deine Hüften sind weiterhin nach vorne ausgerichtet, und du spürst eine leichte Dehnung in der Hüfte und im Oberschenkel des hinteren Beins.

Diese Position erfordert Kraft in den Beinen und Stabilität in der Hüfte. Sie hilft, die Verbindung zwischen den unteren und oberen Körperteilen zu stärken und fördert gleichzeitig das Gleichgewicht.

5. Halte die Position und atme tief

Bleibe für fünf bis zehn tiefe Atemzüge in Virabhadrasana I. Achte darauf, dass deine Atmung ruhig und gleichmäßig bleibt. Mit jeder Einatmung verlängerst du die Wirbelsäule und hebst den Brustkorb, und mit jeder Ausatmung lässt du deinen Körper tiefer in die Haltung sinken.

Die tiefe Atmung hilft, den Körper zu stabilisieren und den Geist zu beruhigen. Konzentriere dich darauf, deinen Atem fließen zu lassen, während du in dieser kraftvollen Pose verweilst. Spüre, wie du in deinem Körper eine tiefe innere Stärke aufbaust.

6. Langsam die Haltung verlassen

Um sicher aus Virabhadrasana herauszukommen, bringst du mit einer tiefen Ausatmung die Arme wieder an die Seiten deines Körpers und richtest dein vorderes Bein auf. Mache dann einen Schritt nach vorne, um in die Berghaltung (Tadasana) zurückzukehren. Spüre nach, wie sich dein Körper nach dieser intensiven Haltung anfühlt, und genieße das Gefühl der Stabilität und Erdung, das der Krieger dir vermittelt.

Varianten und Anpassungen von Virabhadrasana

1. Virabhadrasana mit Unterstützung eines Stuhls

Wenn du Schwierigkeiten hast, das Gleichgewicht zu halten oder deine Beine in dieser Haltung zu stabilisieren, kannst du Virabhadrasana mit einem Stuhl üben. Stelle einen Stuhl vor dir auf und halte dich leicht an der Rückenlehne fest, während du die Haltung ausführst. Dies gibt dir zusätzliche Stabilität und ermöglicht es dir, die Pose länger zu halten.

2. Virabhadrasana mit Unterstützung der Wand

Für Anfänger oder Menschen mit eingeschränkter Flexibilität ist es möglich, Virabhadrasana an der Wand zu üben. Stelle dich mit dem Rücken zur Wand und mache die gleichen Bewegungen wie oben beschrieben. Die Wand hilft, das Gleichgewicht zu halten und die richtige Ausrichtung zu finden.

3. Virabhadrasana mit erhobenen Armen

Wenn das Heben der Arme über den Kopf unangenehm ist, kannst du deine Hände auf den Hüften ruhen lassen oder sie in Gebetshaltung vor dem Brustkorb halten. Diese Variante entlastet die Schultern und ermöglicht es dir, die Haltung länger zu halten, während du gleichzeitig die Kraft in den Beinen und im Rumpf aufbaust.

Vorteile von Virabhadrasana

1. Stärkung der Beine und des Rumpfes

Virabhadrasana kräftigt die Beinmuskulatur, insbesondere die Oberschenkel und Waden. Diese Pose fördert die Stabilität in den Beinen und hilft, die Muskeln im Rumpf und unteren Rücken zu stärken. Durch das bewusste Halten der Hüften und des Rumpfes baust du eine starke Körpermitte auf, die dich in vielen anderen Yoga-Posen unterstützt.

2. Aktivierung des Solarplexus-Chakras

Der Krieger aktiviert und harmonisiert das Manipura Chakra (Solarplexus-Chakra), das Zentrum für Selbstbewusstsein und Willenskraft. Diese Pose fördert das Gefühl von innerer Stärke und Mut, indem sie dich dazu einlädt, dich fest in deinem Körper zu verwurzeln und Hindernisse mit Zuversicht zu überwinden.

3. Verbesserung des Gleichgewichts und der Ausrichtung

Virabhadrasana fördert das Gleichgewicht und die Stabilität im Körper. Durch die bewusste Ausrichtung der Hüften, Beine und Wirbelsäule lernst du, die richtige Körperhaltung zu finden und zu halten. Diese Pose verbessert auch das Körperbewusstsein und hilft, die Koordination zu fördern.

4. Öffnung des Brustkorbs und Verbesserung der Atmung

Durch das Heben der Arme und die Öffnung des Brustkorbs fördert Virabhadrasana eine tiefere und bewusstere Atmung. Diese Pose verbessert die Sauerstoffaufnahme, was die Lungenkapazität stärkt und den Geist beruhigt. Die tiefe Atmung hilft, Stress abzubauen und den Geist zu klären.

5. Förderung von Mut und Entschlossenheit

Der Krieger symbolisiert Mut und Entschlossenheit. Wenn du diese kraftvolle Pose hältst, entwickelst du nicht nur körperliche Stärke, sondern auch geistige Stärke. Diese Pose lädt dich ein, dich deinen Ängsten und Unsicherheiten zu stellen und sie mit innerer Entschlossenheit zu überwinden.

1. Überstrecken des vorderen Knies

Ein häufiger Fehler in Virabhadrasana ist es, das vordere Knie zu überstrecken oder zu stark nach innen oder außen fallen zu lassen. Achte darauf, dass dein Knie immer direkt über deinem Fuß steht und dass du die Beugung kontrollierst. Dies schützt das Knie und hilft, die Ausrichtung in den Beinen zu stabilisieren.

2. Fehlende Hüftausrichtung

Manchmal neigen Menschen dazu, die Hüften schief zu halten oder zu sehr zur Seite zu drehen. Achte darauf, dass deine Hüften nach vorne ausgerichtet bleiben und du die Balance zwischen beiden Beinen gleichmäßig verteilst.

3. Verkrampfte Schultern

In Virabhadrasana I ist es wichtig, die Schultern entspannt zu halten, auch wenn die Arme über den Kopf gehoben sind. Vermeide es, die Schultern zu den Ohren zu ziehen. Lasse sie stattdessen nach unten sinken, um den Nacken zu entlasten und die Haltung länger halten zu können.

Emotionale und Spirituelle Bedeutung von Virabhadrasana

Virabhadrasana ist nicht nur eine kraftvolle körperliche Übung, sondern hat auch eine tiefe emotionale und spirituelle Bedeutung. Durch das bewusste Halten der starken Haltung wird das **Manipura Chakra (Solarplexus-Chakra)** aktiviert, das Zentrum für Selbstbewusstsein, Willenskraft und innere Stärke.

Das Solarplexus-Chakra ist der Ort, an dem wir unsere persönliche Kraft und unser Selbstvertrauen entwickeln. Wenn dieses Chakra blockiert ist, können wir uns unsicher, ängstlich oder unmotiviert fühlen. Virabhadrasana hilft, diese Blockaden zu lösen und den Energiefluss im Solarplexus zu harmonisieren, was zu einem gestärkten Selbstwertgefühl und einem tieferen Gefühl von innerer Entschlossenheit führt.

Auf einer emotionalen Ebene fördert Virabhadrasana Mut, Stabilität und Entschlossenheit. Diese Pose lädt dich ein, dich deinen Herausforderungen zu stellen und deine innere Kriegerkraft zu aktivieren. Sie fördert das Vertrauen in deine eigenen Fähigkeiten und hilft dir, Hindernisse mit Mut und Zuversicht zu überwinden.

Virabhadrasana (der Krieger) ist eine kraftvolle Yoga-Haltung, die den Körper stärkt, das Solarplexus-Chakra harmonisiert und den Geist klärt. Diese Pose fördert nicht nur die Flexibilität und Kraft in den Beinen und im Rumpf, sondern hilft auch, emotionale Blockaden zu lösen und ein tieferes Gefühl von Selbstbewusstsein und innerer Stärke zu entwickeln.

Ob du Virabhadrasana als Teil deiner täglichen Yoga-Praxis oder als gezielte Übung zur Stärkung deines Solarplexus-Chakras praktizierst – diese Pose wird dir helfen, körperliche und emotionale Spannungen loszulassen und ein tieferes Gefühl von Mut, Selbstbewusstsein und innerer Ausgeglichenheit zu finden. Mit jeder tiefen Atmung in Virabhadrasana kannst du dich mit deinem inneren Krieger verbinden und die Kraft entwickeln, dein Leben mit Zuversicht und Entschlossenheit zu meistern.

Vrksasana (Baumhaltung)

Vrksasana, die **Baumhaltung**, ist eine der bekanntesten Yoga-Haltungen und symbolisiert sowohl körperliche als auch emotionale Balance. Diese Asana fördert Stabilität, Standfestigkeit und innere Ruhe. Sie ist besonders kraftvoll, um das **Wurzelchakra (Muladhara Chakra)** zu aktivieren und zu harmonisieren. Das Wurzelchakra ist das Zentrum für Erdung, Sicherheit und Stabilität. Durch das Üben der Baumhaltung lernst du, dich mit der Erde zu verbinden und ein tiefes Gefühl von Stabilität in deinem Leben zu entwickeln.

In dieser detaillierten Beschreibung werde ich dir Schritt für Schritt erklären, wie du Vrksasana sicher und korrekt ausführst. Du wirst die körperlichen und emotionalen Vorteile dieser Pose entdecken und erfahren, wie sie auf energetischer Ebene das Wurzelchakra aktiviert und harmonisiert. Zudem werde ich auf Varianten und Anpassungen eingehen, um die Pose für alle zugänglich zu machen.

Bedeutung von Vrksasana (Der Baum)

Der Name **Vrksasana** leitet sich von den Sanskrit-Wörtern „Vrksa" (Baum) und „Asana" (Haltung) ab. In dieser Pose stellst du dir vor, dass du wie ein Baum tief verwurzelt in der Erde stehst und deine Zweige (Arme) sich zum Himmel strecken. Diese Haltung symbolisiert Stärke, Flexibilität und inneres Gleichgewicht. Wie ein Baum, der fest im Boden verwurzelt ist und dennoch flexibel im Wind schwingt, lehrt uns Vrksasana, Stabilität und Anpassungsfähigkeit im Leben zu kultivieren.

Vrksasana ist eng mit dem **Muladhara Chakra (Wurzelchakra)** verbunden, das sich an der Basis der Wirbelsäule befindet. Das Wurzelchakra ist das energetische Zentrum für Sicherheit, Erdung und Überleben. Wenn dieses Chakra ausgeglichen ist, fühlen wir uns sicher, stabil und fest in der Welt verwurzelt. Diese Pose hilft, das Wurzelchakra zu harmonisieren, indem sie uns lehrt, im Körper und im Geist Stabilität und Erdung zu finden.

Schritt-für-Schritt-Anleitung: So führst du Vrksasana (die Baumhaltung) korrekt aus

1. Vorbereitung: Stehe in Tadasana (Berghaltung)

Beginne in der **Tadasana (Berghaltung)**, mit den Füßen zusammen oder hüftbreit auseinander. Deine Arme hängen entspannt an den Seiten deines Körpers, und dein Gewicht ist gleichmäßig auf beide Füße verteilt. Deine Wirbelsäule ist lang, dein Blick ist geradeaus gerichtet, und deine Schultern sind entspannt.

Nimm ein paar tiefe Atemzüge und konzentriere dich auf deinen Atem. Spüre, wie sich dein Körper stabil und ruhig anfühlt, während du in dieser aufrechten Position stehst. Diese bewusste Vorbereitung hilft, den Geist zu beruhigen und dich auf die Balance vorzubereiten, die du für Vrksasana benötigst.

2. Verlagere dein Gewicht auf ein Bein

Mit der nächsten Einatmung verlagerst du dein Gewicht sanft auf einen Fuß, zum Beispiel auf den rechten Fuß. Achte darauf, dass dein Standbein fest und stark ist, und ziehe die Kniescheibe leicht nach oben, um das Bein zu stabilisieren. Dein Fuß sollte fest in den Boden drücken, als ob du Wurzeln in die Erde schlägst.

Dein Körper bleibt aufrecht, während du das Gewicht auf das Standbein verlagerst. Diese bewusste Verlagerung des Gewichts fördert die Stabilität und hilft, das Gleichgewicht zu finden.

3. Bringe den Fuß des anderen Beins an das Standbein

Hebe nun den Fuß deines anderen Beins (in diesem Fall das linke Bein) langsam an und platziere ihn entweder am Knöchel, an der Wade oder an der Innenseite des Oberschenkels deines Standbeins. Achte darauf, dass du den Fuß nicht direkt auf das Kniegelenk legst, um Druck auf das Knie zu vermeiden. Wähle eine Position, die sich für dich stabil und angenehm anfühlt.

Sobald du den Fuß platziert hast, presse ihn leicht gegen dein Standbein, um Stabilität zu fördern. Dein Standbein bleibt fest, während du dich darauf konzentrierst, die Balance zu halten.

4. Hebe die Arme nach oben

Mit einer tiefen Einatmung hebst du beide Arme über den Kopf. Deine Handflächen zeigen zueinander, und die Arme sind gestreckt, aber die Schultern bleiben entspannt. Achte darauf, dass du die Schultern nicht anspannst, sondern sie sanft nach unten sinken lässt, während du deine Arme in die Höhe streckst.

Stelle dir vor, dass deine Arme die Äste eines Baumes sind, die sich in den Himmel strecken. Diese Bewegung hilft, die Wirbelsäule zu verlängern und das Gefühl der Erdung im Unterkörper mit der Weite im Oberkörper zu verbinden.

5. Halte die Position und atme tief

Bleibe in Vrksasana für fünf bis zehn tiefe Atemzüge. Achte darauf, dass deine Atmung ruhig und gleichmäßig bleibt. Mit jeder Einatmung verlängerst du die Wirbelsäule, und mit jeder Ausatmung fühlst du dich tiefer verwurzelt in den Boden. Spüre, wie dein Standbein fest im Boden verankert ist, während dein Oberkörper leicht und frei bleibt. Die tiefe Atmung hilft, den Geist zu beruhigen und das Gleichgewicht im Körper zu fördern. Konzentriere dich darauf, deinen Atem fließen zu lassen und dich fest mit der Erde verbunden zu fühlen.

6. Langsam die Haltung verlassen

Um sicher aus Vrksasana herauszukommen, bringst du mit einer Ausatmung die Arme langsam zurück an die Seiten deines Körpers. Lasse dann den Fuß des gehobenen Beins sanft auf den Boden zurückkehren und stehe wieder in der Berghaltung (Tadasana). Wechsle anschließend die Seite und wiederhole die Übung mit dem anderen Bein. Achte darauf, dass du auch hier das Gewicht gleichmäßig verlagerst und die Balance bewahrst.

Varianten und Anpassungen von Vrksasana

1. Vrksasana mit Unterstützung der Wand

Wenn du Schwierigkeiten hast, das Gleichgewicht zu halten, kannst du Vrksasana an einer Wand üben. Stelle dich mit einer Hand leicht an die Wand und benutze sie zur Stabilisierung, während du die Haltung übst. Dies gibt dir zusätzlichen Halt und hilft dir, die Balance zu finden, während du die Position länger hältst.

2. Vrksasana mit gebeugtem Standbein

Wenn du Probleme hast, das Standbein gestreckt zu halten, kannst du das Knie leicht beugen. Diese Variante reduziert die Belastung und hilft dir, die Haltung sicher und bequem zu halten. Achte darauf, dass du in der Haltung stabil bleibst und das Gleichgewicht findest.

3. Vrksasana mit Händen in Gebetshaltung

Wenn das Heben der Arme über den Kopf unangenehm ist, kannst du die Hände in Gebetshaltung vor dem Brustkorb halten. Diese Variante entlastet die Schultern und ermöglicht es dir, die Haltung länger zu halten, während du dich auf die Erdung konzentrierst.

Vorteile von Vrksasana

1. Verbesserung des Gleichgewichts und der Stabilität

Vrksasana ist eine ausgezeichnete Pose, um das Gleichgewicht und die Stabilität im Körper zu fördern. Durch die bewusste Ausrichtung des Standbeins und die Konzentration auf die Erdung lernst du, das Gleichgewicht im Körper zu halten und dich fest und sicher zu fühlen.

2. Aktivierung des Wurzelchakras

Die Baumhaltung aktiviert und harmonisiert das Muladhara Chakra (Wurzelchakra), das Zentrum für Sicherheit, Erdung und Stabilität. Diese Pose hilft, das Gefühl der Verwurzelung zu fördern, indem sie dir beibringt, dich fest in deinem Körper und der Erde zu verankern.

3. Stärkung der Beine und des Rumpfes

Vrksasana kräftigt die Beinmuskulatur, insbesondere die Oberschenkel, Waden und Knöchel. Diese Pose stärkt auch die Muskeln im Rumpf und im unteren Rücken, da sie Stabilität und Ausrichtung im gesamten Körper fördert. Durch das Halten der Balance in Vrksasana wird die gesamte Muskulatur des Körpers aktiviert.

4. Beruhigung des Geistes und Förderung der Konzentration

Vrksasana erfordert ein hohes Maß an Konzentration, um das Gleichgewicht zu halten. Diese Pose hilft, den Geist zu beruhigen und den Fokus auf den gegenwärtigen Moment zu lenken. Durch die tiefe Atmung und die bewusste Ausrichtung fördert Vrksasana geistige Klarheit und innere Ruhe.

5. Förderung der Flexibilität in den Hüften

Die Baumhaltung fördert die Öffnung der Hüften, besonders wenn du das gehobene Bein an der Innenseite des Oberschenkels platzierst. Diese Pose hilft, die Hüften zu dehnen und die Flexibilität im Beckenbereich zu verbessern.

Häufige Fehler und wie man sie vermeidet

1. Fehlende Hüftausrichtung

Ein häufiger Fehler in Vrksasana ist es, das Becken zu stark nach außen zu kippen oder das Standbein nicht stabil zu halten. Achte darauf, dass dein Becken neutral bleibt und die Hüften in einer Linie sind. Dies hilft, die Balance zu halten und die Stabilität in der Haltung zu fördern.

2. Verkrampfte Schultern

In Vrksasana ist es wichtig, die Schultern entspannt zu halten, auch wenn die Arme über den Kopf gehoben sind. Vermeide es, die Schultern zu den Ohren zu ziehen. Lasse sie stattdessen nach unten sinken, um den Nacken zu entlasten und die Haltung länger halten zu können.

3. Fehlende Erdung im Standbein

Manchmal neigen Menschen dazu, das Standbein nicht fest genug zu verankern, was das Gleichgewicht beeinträchtigt. Achte darauf, dass dein Fuß fest auf dem Boden steht und du das Gefühl hast, als ob du Wurzeln in die Erde schlägst. Dies fördert die Stabilität und hilft, die Haltung sicher zu halten.

Emotionale und Spirituelle Bedeutung von Vrksasana

Vrksasana ist nicht nur eine kraftvolle körperliche Übung, sondern hat auch eine tiefgreifende emotionale und spirituelle Bedeutung. Durch das bewusste Halten der stabilen Haltung wird das **Muladhara Chakra (Wurzelchakra)** aktiviert, das Zentrum für Erdung und Stabilität.

Das Wurzelchakra ist eng mit unserem Überlebensinstinkt und unserer Fähigkeit verbunden, uns sicher und stabil in der Welt zu fühlen. Wenn dieses Chakra blockiert ist, können wir uns ängstlich, unsicher oder instabil fühlen. Vrksasana hilft, diese Blockaden zu lösen und den Energiefluss im Wurzelchakra zu harmonisieren, was zu einem tiefen Gefühl von Sicherheit und Erdung führt.

Auf einer emotionalen Ebene fördert Vrksasana das Vertrauen in die eigene innere Stärke und Stabilität. Diese Pose lädt dich ein, dich mit der Erde zu verbinden und ein Gefühl von Ruhe und Ausgeglichenheit in deinem Leben zu kultivieren. Sie erinnert uns daran, dass wir, wie ein Baum, tief verwurzelt in der Erde stehen können, selbst wenn der Wind weht.

Vrksasana (die Baumhaltung) ist eine kraftvolle Yoga-Haltung, die den Körper stärkt, das Wurzelchakra harmonisiert und den Geist beruhigt. Diese Pose fördert nicht nur die Flexibilität und Kraft in den Beinen, sondern hilft auch, emotionale Blockaden zu lösen und ein tieferes Gefühl von innerem Frieden und Stabilität zu entwickeln.

Ob du Vrksasana als Teil deiner täglichen Yoga-Praxis oder als gezielte Übung zur Stärkung deines Wurzelchakras praktizierst – diese Pose wird dir helfen, körperliche und emotionale Spannungen loszulassen und ein tieferes Gefühl von Erdung und innerer Ausgeglichenheit zu finden. Mit jeder tiefen Atmung in Vrksasana kannst du dich mit deinem Körper, deinem Geist und der Erde verbinden und innere Stabilität und Ruhe erfahren.

Die Kraft der Steine für innere Balance und Heilung

In unserer hektischen und oft stressigen Welt sehnen wir uns immer wieder nach Harmonie, innerem Frieden und einem tieferen Verständnis für uns selbst. Manchmal spüren wir jedoch, dass etwas in uns blockiert ist, dass unsere Energie nicht frei fließt und wir uns emotional oder körperlich aus dem Gleichgewicht fühlen. Eine alte Weisheit, die über Jahrhunderte in verschiedenen spirituellen Traditionen gewachsen ist, zeigt uns einen Weg zu diesem inneren Gleichgewicht: die Arbeit mit **Chakren** und **Edelsteinen**.

Chakren sind energetische Zentren in unserem Körper, die in vielen östlichen Philosophien, insbesondere im Yoga und Tantra, beschrieben werden. Sie sind wie Drehpunkte, durch die unsere Lebensenergie – oft als **Prana** oder **Chi** bezeichnet – fließt. Es gibt sieben Hauptchakren, die entlang der Wirbelsäule angeordnet sind und jeweils für unterschiedliche Aspekte unseres physischen, emotionalen und spirituellen Wohlbefindens verantwortlich sind. Diese Energiezentren können jedoch durch Stress, negative Emotionen oder körperliche Verspannungen blockiert werden, was zu einem Gefühl der inneren Disharmonie führt.

Hier kommen **Edelsteine** ins Spiel. Seit Tausenden von Jahren glauben Menschen auf der ganzen Welt an die heilende und energetische Kraft von Edelsteinen und Kristallen. Jeder Stein hat eine einzigartige Schwingung und Energie, die auf bestimmte Chakren und damit auf bestimmte Bereiche unseres Lebens und unseres Körpers wirkt. Die Idee dahinter ist, dass der Stein uns dabei unterstützen kann, die Energie in einem bestimmten Chakra auszugleichen oder Blockaden zu lösen. Edelsteine wirken wie Katalysatoren, die uns helfen, unsere innere Balance wiederzufinden, indem sie uns dabei unterstützen, das jeweilige Chakra zu aktivieren und zu harmonisieren.

Doch was genau sind die Chakren, und wie können uns Edelsteine dabei helfen, ihre Energie zu balancieren?

Die sieben Hauptchakren befinden sich entlang der Wirbelsäule, beginnend am unteren Ende bis zum Scheitel des Kopfes. Jedes Chakra hat eine spezifische Farbe, einen zugehörigen Lebensbereich und ist mit bestimmten physischen, emotionalen und spirituellen Themen verbunden. Wenn die Energie in einem dieser Chakren blockiert oder aus dem Gleichgewicht geraten ist, kann dies zu emotionalen oder körperlichen Herausforderungen führen.

- **Das Wurzelchakra (Muladhara Chakra)** befindet sich an der Basis der Wirbelsäule und ist mit den Themen Sicherheit, Stabilität und Erdung verbunden. Es steht in enger Verbindung mit dem Überleben und der Fähigkeit, sich in der physischen Welt sicher und geborgen zu fühlen. Ein blockiertes Wurzelchakra kann Gefühle der Angst, Unsicherheit oder Entfremdung hervorrufen.

- **Das Sakralchakra (Svadhisthana Chakra)** liegt knapp unterhalb des Bauchnabels und ist das Zentrum für Kreativität, Sexualität und emotionale Balance. Wenn dieses Chakra blockiert ist, kann es zu Herausforderungen in Beziehungen oder im kreativen Ausdruck kommen.

- **Das Solarplexuschakra (Manipura Chakra)** befindet sich in der Magengegend und ist mit persönlicher Macht, Selbstbewusstsein und Willenskraft verbunden. Ein Ungleichgewicht in diesem Chakra kann zu geringem Selbstwertgefühl oder Schwierigkeiten bei der Entscheidungsfindung führen.

- **Das Herzchakra (Anahata Chakra)** liegt in der Mitte der Brust und repräsentiert Liebe, Mitgefühl und emotionale Heilung. Wenn dieses Chakra blockiert ist, kann es schwer sein, Liebe zu empfangen oder zu geben, und man kann sich emotional verschlossen fühlen.

- **Das Halschakra (Vishuddha Chakra)** befindet sich im Bereich des Halses und ist das Zentrum für Kommunikation und Selbstausdruck. Ein blockiertes Halschakra kann zu Kommunikationsschwierigkeiten oder dem Gefühl führen, dass man seine Wahrheit nicht aussprechen kann.

- **Das Stirnchakra (Ajna Chakra)**, auch als „Drittes Auge" bekannt, liegt in der Mitte der Stirn und ist mit Intuition und innerer Weisheit verbunden. Ein blockiertes Stirnchakra kann dazu führen, dass man Schwierigkeiten hat, klare Entscheidungen zu treffen oder seiner inneren Führung zu vertrauen.

- **Das Kronenchakra (Sahasrara Chakra)** befindet sich am Scheitel des Kopfes und repräsentiert spirituelles Bewusstsein und die Verbindung zum Universellen. Wenn dieses Chakra blockiert ist, kann man sich von der spirituellen Welt oder seinem höheren Selbst abgeschnitten fühlen.

Edelsteine als Schlüssel zur Balance der Chakren

Jeder dieser sieben Hauptchakren kann durch bestimmte **Edelsteine und Kristalle** angesprochen und harmonisiert werden. Die Steine wirken durch ihre energetischen Schwingungen auf das jeweilige Chakra und unterstützen es dabei, Blockaden zu lösen und die Energie wieder in den Fluss zu bringen. So wird zum Beispiel der **Rote Jaspis** dem Wurzelchakra zugeordnet, da er eine stark erdende Energie hat und uns hilft, uns sicher und stabil in der Welt zu fühlen. Der **Karneol**, der dem Sakralchakra zugeordnet ist, fördert Kreativität und emotionale Balance, während der **Citrin** im Solarplexuschakra die persönliche Stärke und Willenskraft unterstützt. Diese Steine können auf vielfältige Weise verwendet werden: Man kann sie bei sich tragen, auf die entsprechenden Chakren auflegen, während der Meditation mit ihnen arbeiten oder sie einfach in den eigenen Lebensraum integrieren, um von ihrer Energie zu profitieren.

Die Heilung durch Edelsteine und Chakren

Das Arbeiten mit Edelsteinen und Chakren ist eine sanfte, aber kraftvolle Möglichkeit, die eigene Energie zu harmonisieren und sich wieder im Gleichgewicht zu fühlen. Diese Praxis lädt uns ein, achtsam mit unseren Emotionen, Gedanken und unserem Körper umzugehen und bewusst daran zu arbeiten, Blockaden zu lösen und uns energetisch zu reinigen. Die Steine dienen dabei als liebevolle Unterstützung auf unserem Weg zu mehr innerem Frieden, Klarheit und Harmonie.

Indem wir uns mit den Energien der Edelsteine und Chakren verbinden, lernen wir nicht nur mehr über uns selbst, sondern auch über die tiefe Verbindung zwischen Körper, Geist und Seele. Es ist ein Weg, der uns daran erinnert, dass wir stets die Möglichkeit haben, unser eigenes Gleichgewicht wiederherzustellen – sei es durch die Kraft der Steine, die Weisheit der Chakren oder die Hingabe an die Heilung unserer eigenen inneren Welt. Mit einem offenen Herzen und einem neugierigen Geist kannst auch du die wunderbare Welt der Edelsteine und Chakren erkunden und die tiefe, heilende Kraft entdecken, die in ihnen liegt. Es ist eine Reise zu dir selbst, die dich ermutigt, dein inneres Licht zum Leuchten zu bringen und die Balance in deinem Leben zu finden.

Der Rote Jaspis: Ein Stein für Erdung, Vitalität und innere Stärke

In der Welt der Edelsteine gibt es wenige, die so kraftvoll und lebendig sind wie der **Rote Jaspis**. Mit seiner intensiven roten Farbe und seinen tiefgreifenden energetischen Eigenschaften wird er seit Jahrhunderten als Symbol für Erdung, Vitalität und Lebensfreude geschätzt. Der Rote Jaspis ist mehr als nur ein schöner Stein – er ist ein kraftvolles Werkzeug für diejenigen, die ihre innere Stärke finden, ihre Energie steigern und das Gefühl der Erdung in ihrem Leben fest verankern möchten.

Die Farbe des Roten Jaspis: Symbol für Lebensenergie

Der **Rote Jaspis** strahlt in einem kräftigen, intensiven Rot, das sofort Aufmerksamkeit erregt. Diese Farbe steht für Energie, Leidenschaft und Lebensfreude. In vielen Kulturen wird die Farbe Rot mit Lebenskraft und Vitalität in Verbindung gebracht, und der Rote Jaspis verkörpert diese Qualitäten auf perfekte Weise. Wenn du den Stein ansiehst oder in den Händen hältst, kannst du fast spüren, wie er eine warme, kraftvolle Energie ausstrahlt, die den Körper und den Geist gleichermaßen belebt.

Die rote Farbe des Steins ist auch eng mit dem **Wurzelchakra (Muladhara)** verbunden, dem energetischen Zentrum, das sich an der Basis der Wirbelsäule befindet. Dieses Chakra ist das Fundament unserer Existenz und steht für Sicherheit, Stabilität und Erdung. Wenn das Wurzelchakra ausgeglichen ist, fühlen wir uns sicher, geerdet und in der Lage, den Herausforderungen des Lebens mit innerer Stärke zu begegnen.

Der Rote Jaspis wird oft als „Stein der Ausdauer" bezeichnet, weil er uns hilft, unsere Energie zu bündeln und durchzuhalten, selbst wenn wir uns erschöpft oder entmutigt fühlen. Seine energetischen Eigenschaften fördern die **Ausdauer** und die **Lebenskraft**, was besonders in Zeiten von Stress oder Erschöpfung hilfreich sein kann.

Er unterstützt uns auch dabei, unser Selbstbewusstsein zu stärken und unsere persönliche Kraft zu finden. Wenn du dich manchmal unsicher fühlst oder das Vertrauen in deine Fähigkeiten verloren hast, kann der Rote Jaspis dir helfen, diese innere Stärke wiederzufinden. Er wirkt beruhigend und erdend, während er gleichzeitig Mut und Zuversicht vermittelt. In schwierigen Zeiten erinnert er dich daran, dass du tief in dir die Kraft hast, alles zu bewältigen, was auf dich zukommt.

Ein weiteres wesentliches Merkmal des Roten Jaspis ist seine Fähigkeit, **Vitalität** und **Lebensfreude** zu fördern. Oft fühlen wir uns von der Hektik des Alltags erschöpft und verlieren das Gefühl der Freude und Lebendigkeit. Der Rote Jaspis kann uns helfen, dieses Gefühl zurückzubringen, indem er die Lebensenergie aktiviert und uns ermutigt, aktiv und voller Enthusiasmus zu sein. Es ist ein Stein, der dir helfen kann, die Freude am Leben wiederzuentdecken und dich voller Energie und Tatkraft zu fühlen.

Der Rote Jaspis ist vielseitig einsetzbar und kann auf verschiedene Weisen in deinen Alltag integriert werden. Eine der effektivsten Methoden, diesen Stein zu nutzen, ist die **Meditation**. Wenn du dich geerdeter und stabiler fühlen möchtest, kannst du den Roten

Jaspis in deine Meditationspraxis einbeziehen. Lege den Stein während der Meditation in deine Hände oder direkt auf das Wurzelchakra (unteres Ende der Wirbelsäule). Schließe deine Augen, atme tief ein und konzentriere dich auf die kraftvolle Energie, die der Stein ausstrahlt. Spüre, wie der Rote Jaspis dir hilft, tief in den Boden zu „wurzeln" und dir ein starkes Gefühl der Stabilität und Erdung vermittelt.

Wenn du keine Zeit für eine ausführliche Meditationspraxis hast, kannst du den Roten Jaspis auch ganz einfach als **Schmuckstück** tragen. Da der Stein direkt auf der Haut getragen werden kann, bist du ständig in Kontakt mit seiner energetischen Kraft. Besonders Halsketten, Armbänder oder Anhänger aus Rotem Jaspis sind eine wunderbare Möglichkeit, seine erdende Energie den ganzen Tag über bei sich zu haben. Jedes Mal, wenn du den Stein auf deiner Haut spürst, wirst du daran erinnert, dass du fest mit der Erde verbunden bist und die Kraft in dir trägst, alles zu bewältigen, was das Leben dir bietet.

Für diejenigen, die ihre Umgebung energetisch aufladen möchten, kann der Rote Jaspis auch als **Dekorationsstück** in deinem Zuhause oder deinem Arbeitsplatz platziert werden. Er hilft, die Atmosphäre zu erden und ein Gefühl von Sicherheit und Stabilität zu schaffen.

Wirkung des Roten Jaspis auf das Wurzelchakra

Wie bereits erwähnt, ist der Rote Jaspis eng mit dem **Wurzelchakra** verbunden. Das Wurzelchakra ist das erste der sieben Hauptchakren und bildet die Basis für alle anderen Chakren. Es ist das energetische Zentrum, das für unsere grundlegenden Bedürfnisse nach Sicherheit, Stabilität und Überleben zuständig ist. Wenn das Wurzelchakra blockiert ist oder nicht richtig funktioniert, kann dies zu Gefühlen der Angst, Unsicherheit oder Entwurzelung führen.

Der Rote Jaspis hat die erstaunliche Fähigkeit, **blockierte Energien im Wurzelchakra zu lösen**. Er wirkt wie ein energetischer Anker, der dir hilft, dich fest mit der Erde zu verbinden und dir ein tiefes Gefühl der Sicherheit zu geben. Wenn du dich oft ängstlich oder unsicher fühlst, kann der Rote Jaspis dir helfen, diese Ängste zu überwinden und das Vertrauen in dich selbst und die Welt um dich herum wiederherzustellen.

Ein ausgeglichenes Wurzelchakra ist auch entscheidend für die **Vitalität** und den Wunsch, aktiv zu sein. Wenn dieses Chakra blockiert ist, können wir uns lethargisch oder antriebslos fühlen. Der Rote Jaspis hilft, diese Blockaden zu lösen und die Energie wieder in den Fluss zu bringen. Du wirst bemerken, dass du dich vitaler, lebendiger und bereit fühlst, das Leben aktiv anzugehen.

Wie der Rote Jaspis dir helfen kann

In unserer heutigen Welt, in der Stress und Unsicherheit oft unseren Alltag bestimmen, kann der Rote Jaspis ein wertvoller Begleiter sein. Er hilft uns, uns zu erden und das Gefühl der Sicherheit und Stabilität in uns zu verankern. Er erinnert uns daran, dass wir in der Lage sind, alles zu bewältigen, was das Leben uns bietet, und dass wir tief in uns die Kraft haben, alle Herausforderungen zu meistern.

Wenn du dich oft unsicher, gestresst oder unruhig fühlst, kann der Rote Jaspis dir helfen, zu dir selbst zurückzufinden und die Kontrolle über deine Energie wiederzuerlangen. Er unterstützt dich dabei, mutig und selbstbewusst durch das Leben zu gehen und dich in deinem Körper und deiner Umgebung sicher zu fühlen.

Egal, ob du den Stein in der Meditation verwendest, als Schmuckstück trägst oder in deinem Zuhause platzierst, der Rote Jaspis wird dich immer daran erinnern, geerdet zu bleiben und deine innere Stärke zu kultivieren.

Der **Rote Jaspis** ist ein kraftvoller Begleiter auf dem Weg zu mehr Erdung, innerer Stärke und Vitalität. Seine intensive rote Farbe symbolisiert Lebenskraft und Ausdauer, während seine energetischen Eigenschaften das **Wurzelchakra** stärken und harmonisieren. Ob in der Meditation, als Schmuckstück oder als Dekorationsstück – der Rote Jaspis hilft dir, dich mit der Erde zu verbinden und dein inneres Gleichgewicht wiederzufinden. Indem du dich mit der Energie dieses Steins verbindest, wirst du tiefe Erdung, Sicherheit und ein neues Gefühl von Lebenskraft in deinem Leben erfahren.

Wenn du das Gefühl hast, dass du in deinem Leben mehr Stabilität und Erdung benötigst, ist der Rote Jaspis ein wertvolles Werkzeug, das dir helfen kann, diese Qualitäten zu stärken. Vertraue auf die Kraft dieses wundervollen Steins und erlebe, wie er dich unterstützt, dein wahres Potenzial zu entfalten.

Der **Hämatit**, ein Stein von metallisch grauer bis schwarzer Farbe, ist seit Jahrhunderten für seine erdende und schützende Wirkung bekannt. Mit seinem starken Bezug zum **Wurzelchakra** und seiner Fähigkeit, negative Energien abzuwehren, wird er oft als ein unverzichtbarer Begleiter für Menschen angesehen, die auf der Suche nach Stabilität, Sicherheit und emotionaler Klarheit sind. Hämatit trägt eine beruhigende Energie in sich, die den Geist klärt, Stress reduziert und uns hilft, den Fokus auf das Wesentliche zu richten.

In diesem Text werden wir den Hämatit genauer betrachten – von seiner einzigartigen Farbe bis zu seinen vielfältigen Anwendungsmöglichkeiten, seiner Rolle als Schutzstein und seiner kraftvollen Wirkung auf das Wurzelchakra. Du wirst erfahren, wie dieser Stein dir helfen kann, innere Balance und Klarheit zu finden, und wie du ihn in deinen Alltag integrieren kannst.

Die Farbe des Hämatits: Metallisch, kraftvoll und erdend

Der **Hämatit** zeichnet sich durch seine metallisch graue bis schwarze Farbe aus, die ihm eine besondere Eleganz und Stärke verleiht. Diese Farbe erinnert an die feste, stabile Energie der Erde – eine Energie, die uns hilft, uns geerdet und sicher zu fühlen. Hämatit reflektiert Licht auf eine sehr intensive, fast spiegelnde Weise, was ihn nicht nur optisch ansprechend macht, sondern auch symbolisch für seine Fähigkeit steht, negative Energien abzuleiten und Positives anzuziehen.

In vielen Kulturen wird der Hämatit als **Schutzstein** verehrt, der vor negativen Einflüssen schützt und das energetische Feld des

Trägers stärkt. Seine dunkle Farbe trägt zur beruhigenden Wirkung bei, die den Geist klärt und überschüssige oder negative Gedanken auflöst. Wenn du den Hämatit betrachtest oder in deinen Händen hältst, spürst du eine kraftvolle, beruhigende Energie, die dir hilft, im Hier und Jetzt anzukommen.

Eigenschaften des Hämatits: Erdung, Schutz und Konzentration

Der Hämatit wird oft für seine starken **erdenden Eigenschaften** geschätzt. In einer Zeit, in der wir oft das Gefühl haben, von den Anforderungen des Alltags überwältigt zu werden, bietet der Hämatit eine wertvolle Unterstützung. Seine Energie hilft uns, uns mit der Erde zu verbinden und das Gefühl der Stabilität in uns zu verankern. Wenn du dich gestresst, unruhig oder „aus dem Gleichgewicht" fühlst, kann der Hämatit dir helfen, dich wieder zu zentrieren und deine innere Balance wiederherzustellen.

Neben seiner erdenden Wirkung ist der Hämatit auch ein **Schutzstein**. Er wehrt negative Energien ab und stärkt das energetische Feld des Trägers. Das bedeutet, dass er wie ein energetischer Schild wirkt, der dich vor äußeren Einflüssen und negativen Emotionen schützt. Gerade in stressigen oder konfliktbeladenen Situationen kann der Hämatit dabei helfen, deine innere Ruhe zu bewahren und nicht von den Energien anderer Menschen beeinflusst zu werden.

Ein weiteres zentrales Merkmal des Hämatits ist seine Fähigkeit, den **Geist zu klären** und die Konzentration zu fördern. Wenn du dich oft abgelenkt fühlst oder Schwierigkeiten hast, dich auf eine Aufgabe zu konzentrieren, kann der Hämatit dir helfen, den Fokus wiederzufinden. Er unterstützt dich dabei, deine Gedanken zu ordnen, Prioritäten zu setzen und klar zu denken. Besonders in Phasen, in denen du mentale Klarheit benötigst, sei es bei der Arbeit oder beim Lernen, kann der Hämatit eine wertvolle Hilfe sein.

Es gibt viele verschiedene Möglichkeiten, wie du den Hämatit in deinen Alltag integrieren kannst, um von seinen kraftvollen Eigenschaften zu profitieren. Eine der häufigsten und effektivsten Anwendungen ist das **Tragen des Steins als Schmuckstück**. Ob als Anhänger, Armband oder Ring – der Hämatit kann direkt auf der Haut getragen werden, sodass du ständig mit seiner schützenden und erdenden Energie in Verbindung stehst. Besonders wenn du das Gefühl hast, dass du in deinem Alltag leicht aus der Balance gerätst, kann der Hämatit dir helfen, dich zu stabilisieren und ruhiger zu fühlen.

Wenn du den Hämatit nicht als Schmuck tragen möchtest, kannst du ihn auch in Form von **Kristallen oder dekorativen Elementen** in deinem Wohnraum platzieren. Ein Hämatit-Kristall auf deinem Schreibtisch oder Nachttisch kann helfen, eine ruhige, ausgeglichene Atmosphäre zu schaffen und negative Energien fernzuhalten. Es ist auch möglich, den Stein in der Nähe von Eingängen oder Fenstern zu platzieren, um das Haus energetisch zu schützen und die Energie im Raum zu harmonisieren.

Eine besonders wirkungsvolle Methode, den Hämatit zu nutzen, ist die **Meditation**. Wenn du dich in deine Meditationspraxis begibst, kannst du den Hämatit in deine Hände nehmen oder direkt auf das **Wurzelchakra** legen. Während du tief und ruhig atmest, konzentrierst du dich auf die Energie des Steins und spürst, wie er dich mit der Erde verbindet. Du wirst bemerken, wie sich deine Gedanken klären und du eine tiefere innere Ruhe findest. Die erdende Wirkung des Hämatits hilft dir, loszulassen und dich vollständig auf den gegenwärtigen Moment zu konzentrieren.

Der Hämatit hat eine besonders starke Wirkung auf das **Wurzelchakra (Muladhara Chakra)**. Dieses Chakra befindet sich an der Basis der Wirbelsäule und ist das energetische Zentrum, das für Sicherheit, Stabilität und Erdung steht. Wenn das Wurzelchakra aus dem Gleichgewicht geraten ist, kann dies zu Gefühlen von Unsicherheit, Angst und emotionaler Instabilität führen.Durch seine erdende Energie hilft der Hämatit, das Wurzelchakra zu harmonisieren und blockierte Energien zu lösen. Wenn du oft das Gefühl hast, dass du „den Boden unter den Füßen verlierst" oder dich nicht sicher und stabil fühlst, kann der Hämatit dir helfen, dich wieder zu verankern und ein tiefes Gefühl der Sicherheit zu finden. Er schafft eine starke Verbindung zur Erde und vermittelt ein Gefühl der Geborgenheit, das dir hilft, mit Zuversicht und innerer Ruhe durch das Leben zu gehen.

Zusätzlich zur Erdung fördert der Hämatit auch die **emotionale Stabilität**. Er hilft dir, negative Emotionen loszulassen und dich von überflüssigem Stress zu befreien. Wenn du in deinem Leben von negativen Gedankenmustern oder Sorgen geplagt wirst, kann der Hämatit dir helfen, diese aufzulösen und einen klaren, ruhigen Geist zu bewahren. Er unterstützt dich dabei, in schwierigen Situationen einen kühlen Kopf zu bewahren und deine Emotionen zu stabilisieren. Der Hämatit fördert auch das Gefühl von **Selbstvertrauen** und innerer Stärke. Indem er das Wurzelchakra harmonisiert, hilft er dir, Vertrauen in deine eigenen Fähigkeiten zu gewinnen und dich sicher in deinem eigenen Körper und in der Welt zu fühlen. Du wirst feststellen, dass du mit der Unterstützung des Hämatits in der Lage bist, Herausforderungen mutig und entschlossen zu begegnen, ohne dich von äußeren Umständen verunsichern zu lassen.

In unserer hektischen Welt, in der wir oft von Stress und Unsicherheit überwältigt werden, kann der Hämatit ein wertvoller Begleiter sein. Er hilft uns, unsere innere Balance zu finden und uns mit der stabilisierenden Energie der Erde zu verbinden. Ob im Alltag oder während der Meditation – der Hämatit gibt uns die Unterstützung, die wir brauchen, um geerdet, klar und fokussiert zu bleiben.

Wenn du oft das Gefühl hast, dass du dich von den Anforderungen des Lebens überwältigen lässt oder dich emotional unausgeglichen fühlst, kann der Hämatit dir helfen, wieder zu dir selbst zurückzufinden. Er schafft eine Verbindung zur Erde, die uns daran erinnert, dass wir sicher und stabil sind, selbst wenn die Welt um uns herum turbulent ist.

Durch seine schützende und klärende Wirkung ist der Hämatit besonders wertvoll in Zeiten, in denen du dich auf das Wesentliche konzentrieren und negative Einflüsse abwehren möchtest. Er stärkt nicht nur deine innere Ruhe und Stabilität, sondern fördert auch die Klarheit des Geistes, sodass du mit mehr Fokus und Entschlossenheit durch den Tag gehen kannst.

Der **Hämatit** ist ein kraftvoller Stein, der für seine erdenden, schützenden und klärenden Eigenschaften bekannt ist. Seine beruhigende Energie hilft, das **Wurzelchakra** zu harmonisieren und ein Gefühl von Sicherheit und Stabilität zu fördern. Ob du den Hämatit als Schmuck trägst, ihn in deinem Zuhause platzierst oder in deine Meditationspraxis einbeziehst, dieser Stein wird dir helfen, deine innere Balance zu finden und negative Energien abzuwehren.

Mit seiner Fähigkeit, den Geist zu klären und den Fokus zu stärken, ist der Hämatit ein wertvoller Begleiter für alle, die in ihrem Leben mehr Ruhe, Klarheit und Erdung suchen. Indem du dich mit der Energie des Hämatits verbindest, wirst du in der Lage sein, die Herausforderungen des Lebens mit mehr Gelassenheit und innerer Stärke zu meistern.

Der Schwarze Turmalin: Schutz, Erdung und innere Stärke

Der **Schwarze Turmalin** ist ein kraftvoller und beliebter Schutzstein, der für seine Fähigkeit bekannt ist, negative Energien abzuschirmen und ein Gefühl von Sicherheit und Stabilität zu fördern. Mit seiner tiefschwarzen Farbe symbolisiert er Erdung und steht in enger Verbindung mit dem **Wurzelchakra**. In diesem Text tauchen wir tief in die Welt des Schwarzen Turmalins ein, um seine einzigartigen Eigenschaften, seine Anwendungsmöglichkeiten und seine positive Wirkung auf unser Wurzelchakra zu verstehen. Du wirst entdecken, wie dieser Stein dir helfen kann, emotionale Blockaden zu lösen, deine innere Stärke zu fördern und dich geerdet und geschützt zu fühlen.

Die Farbe des Schwarzen Turmalins: Tiefschwarz und schützend

Der **Schwarze Turmalin** zeichnet sich durch seine intensiv schwarze Farbe aus, die tief und geheimnisvoll wirkt. Diese Farbe steht symbolisch für Schutz und Erdung, Eigenschaften, die im Schwarzen Turmalin stark ausgeprägt sind. Die dunkle Farbe des Steins erinnert an die Tiefe der Erde und vermittelt ein Gefühl von Geborgenheit und Sicherheit. Es ist, als ob der Stein uns in ein schützendes Energiefeld einhüllt und vor negativen Einflüssen bewahrt. In vielen Kulturen und spirituellen Traditionen wird die Farbe Schwarz mit Schutz vor negativen Energien assoziiert. Der Schwarze Turmalin dient als eine Art energetischer Schild, der uns vor äußeren Einflüssen schützt und gleichzeitig unsere innere Stabilität fördert. Wenn du den Stein in der Hand hältst oder trägst, spürst du eine beruhigende, erdende Energie, die dir hilft, dich sicher und geschützt zu fühlen – wie ein Anker, der dich fest mit der Erde verbindet.

Der Schwarze Turmalin ist vor allem für seine Fähigkeit bekannt, **negative Energien abzuschirmen**. In einer Welt, in der wir ständig mit verschiedenen Energien – sowohl positiven als auch negativen – konfrontiert sind, kann es leicht passieren, dass wir uns von äußeren Einflüssen überwältigt fühlen. Der Schwarze Turmalin wirkt wie ein energetischer Filter, der negative Schwingungen abwehrt und uns hilft, in unserer eigenen Energie zentriert zu bleiben.

Dieser Stein ist ein **kraftvoller Schutzstein**, der nicht nur vor äußeren negativen Einflüssen schützt, sondern auch dazu beiträgt, innere emotionale Blockaden zu lösen. Oft tragen wir unbewusst alte emotionale Verletzungen oder negative Denkmuster mit uns herum, die uns daran hindern, unser volles Potenzial zu entfalten. Der Schwarze Turmalin unterstützt uns dabei, diese Blockaden zu erkennen und aufzulösen, sodass wir wieder freier und leichter durchs Leben gehen können.

Ein weiterer wichtiger Aspekt des Schwarzen Turmalins ist seine Fähigkeit, **innere Stärke** zu fördern. Er erinnert uns daran, dass wir selbst die Kontrolle über unser Leben haben und dass wir die Fähigkeit besitzen, Hindernisse zu überwinden. Wenn du dich manchmal schwach oder unsicher fühlst, kann der Schwarze Turmalin dir helfen, deine innere Stärke wiederzufinden und das Vertrauen in deine eigenen Fähigkeiten zu stärken. Dieser Stein fördert ein starkes Gefühl der Selbstsicherheit und unterstützt dich dabei, mit Mut und Entschlossenheit deinen Weg zu gehen.

Der Schwarze Turmalin ist vielseitig einsetzbar und kann auf verschiedene Weisen in den Alltag integriert werden, um von seiner schützenden und erdenden Energie zu profitieren. Eine der häufigsten und effektivsten Anwendungen ist das **Tragen des Steins als Schmuckstück**. Ob als Anhänger, Armband oder Ring – der Schwarze Turmalin kann direkt auf der Haut getragen werden, sodass du den ganzen Tag über mit seiner schützenden Energie in Verbindung bleibst. Besonders in stressigen oder herausfordernden Zeiten kann der Schwarze Turmalin dir helfen, dich sicher und stabil zu fühlen, indem er negative Energien von dir fernhält.

Neben dem Tragen als Schmuck kann der Schwarze Turmalin auch in Form von **Kristallen oder dekorativen Elementen** in deinem Zuhause oder deinem Arbeitsbereich platziert werden. Wenn du einen Kristall des Schwarzen Turmalins auf deinem Schreibtisch, in der Nähe von Fenstern oder an der Eingangstür platzierst, wirkt er wie ein energetisches Schutzschild, das negative Schwingungen abwehrt und eine beruhigende Atmosphäre schafft. Er sorgt dafür, dass dein Zuhause oder Arbeitsumfeld energetisch rein bleibt und du dich dort sicher und geborgen fühlst. Der Schwarze Turmalin ist auch ein hervorragender Begleiter in der **Meditation**. Wenn du ihn während deiner Meditationspraxis in die Hand nimmst oder auf das **Wurzelchakra** legst, hilft er dir, deine Gedanken zu klären und dich tief zu erden. Durch seine beruhigende Energie fördert er den Fokus auf das **Hier und Jetzt** und hilft dir, negative Gedanken loszulassen. Wenn du das Gefühl hast, dass deine Gedanken ständig abschweifen oder du Schwierigkeiten hast, dich zu konzentrieren, kann der Schwarze Turmalin dir helfen, deinen Geist zu klären und dich auf das Wesentliche zu fokussieren.

Das **Wurzelchakra (Muladhara Chakra)** ist das energetische Zentrum, das für unsere Sicherheit, Stabilität und Erdung verantwortlich ist. Es befindet sich an der Basis der Wirbelsäule und ist das Fundament, auf dem alle anderen Chakren aufbauen. Wenn das Wurzelchakra blockiert oder aus dem Gleichgewicht geraten ist, kann dies zu Gefühlen der Unsicherheit, Angst oder emotionalen Instabilität führen. Ein blockiertes Wurzelchakra kann uns auch das Gefühl geben, nicht fest im Leben verankert zu sein.

Der Schwarze Turmalin hat eine besonders kraftvolle Wirkung auf das Wurzelchakra. Durch seine **erdende Energie** stabilisiert er die Energien im Wurzelchakra und hilft, Blockaden zu lösen. Wenn du oft das Gefühl hast, dass du den Halt verlierst oder emotional unausgeglichen bist, kann der Schwarze Turmalin dir helfen, dich wieder zu verankern und ein tiefes Gefühl der Sicherheit zu finden. Er schafft eine starke Verbindung zur Erde und vermittelt ein Gefühl der Geborgenheit, das dir hilft, mit mehr Ruhe und innerer Stabilität durch das Leben zu gehen.

Darüber hinaus fördert der Schwarze Turmalin das **Vertrauen in die eigenen Fähigkeiten**. Indem er das Wurzelchakra harmonisiert, unterstützt er dich dabei, ein starkes Selbstbewusstsein zu entwickeln und an dich selbst zu glauben. Du wirst bemerken, dass du mit dem Schwarzen Turmalin an deiner Seite in der Lage bist, Herausforderungen mutig und entschlossen anzugehen. Dieser Stein gibt dir die innere Sicherheit, die du brauchst, um deinen Weg mit Zuversicht und Entschlossenheit zu gehen.

In unserer modernen Welt, die oft von Stress und Hektik geprägt ist, kann der Schwarze Turmalin ein wertvoller Begleiter sein, um inneren Frieden und Schutz zu finden. Er hilft uns, uns vor negativen Einflüssen zu schützen und unsere Energie zu stabilisieren. Besonders in herausfordernden Zeiten, in denen wir uns leicht überwältigt oder emotional belastet fühlen, bietet der Schwarze Turmalin eine wertvolle Unterstützung.

Wenn du oft das Gefühl hast, dass du von negativen Energien umgeben bist oder dass du emotional aus dem Gleichgewicht gerätst, kann der Schwarze Turmalin dir helfen, dich zu schützen und deine innere Balance wiederzufinden. Seine schützende und beruhigende Energie stärkt dein energetisches Feld und hilft dir, negative Schwingungen abzuwehren. Er fördert das Gefühl der Sicherheit und unterstützt dich dabei, dich in deinem Körper und in deiner Umgebung sicher und stabil zu fühlen.

Darüber hinaus erinnert der Schwarze Turmalin uns daran, dass wahre Stärke von innen kommt. Er fördert die innere Stärke und das Vertrauen in die eigenen Fähigkeiten, sodass du dich nicht von äußeren Umständen oder negativen Einflüssen beeinflussen lässt. Mit dem Schwarzen Turmalin an deiner Seite kannst du dich sicher und geschützt fühlen, während du deinen eigenen Weg gehst und dein volles Potenzial entfalten kannst.

Der **Schwarze Turmalin** ist ein kraftvoller Schutzstein, der für seine erdenden, stabilisierenden und schützenden Eigenschaften bekannt ist. Seine tiefschwarze Farbe symbolisiert Sicherheit und Erdung, während seine energetischen Eigenschaften dazu beitragen, negative Energien abzuwehren und emotionale Blockaden zu lösen. Ob du den Schwarzen Turmalin als Schmuckstück trägst, ihn in deinem Zuhause platzierst oder in der Meditation verwendest – dieser Stein hilft dir, dich sicher, geerdet und innerlich stark zu fühlen.

Durch seine harmonisierende Wirkung auf das **Wurzelchakra** fördert der Schwarze Turmalin das Gefühl der Stabilität und Geborgenheit. Er unterstützt dich dabei, dich mit der Erde zu verbinden und das Vertrauen in deine eigenen Fähigkeiten zu stärken. Indem du den Schwarzen Turmalin in deinen Alltag integrierst, wirst du in der Lage sein, negative Energien fernzuhalten und gleichzeitig deine innere Stärke zu fördern.

Der **Karneol**, mit seiner leuchtend orange-roten Farbe, ist ein kraftvoller Edelstein, der seit Jahrhunderten für seine energetischen und heilenden Eigenschaften geschätzt wird. Er ist bekannt dafür, Vitalität, Kreativität und Lebensfreude zu fördern. Karneol gilt als ein Stein, der Menschen dabei unterstützt, ihre Lebensenergie wiederzuerwecken und ihren kreativen Fluss zu aktivieren. Besonders für diejenigen, die nach mehr Motivation und Selbstbewusstsein suchen, ist Karneol ein wertvoller Begleiter.

In diesem Text erfährst du alles über die besonderen Eigenschaften des Karneols, seine Anwendung in Meditation und Alltag sowie seine positive Wirkung auf das **Sakralchakra** – das energetische Zentrum, das eng mit Kreativität, Sexualität und emotionalem Ausdruck verbunden ist.

Die Farbe des Karneols: Lebendig und voller Energie

Der **Karneol** strahlt in einem lebhaften Orange bis Rot-Orange. Diese warme und kräftige Farbe symbolisiert Energie, Leidenschaft und Lebensfreude. Sie erinnert an die Glut eines Feuers, das Wärme und Kraft ausstrahlt, und genau das tut auch der Karneol. Seine Farbe bringt Licht und Lebendigkeit in den Alltag und steht für das sprudelnde Leben, das in jedem von uns steckt.

In vielen Kulturen und spirituellen Traditionen wird die Farbe Orange mit **Kreativität, Freude und Optimismus** assoziiert. Der Karneol bringt diese Qualitäten in unser Leben, indem er uns dabei hilft, unsere innere Lebensfreude und Energie zu aktivieren. Schon das bloße Betrachten des Steins kann eine energetische

Wirkung haben und ein Gefühl von Aufbruch und Tatkraft vermitteln.

Der Karneol ist ein Stein, der voller Lebensenergie steckt. Er wird oft als **Stein der Vitalität** bezeichnet, weil er uns dabei hilft, Müdigkeit zu überwinden und neue Energie zu tanken. Besonders in Zeiten, in denen wir uns antriebslos oder erschöpft fühlen, kann der Karneol uns dabei unterstützen, unsere Energie wiederzufinden und mit mehr Schwung und Enthusiasmus in den Tag zu starten.

Eine der herausragendsten Eigenschaften des Karneols ist seine Fähigkeit, **kreative Blockaden zu lösen**. Wenn du dich künstlerisch oder geistig blockiert fühlst, kann der Karneol helfen, diese Blockaden zu durchbrechen und den kreativen Fluss wieder anzuregen. Der Stein wirkt, als würde er die Türen zu neuen Ideen und Inspirationen öffnen und dich ermutigen, deinen kreativen Ausdruck frei fließen zu lassen.

Der Karneol fördert auch **Selbstbewusstsein und Mut**. Er ermutigt uns, unser wahres Selbst zu zeigen, unsere Bedürfnisse und Wünsche offen auszudrücken und voller Vertrauen in die Welt hinauszutreten. Dieser Stein hilft uns, unsere inneren Ressourcen zu aktivieren und unsere Ziele mit Entschlossenheit und Begeisterung zu verfolgen.

Der Karneol kann auf vielfältige Weise in den Alltag integriert werden, um seine vitalisierende und kreativitätsfördernde Energie zu nutzen. Eine der effektivsten Methoden ist das **Tragen des Steins als Schmuck**. Wenn du Karneol als Halskette, Armband oder Ring trägst, bist du ständig mit seiner kraftvollen Energie in

Verbindung. Besonders wenn du den Stein direkt auf der Haut trägst, kann er seine Wirkung optimal entfalten und dir helfen, dich den ganzen Tag über vital und motiviert zu fühlen.

Wenn du auf der Suche nach neuer Inspiration oder einem kreativen Schub bist, kann der Karneol auch in der **Meditation** verwendet werden. Setze dich in eine bequeme Position, halte den Karneol in deinen Händen oder lege ihn auf das **Sakralchakra**, das sich knapp unterhalb des Bauchnabels befindet. Schließe deine Augen, atme tief ein und konzentriere dich auf die warme, belebende Energie des Steins. Du kannst dir vorstellen, wie ein strahlend orangefarbenes Licht von dem Stein ausgeht und deine Kreativität und Lebensfreude aktiviert. Diese Meditation kann dir helfen, neue Ideen zu empfangen und deine innere kreative Energie wieder zum Fließen zu bringen.

Der Karneol kann auch in **Räumen platziert** werden, in denen du dich besonders kreativ betätigen möchtest, zum Beispiel in deinem Arbeitszimmer oder Atelier. Ein Karneol-Kristall auf deinem Schreibtisch kann dazu beitragen, eine energetisch lebendige und inspirierende Atmosphäre zu schaffen, die dir hilft, produktiv und kreativ zu bleiben.

Wirkung des Karneols auf das Sakralchakra

Der Karneol hat eine besonders starke Wirkung auf das **Sakralchakra (Svadhisthana Chakra)**, das energetische Zentrum, das für Kreativität, Sexualität und emotionale Balance verantwortlich ist. Das Sakralchakra befindet sich knapp unterhalb des Bauchnabels und ist das Zentrum unserer Lebensfreude und schöpferischen Energie. Wenn dieses Chakra blockiert oder aus dem Gleichgewicht geraten ist, kann dies zu emotionalen Schwierigkeiten, kreativen Blockaden oder einem Mangel an Lebensfreude führen.

Der Karneol hilft, das Sakralchakra zu **balancieren und zu aktivieren**, indem er die Energie in diesem Bereich anregt. Er fördert den kreativen Ausdruck und hilft uns, unsere Emotionen und Wünsche klar und offen zu kommunizieren. Wenn du oft das Gefühl hast, dass deine Kreativität blockiert ist oder du Schwierigkeiten hast, dich emotional auszudrücken, kann der Karneol dir helfen, diese Blockaden zu lösen und dich wieder mit deiner schöpferischen Kraft zu verbinden.

Ein ausgeglichenes Sakralchakra fördert auch die Verbindung zu unserer **Sexualität** und unserer Fähigkeit, Freude und Vergnügen im Leben zu empfinden. Der Karneol unterstützt uns dabei, uns selbst und unsere Bedürfnisse zu akzeptieren und die Lebensfreude in vollen Zügen zu genießen. Er erinnert uns daran, dass es wichtig ist, sich selbst zu schätzen und die eigenen Wünsche und Bedürfnisse auszudrücken, ohne Angst vor Ablehnung oder Kritik.

Karneol als Begleiter im täglichen Leben

In einer Welt, die oft von Stress und Hektik geprägt ist, kann der Karneol ein wertvoller Begleiter sein, um mehr Energie, Lebensfreude und Kreativität in den Alltag zu bringen. Besonders in Zeiten, in denen du dich müde, ausgelaugt oder emotional erschöpft fühlst, kann der Karneol dir helfen, deine innere Energiequelle wieder anzuzapfen und das Leben mit mehr Enthusiasmus zu genießen.

Der Karneol fördert nicht nur die kreative Energie, sondern auch die **Motivation und den Antrieb**, um Ziele zu verfolgen und Herausforderungen zu meistern. Wenn du Schwierigkeiten hast, dich für eine Aufgabe zu motivieren oder wenn dir der Antrieb fehlt, deine Träume zu verwirklichen, kann der Karneol dir helfen, wieder in Schwung zu kommen. Er erinnert dich daran, dass du die Fähigkeit hast, alles zu erreichen, was du dir vornimmst, und dass du den Mut und die Kraft hast, deine Visionen in die Tat umzusetzen.

Neben seiner belebenden Wirkung hat der Karneol auch eine beruhigende und **stabilisierende Energie**. Er hilft, emotionale Balance zu finden und Stress abzubauen. In Momenten, in denen du das Gefühl hast, von deinen Emotionen überwältigt zu werden, kann der Karneol dir helfen, einen klaren Kopf zu bewahren und deine Emotionen auf eine gesunde und konstruktive Weise auszudrücken.

Der **Karneol** ist ein kraftvoller Stein, der voller Lebensfreude, Kreativität und Energie steckt. Seine lebendige orange-rote Farbe symbolisiert Vitalität und Motivation, und seine energetischen Eigenschaften helfen dabei, kreative Blockaden zu lösen, das Selbstbewusstsein zu stärken und die innere Lebensenergie zu aktivieren. Besonders seine Verbindung zum **Sakralchakra** macht ihn zu einem wertvollen Begleiter für alle, die ihre kreative und emotionale Energie wieder ins Gleichgewicht bringen möchten.

Ob du den Karneol als Schmuckstück trägst, ihn in der Meditation verwendest oder in deinem Zuhause platzierst – dieser Stein wird dir helfen, dich lebendiger, kreativer und selbstbewusster zu fühlen. Er erinnert uns daran, dass das Leben voller Freude, Inspiration und Möglichkeiten steckt und dass wir die Kraft haben, unsere Träume zu verwirklichen.

Wenn du das Gefühl hast, dass du in deinem Leben mehr **Lebensfreude** und **Kreativität** benötigst, ist der Karneol der ideale Begleiter, um diese Qualitäten wieder in dein Leben zu bringen. Vertraue auf die kraftvolle Energie dieses wundervollen Steins und entdecke, wie er dich unterstützt, deine innere Vitalität und deinen kreativen Ausdruck zu stärken.

Orangefarbener Calcit: Ein Stein der emotionalen Balance, Freude und Kreativität

Der **orangefarbene Calcit** ist ein wunderschöner Stein, dessen helles bis kräftiges Orange sofort Lebensfreude und Optimismus ausstrahlt. Dieser Stein wird seit Jahrhunderten für seine heilenden Eigenschaften geschätzt, insbesondere wenn es darum geht, emotionale Balance zu fördern, Blockaden zu lösen und die innere Freude wiederzufinden. Der orangefarbene Calcit ist ein wahres Geschenk der Natur, das uns dabei unterstützt, in Zeiten von emotionalen Herausforderungen den Frieden und die Harmonie in uns zu bewahren.

In diesem Text tauchen wir in die Welt des orangefarbenen Calcit ein und betrachten seine besonderen Eigenschaften, seine Anwendungsmöglichkeiten und seine positive Wirkung auf das **Sakralchakra** – das energetische Zentrum, das für unsere Kreativität, unsere Sexualität und unser emotionales Gleichgewicht verantwortlich ist.

Die Farbe des orangefarbenen Calcit: Strahlend und lebendig

Der **orangefarbene Calcit** strahlt in einem leuchtenden, warmen Orange, das uns sofort an die Kraft und Wärme der Sonne erinnert. Diese Farbe ist nicht nur optisch ansprechend, sondern auch symbolisch tief mit positiven Gefühlen wie **Freude, Optimismus und Vitalität** verbunden. Orange ist die Farbe der Lebenskraft, die Farbe, die uns ermutigt, das Leben mit Begeisterung und Freude zu umarmen.

Wenn du den orangefarbenen Calcit in deinen Händen hältst oder ihn betrachtest, wirst du spüren, wie seine lebendige Farbe eine beruhigende und gleichzeitig belebende Wirkung auf deine Stimmung hat. Es ist, als würde der Stein deine Sorgen und Ängste schmelzen lassen und dir das Licht und die Freude zurückbringen, die du vielleicht in stressigen oder schwierigen Zeiten verloren hast.

Eigenschaften des orangefarbenen Calcit: Emotionales Gleichgewicht und Freude

Der orangefarbene Calcit ist besonders bekannt für seine Fähigkeit, **emotionale Balance** zu fördern. In einer Welt, die oft hektisch und herausfordernd ist, können unsere Emotionen leicht ins Wanken geraten. Wir alle erleben Zeiten von Stress, Unsicherheit oder emotionalen Turbulenzen, in denen wir uns nach Stabilität und innerem Frieden sehnen. Der orangefarbene Calcit hilft dabei, diese innere Balance wiederzufinden, indem er beruhigend auf unsere Emotionen wirkt und uns ermutigt, in Momenten der Unsicherheit ruhig und gelassen zu bleiben.

Zusätzlich zu seiner beruhigenden Wirkung ist der orangefarbene Calcit auch ein **Stein der Freude und des Optimismus**. Er unterstützt uns dabei, das Leben mit einer positiven Einstellung zu betrachten, selbst in Zeiten der Herausforderung. Er erinnert uns daran, dass das Leben voller schöner Momente ist, und hilft uns, die Freude am Alltag wieder zu entdecken. Der Calcit ermutigt uns, das Leben in vollen Zügen zu genießen, und er fördert die **innere Leichtigkeit**, die wir oft inmitten von Stress verlieren.

Ein weiteres wichtiges Merkmal des orangefarbenen Calcit ist seine Fähigkeit, **emotionale Blockaden zu lösen**. Oftmals tragen wir ungelöste emotionale Themen in uns, die sich in Form von emotionaler Unruhe oder einem Gefühl der inneren Enge bemerkbar machen. Der orangefarbene Calcit unterstützt uns dabei, diese Blockaden sanft zu lösen und emotionale Heilung zu erfahren. Er hilft uns, alte Verletzungen loszulassen und mit mehr Vertrauen und Freude in die Zukunft zu blicken.

Anwendung des orangefarbenen Calcit: Für Meditation, Schmuck und Alltag

Es gibt viele Möglichkeiten, den orangefarbenen Calcit in den Alltag zu integrieren, um von seiner heilenden Energie zu profitieren. Eine der einfachsten und wirkungsvollsten Anwendungen ist das **Tragen des Steins als Schmuck**. Ob als Halskette, Armband oder Anhänger – wenn der orangefarbene Calcit direkt auf der Haut getragen wird, kannst du seine beruhigende und belebende Energie den ganzen Tag über spüren. Besonders in stressigen Zeiten kann der Calcit dir helfen, ruhig zu bleiben und die Freude und Leichtigkeit in deinem Herzen zu bewahren.

Eine andere Möglichkeit, den orangefarbenen Calcit zu nutzen, ist die **Meditation**. Wenn du den Stein in deine Meditationspraxis einbeziehst, kannst du seine Energie direkt spüren und bewusst mit deinen Emotionen arbeiten. Setze dich in eine ruhige Position, halte den orangefarbenen Calcit in den Händen oder lege ihn auf dein **Sakralchakra**, das sich knapp unterhalb des Bauchnabels befindet. Schließe die Augen und konzentriere dich auf die Energie des Steins. Du kannst dir vorstellen, wie ein strahlend orangefarbenes Licht von dem Stein ausgeht und deine Emotionen harmonisiert. Der Calcit wird dir dabei helfen, deine Gefühle zu klären und dich mit deiner inneren Freude zu verbinden.

Der orangefarbene Calcit kann auch in **Räumen** platziert werden, um eine positive und harmonische Atmosphäre zu schaffen. Ein

Calcit-Kristall auf deinem Schreibtisch, in deinem Wohnzimmer oder Schlafzimmer kann dazu beitragen, eine friedliche und optimistische Energie im Raum zu verbreiten. Wenn du möchtest, dass dein Zuhause ein Ort der Freude und des Wohlbefindens ist, kann der orangefarbene Calcit dir dabei helfen, diese Energie zu fördern.

Wirkung des orangefarbenen Calcit auf das Sakralchakra

Der orangefarbene Calcit hat eine besonders starke Wirkung auf das **Sakralchakra (Svadhisthana Chakra)**, das energetische Zentrum, das für unsere Kreativität, unsere Sexualität und unser emotionales Gleichgewicht zuständig ist. Das Sakralchakra befindet sich knapp unterhalb des Bauchnabels und ist das Zentrum unserer **Lebensfreude, Sinnlichkeit und schöpferischen Energie**.

Ein ausgeglichenes Sakralchakra ermöglicht es uns, das Leben in vollen Zügen zu genießen, unsere Kreativität frei auszudrücken und unsere Emotionen auf gesunde Weise zu erleben. Wenn das Sakralchakra jedoch blockiert oder aus dem Gleichgewicht geraten ist, kann dies zu emotionalen Schwankungen, kreativen Blockaden oder Schwierigkeiten im Umgang mit unserer Sexualität führen. In solchen Momenten fühlen wir uns oft angespannt oder unruhig und haben das Gefühl, dass etwas in uns nicht fließt.

Der orangefarbene Calcit hilft, das Sakralchakra zu **harmonisieren** und die Energie in diesem Bereich wieder in den Fluss zu bringen. Er fördert die **emotionale Heilung**, indem er uns ermutigt, alte Verletzungen oder emotionale Blockaden loszulassen. Der Stein hilft uns, in Kontakt mit unserer inneren Freude zu kommen und unsere kreative Energie zu aktivieren. Mit der

Unterstützung des orangefarbenen Calcit können wir emotionale Turbulenzen beruhigen und wieder in die Freude und Leichtigkeit des Lebens eintauchen.

Darüber hinaus fördert der orangefarbene Calcit die **Verbindung zu unserer Sexualität** und unterstützt uns dabei, diese Seite unseres Lebens mit mehr Offenheit und Leichtigkeit zu leben. Ein gesundes Sakralchakra ermöglicht es uns, unsere Bedürfnisse und Wünsche zu akzeptieren und mit Selbstvertrauen und Freude zu leben.

Orangefarbener Calcit als Begleiter im täglichen Leben

In unserem oft hektischen und stressigen Alltag kann der orangefarbene Calcit ein wertvoller Begleiter sein, um mehr emotionale Balance, Freude und Kreativität zu finden. Besonders in Zeiten, in denen du dich emotional erschöpft oder aus dem Gleichgewicht fühlst, kann der orangefarbene Calcit dir helfen, deine innere Harmonie wiederherzustellen und dich mit der Leichtigkeit des Lebens zu verbinden.

Der orangefarbene Calcit erinnert uns daran, dass das Leben voller schöner und freudiger Momente ist, die es zu entdecken und zu genießen gilt. Er fördert die **Selbstakzeptanz** und ermutigt uns, unsere Emotionen ohne Urteil zu fühlen und anzunehmen. Indem wir unsere Gefühle und Bedürfnisse annehmen, können wir mehr Freude und Freiheit in unserem Leben erleben.

Dieser Stein ermutigt uns auch, **kreativ und schöpferisch** zu sein. Wenn du dich in deinem Alltag festgefahren oder kreativ blockiert fühlst, kann der orangefarbene Calcit dir helfen, diese Blockaden zu durchbrechen und deine Kreativität wieder zu aktivieren. Mit seiner unterstützenden Energie wird es dir leichter fallen,

neue Ideen zu empfangen und deine kreative Seite freier auszudrücken.

Der **orangefarbene Calcit** ist ein wunderbarer Stein, der uns
dabei unterstützt, **emotionale Balance, Freude und Kreativität** in unser Leben zu bringen. Seine leuchtende orange Farbe
symbolisiert Vitalität und Optimismus, während seine energetischen Eigenschaften uns dabei helfen, emotionale Blockaden zu
lösen und in Kontakt mit unserer inneren Freude zu kommen. Besonders seine Wirkung auf das **Sakralchakra** macht ihn zu einem wertvollen Begleiter für alle, die ihre Kreativität und Lebensfreude wieder in den Fluss bringen möchten.

Ob als Schmuckstück, in der Meditation oder als dekoratives Element in deinem Zuhause – der orangefarbene Calcit hilft dir, dein
inneres Gleichgewicht zu finden und die Freude am Leben wieder
zu entdecken. Indem du dich mit der Energie dieses Steins verbindest, wirst du in der Lage sein, emotionale Herausforderungen mit
Leichtigkeit zu meistern und dein Leben mit mehr Freude und Kreativität zu bereichern.

Mondstein: Der Stein der Intuition, Weiblichkeit und emotionalen Harmonie

Der **Mondstein** ist ein kraftvoller und wunderschöner Edelstein, der mit seiner sanften, milchig-weißen bis schimmernd blauen oder grauen Farbe den Zauber des Mondes widerspiegelt. Schon seit Jahrhunderten wird der Mondstein als Stein der **Intuition, Weiblichkeit** und **Empfänglichkeit** verehrt. Seine Energie ist tief mit den natürlichen Zyklen des Lebens verbunden, insbesondere mit dem Zyklus der Frau und den emotionalen Rhythmen, die uns alle im Alltag beeinflussen. Mondstein fördert nicht nur das emotionale Gleichgewicht, sondern ermutigt uns auch, auf unsere innere Stimme zu hören und unserer Intuition zu vertrauen.

In diesem Text werden wir die besonderen Eigenschaften des Mondsteins, seine Anwendungsmöglichkeiten und seine Wirkung auf das **Sakralchakra** erkunden. Du wirst erfahren, wie der Mondstein dir helfen kann, deine Intuition zu schärfen, deine emotionalen Bedürfnisse besser zu verstehen und dich mit den natürlichen Rhythmen des Lebens zu verbinden.

Die Farbe des Mondsteins: Ein schimmernder Spiegel des Mondes

Der **Mondstein** zeichnet sich durch seine milchig-weiße bis schimmernd blaue oder graue Farbe aus, die das mystische und geheimnisvolle Licht des Mondes widerspiegelt. In verschiedenen Kulturen wird der Mond als Symbol für das Weibliche, die Intuition und die zyklische Natur des Lebens verehrt. Genau diese Qualitäten verkörpert auch der Mondstein. Seine Farbe erinnert an das sanfte Licht des Mondes, das uns hilft, uns auf unsere inneren

Gefühle zu konzentrieren und uns mit unserem tiefsten Selbst zu verbinden.

Besonders der Schimmer des Mondsteins – auch als **Adulares-zenz** bezeichnet – zieht viele Menschen an. Dieser Schimmer entsteht durch das Licht, das in der Struktur des Steins reflektiert wird, und verleiht ihm eine magische Ausstrahlung. Wenn du den Mondstein betrachtest oder in deinen Händen hältst, kannst du spüren, wie seine sanfte Energie eine beruhigende Wirkung auf deine Emotionen hat und dir hilft, klarer zu sehen, was in deinem Inneren vor sich geht.

Eigenschaften des Mondsteins: Intuition, Weiblichkeit und emotionales Gleichgewicht

Der Mondstein ist vor allem für seine Fähigkeit bekannt, die **Intu-ition** zu stärken. In unserem oft hektischen und rational geprägten Alltag vergessen wir leicht, auf unsere innere Stimme zu hören und unseren eigenen Gefühlen zu vertrauen. Der Mondstein unterstützt uns dabei, wieder in Kontakt mit unserer Intuition zu kommen und auf das zu hören, was wir tief im Inneren bereits wissen. Er ermutigt uns, uns selbst zu vertrauen und Entscheidungen nicht nur mit dem Verstand, sondern auch mit dem Herzen zu treffen.

Dieser Stein ist eng mit dem **Weiblichen** und den **natürlichen Zyklen** des Lebens verbunden. Besonders für Frauen ist der Mondstein ein wertvoller Begleiter, da er hilft, den **eigenen Zyklus** zu harmonisieren und sich mit den natürlichen Rhythmen des Körpers zu verbinden. In Zeiten emotionaler Turbulenzen kann der Mondstein helfen, innere Balance zu finden und das Gleichgewicht zwischen den Emotionen wiederherzustellen. Er wirkt beruhigend und unterstützend, wenn wir uns überwältigt fühlen, und hilft uns, mit mehr Gelassenheit durch schwierige Zeiten zu gehen.

Ein weiteres wichtiges Merkmal des Mondsteins ist seine Fähigkeit, **emotionale Blockaden zu lösen**. Oft tragen wir alte emotionale Verletzungen oder ungelöste Gefühle in uns, die uns daran hindern, unsere wahre emotionale Tiefe zu erfahren. Der Mondstein unterstützt uns dabei, diese Blockaden sanft zu lösen und Heilung zu erfahren. Er hilft uns, uns unseren Gefühlen zu öffnen und die Emotionen anzunehmen, die wir vielleicht lange unterdrückt haben.

Anwendung des Mondsteins: Meditation, Zyklus und Alltag

Es gibt viele Möglichkeiten, den Mondstein in den Alltag zu integrieren und von seiner sanften, heilenden Energie zu profitieren. Eine der häufigsten und effektivsten Anwendungen ist das **Tragen des Mondsteins als Schmuckstück**. Ob als Halskette, Armband oder Ring – wenn du den Mondstein direkt auf der Haut trägst, kannst du seine beruhigende und intuitive Energie den ganzen Tag über spüren. Besonders Frauen können den Mondstein verwenden, um den eigenen Zyklus zu harmonisieren und sich stärker mit den natürlichen Rhythmen des Körpers zu verbinden.

Der Mondstein ist auch ein wunderbarer Begleiter für die **Meditation**. Wenn du den Mondstein in deine Meditationspraxis einbeziehst, kannst du seine Energie nutzen, um dich tiefer mit deiner Intuition und deinen Gefühlen zu verbinden. Setze dich in eine ruhige Position, halte den Mondstein in deinen Händen oder lege ihn auf dein **Sakralchakra**, das sich knapp unterhalb des

Bauchnabels befindet. Schließe die Augen und atme tief ein, während du dich auf die sanfte, schimmernde Energie des Mondsteins konzentrierst. Du kannst dir vorstellen, wie ein weiches, blaues oder weißes Licht von dem Stein ausgeht und deine Emotionen harmonisiert. Der Mondstein wird dir helfen, deine Gefühle zu klären und dich mit deinem inneren Wissen zu verbinden.

Eine weitere Möglichkeit, den Mondstein in den Alltag zu integrieren, ist, ihn in **Räumen** zu platzieren, in denen du dich oft aufhältst. Besonders im Schlafzimmer oder an einem ruhigen Rückzugsort kann der Mondstein dazu beitragen, eine friedliche und harmonische Atmosphäre zu schaffen. Seine Energie fördert einen ruhigen Schlaf und hilft dabei, nächtliche Gedanken zu beruhigen und innere Klarheit zu erlangen.

Wirkung des Mondsteins auf das Sakralchakra

Der Mondstein hat eine besonders kraftvolle Wirkung auf das **Sakralchakra (Svadhisthana Chakra)**, das energetische Zentrum, das für unsere Kreativität, unsere Sexualität und unser emotionales Gleichgewicht verantwortlich ist. Das Sakralchakra befindet sich knapp unterhalb des Bauchnabels und ist das Zentrum unserer **Lebensfreude, unserer schöpferischen Energie und unserer Sinnlichkeit**.

Ein ausgeglichenes Sakralchakra ermöglicht es uns, unsere Emotionen auf gesunde Weise zu erleben, uns kreativ auszudrücken und Freude am Leben zu empfinden. Wenn das Sakralchakra jedoch blockiert oder aus dem Gleichgewicht geraten ist, kann dies zu emotionaler Instabilität, kreativen Blockaden oder Schwierigkeiten im Umgang mit unserer Sexualität führen. Oft spüren wir dann eine gewisse Enge oder Anspannung im unteren Bauchbereich und fühlen uns emotional ausgelaugt.

Der Mondstein hilft, das Sakralchakra zu **harmonisieren**, indem er die Verbindung zu unseren Emotionen und Wünschen stärkt. Er fördert das kreative Fließen und hilft uns, uns mit unserer inneren Quelle der Freude und Kreativität zu verbinden. Wenn du das Gefühl hast, dass du in deinem Leben emotional blockiert oder aus dem Gleichgewicht geraten bist, kann der Mondstein dir helfen, diese Blockaden zu lösen und dich wieder mit deiner **inneren Lebenskraft** zu verbinden.

Besonders Frauen profitieren von der Wirkung des Mondsteins auf das Sakralchakra, da er hilft, den natürlichen **weiblichen Zyklus** zu harmonisieren und die Verbindung zu den eigenen Bedürfnissen und Gefühlen zu stärken. Der Mondstein unterstützt uns dabei, unsere Weiblichkeit zu ehren und mit mehr Leichtigkeit und Offenheit unsere emotionale Tiefe und Sexualität zu erleben.

Mondstein als Begleiter im täglichen Leben

In einer oft stressigen und hektischen Welt kann der Mondstein ein wertvoller Begleiter sein, um mehr **emotionale Balance, Intuition und innere Klarheit** zu finden. Besonders in Zeiten, in denen du dich emotional ausgelaugt oder aus dem Gleichgewicht fühlst, kann der Mondstein dir helfen, deine innere Ruhe wiederzufinden und dich mit deinem **inneren Wissen** zu verbinden.

Der Mondstein erinnert uns daran, dass wir alle über eine tiefe, intuitive Weisheit verfügen, die uns leitet, wenn wir bereit sind, ihr zu vertrauen. Indem wir uns mit der Energie des Mondsteins verbinden, lernen wir, wieder auf unsere innere Stimme zu hören und Entscheidungen aus dem Herzen heraus zu treffen. Der

Mondstein ermutigt uns, unsere Gefühle anzunehmen und uns selbst zu vertrauen, auch in Momenten der Unsicherheit.

Der **Mondstein** ist ein kraftvoller Stein, der uns dabei unterstützt, **emotionale Balance, Intuition und innere Klarheit** in unser Leben zu bringen. Seine sanfte, schimmernde Farbe erinnert uns an die **zyklische Natur des Lebens** und fördert das **Vertrauen in unsere innere Weisheit**. Besonders seine Wirkung auf das **Sakralchakra** macht ihn zu einem wertvollen Begleiter für alle, die ihre emotionale und kreative Energie wieder in den Fluss bringen möchten.

Ob als Schmuckstück, in der Meditation oder als dekoratives Element in deinem Zuhause – der Mondstein hilft dir, deine **Intuition zu stärken**, emotionale Blockaden zu lösen und das **Gleichgewicht zwischen deinen Gefühlen** wiederherzustellen. Indem du dich mit der Energie dieses Steins verbindest, wirst du in der Lage sein, mit mehr Leichtigkeit und Vertrauen durch das Leben zu gehen und auf deine innere Stimme zu hören.

Citrin: Der Stein des Erfolgs, Wohlstands und Optimismus

Der **Citrin**, mit seiner strahlenden, goldgelben Farbe, ist ein Edelstein, der mit Erfolg, Wohlstand und positiver Energie in Verbindung gebracht wird. Seine sonnige Ausstrahlung und seine kraftvollen Eigenschaften machen ihn zu einem beliebten Begleiter für Menschen, die nach Klarheit, Selbstbewusstsein und innerer Stärke suchen. Citrin unterstützt dabei, eine positive Denkweise zu fördern, negative Energien abzuwehren und mit Optimismus durch das Leben zu gehen. Er ist auch als „Stein des Erfolgs" bekannt und hilft, die eigenen Ziele klar zu erkennen und mit Zuversicht zu verfolgen.

In diesem Text erfährst du mehr über die Eigenschaften des Citrins, seine Anwendungsmöglichkeiten im Alltag und in der Meditation sowie seine starke Wirkung auf das **Solarplexus-Chakra** – das energetische Zentrum, das für unser Selbstbewusstsein, unsere Willenskraft und unsere Fähigkeit, Ziele zu verfolgen, zuständig ist.

Die Farbe des Citrins: Strahlend und kraftvoll

Der **Citrin** zeichnet sich durch seine lebendige gelbe bis goldgelbe Farbe aus, die sofort an die warme Energie der Sonne erinnert. Diese Farbe symbolisiert **Freude, Optimismus und Vitalität**. Schon der Anblick eines Citrins kann ein Lächeln auf das Gesicht zaubern und das Gefühl von Leichtigkeit und Lebensfreude wecken. Die gelbe Farbe ist in vielen Kulturen mit positiven Energien verbunden und gilt als Zeichen von Erfolg und innerer Stärke.

Wie die Sonne, die alles zum Erblühen bringt, trägt der Citrin eine Energie in sich, die Wachstum und Wohlstand fördert. Die warme, leuchtende Farbe des Steins erinnert uns daran, dass das Leben voller Möglichkeiten und Chancen ist, die nur darauf warten, ergriffen zu werden. Er steht für die Hoffnung auf einen Neuanfang und den Glauben an die eigenen Fähigkeiten.

Eigenschaften des Citrins: Klarheit, Fokus und Selbstvertrauen

Der Citrin ist vor allem für seine Fähigkeit bekannt, **Klarheit und Fokus** zu fördern. In unserem hektischen Alltag kann es leicht passieren, dass unsere Gedanken zerstreut sind und wir uns von den vielen Ablenkungen überwältigt fühlen. Der Citrin hilft dabei, den Geist zu klären und den Fokus auf das Wesentliche zu lenken. Wenn du dich mit diesem Stein verbindest, wirst du bemerken, dass du klarer denken und Entscheidungen bewusster treffen kannst.

Ein weiteres zentrales Merkmal des Citrins ist seine Fähigkeit, das **Selbstvertrauen** zu stärken. Oft zweifeln wir an unseren Fähigkeiten oder haben Angst vor dem Scheitern, was uns daran hindern kann, unsere Träume und Ziele zu verwirklichen. Der Citrin erinnert uns daran, dass wir die Kraft haben, alles zu erreichen, was wir uns vornehmen. Er ermutigt uns, mutig zu sein und unser volles Potenzial zu entfalten. Mit dem Citrin an deiner Seite wirst du das Vertrauen in dich selbst wiederfinden und den Mut haben, deine Ziele mit Entschlossenheit zu verfolgen.

Der Citrin ist auch ein Stein, der **positive Energien** anzieht und **negative Energien** abwehrt. Er hilft uns dabei, negative Gedankenmuster loszulassen und eine optimistische Sichtweise zu entwickeln. Wenn du dich oft von negativen Einflüssen umgeben fühlst oder Schwierigkeiten hast, positiv zu denken, kann der Citrin dir helfen, diese Blockaden zu überwinden und mehr Freude und Optimismus in dein Leben zu bringen. Er unterstützt dich dabei, die Herausforderungen des Lebens mit einem Lächeln anzugehen und das Beste aus jeder Situation zu machen.

Anwendung des Citrins: Ein Stein für Meditation und Alltag

Es gibt viele verschiedene Möglichkeiten, den Citrin in den Alltag zu integrieren, um von seinen kraftvollen Eigenschaften zu profitieren. Eine der effektivsten Methoden ist das **Tragen des Citrins als Schmuckstück**. Wenn du den Citrin als Anhänger, Armband oder Ring trägst, kannst du seine positive Energie den ganzen Tag über spüren. Besonders wenn der Citrin in der Nähe des **Solarplexus-Chakras** getragen wird – dem energetischen Zentrum, das sich im oberen Bauchbereich befindet – kann er seine Wirkung optimal entfalten. Er hilft dir dabei, Selbstvertrauen und innere Stärke zu entwickeln und den Mut zu finden, deine Ziele mit Entschlossenheit zu verfolgen.

Der Citrin kann auch in der **Meditation** verwendet werden, um Klarheit und Fokus zu fördern. Setze dich in eine bequeme Position, halte den Citrin in den Händen oder lege ihn auf deinen Solarplexus. Schließe die Augen und atme tief ein, während du dich auf die strahlende, sonnige Energie des Citrins konzentrierst. Du kannst dir vorstellen, wie ein warmes, goldgelbes Licht von dem Stein ausgeht und deinen Geist klärt. Diese Meditation wird dir helfen, deine Gedanken zu ordnen und eine klare Vision für deine Ziele zu entwickeln. Du wirst bemerken, dass der Citrin dir dabei hilft, negative Gedanken loszulassen und mit einem positiven und klaren Geist in den Tag zu starten.

Neben der Meditation und dem Tragen als Schmuck kann der Citrin auch in **Räumen** platziert werden, um eine positive und energetisierende Atmosphäre zu schaffen. Ein Citrin-Kristall auf deinem Schreibtisch oder in deinem Wohnzimmer kann dazu beitragen, positive Energien anzuziehen und eine Umgebung zu schaffen, die dich motiviert und inspiriert. Besonders in Arbeitsräumen oder kreativen Bereichen kann der Citrin dazu beitragen, den Fokus zu stärken und die Kreativität zu fördern.

Wirkung des Citrins auf das Solarplexus-Chakra

Der Citrin hat eine besonders kraftvolle Wirkung auf das **Solarplexus-Chakra (Manipura Chakra)**, das energetische Zentrum, das für unser **Selbstbewusstsein, unsere Willenskraft** und unsere **Fähigkeit, Ziele zu verfolgen**, verantwortlich ist. Das Solarplexus-Chakra befindet sich im oberen Bauchbereich, knapp über dem Nabel, und ist das Zentrum unserer persönlichen Kraft.

Ein ausgeglichenes Solarplexus-Chakra ermöglicht es uns, mit Selbstvertrauen und Entschlossenheit durch das Leben zu gehen. Es gibt uns die innere Stärke, Herausforderungen zu meistern, und hilft uns, uns unserer eigenen Fähigkeiten bewusst zu werden. Wenn das Solarplexus-Chakra jedoch blockiert oder aus dem Gleichgewicht geraten ist, kann dies zu einem Mangel an Selbstvertrauen, Unsicherheit oder einem Gefühl der Machtlosigkeit führen. Oft fällt es uns in solchen Momenten schwer, uns für unsere Ziele zu motivieren oder klar zu erkennen, was wir wirklich wollen.

Der Citrin hilft, das Solarplexus-Chakra zu **balancieren und zu aktivieren**, indem er das **Selbstbewusstsein** stärkt und die **Klarheit im Denken** fördert. Er unterstützt uns dabei, unsere Ziele klar zu erkennen und die Entschlossenheit zu finden, diese auch zu verfolgen. Wenn du das Gefühl hast, dass du in deinem

Leben feststeckst oder Schwierigkeiten hast, Entscheidungen zu treffen, kann der Citrin dir helfen, diese Blockaden zu lösen und wieder in deine persönliche Kraft zu kommen. Mit der Unterstützung des Citrins wirst du in der Lage sein, mit mehr Selbstvertrauen und Entschlossenheit deinen Weg zu gehen.

Darüber hinaus fördert der Citrin die **positive Energie** und den **Optimismus**, die notwendig sind, um Hindernisse zu überwinden und mit einem klaren und positiven Geist durch das Leben zu gehen. Ein gesundes Solarplexus-Chakra ermöglicht es uns, unsere Ziele zu erreichen und das Leben in vollen Zügen zu genießen.

Citrin als Begleiter im täglichen Leben

In einer Welt, die oft von Unsicherheiten und Herausforderungen geprägt ist, kann der Citrin ein wertvoller Begleiter sein, um mehr **Klarheit, Selbstvertrauen und Optimismus** in den Alltag zu bringen. Besonders in Zeiten, in denen du dich entmutigt oder unsicher fühlst, kann der Citrin dir helfen, deine innere Stärke wiederzufinden und mit Zuversicht durch das Leben zu gehen.

Der Citrin erinnert uns daran, dass wir die Kontrolle über unser eigenes Leben haben und dass wir die Fähigkeit besitzen, unsere Träume und Ziele zu verwirklichen. Er fördert das **positive Denken** und hilft uns, negative Gedankenmuster loszulassen, die uns daran hindern, unser volles Potenzial zu entfalten. Mit dem Citrin an deiner Seite wirst du lernen, auf deine eigenen Fähigkeiten zu vertrauen und die Herausforderungen des Lebens mit einem klaren und optimistischen Geist anzugehen.

Der **Citrin** ist ein kraftvoller Stein, der für seine Fähigkeit bekannt ist, **Klarheit, Selbstvertrauen und Optimismus** zu fördern. Seine strahlend gelbe Farbe symbolisiert Freude und Vitalität, während seine energetischen Eigenschaften uns dabei helfen, unsere Ziele klar zu erkennen und mit Entschlossenheit zu verfolgen. Besonders seine Wirkung auf das **Solarplexus-Chakra** macht ihn zu einem wertvollen Begleiter für alle, die ihre persönliche Kraft stärken und ihre Träume verwirklichen möchten.

Ob als Schmuckstück, in der Meditation oder als dekoratives Element in deinem Zuhause – der Citrin hilft dir, deine **Gedanken zu klären**, deine **Selbstsicherheit zu stärken** und mit einer positiven Einstellung durch das Leben zu gehen. Indem du dich mit der Energie dieses Steins verbindest, wirst du in der Lage sein, deine Ziele mit Klarheit und Entschlossenheit zu verfolgen und das Leben voller **Freude und Erfolg** zu genießen.

Gelber Jaspis: Der Stein der inneren Stärke und des Selbstvertrauens

Der **Gelbe Jaspis** ist ein kraftvoller Edelstein, der mit seiner intensiven gelben bis goldgelben Farbe nicht nur optisch besticht, sondern auch tiefe energetische Wirkungen auf unser Wohlbefinden und unsere emotionale Stärke hat. Dieser Stein ist bekannt dafür, innere Stärke, Selbstbewusstsein und Lebensfreude zu fördern. Er wird oft als **Schutzstein** angesehen, der Stabilität in schwierigen Situationen bietet und uns hilft, emotionalen Herausforderungen mit mehr Klarheit und Gelassenheit zu begegnen.

In diesem Text erkunden wir die einzigartigen Eigenschaften des Gelben Jaspis, seine Anwendungsmöglichkeiten im Alltag und in der Meditation sowie seine starke Wirkung auf das **Solarplexus-Chakra** – das energetische Zentrum, das für unser Selbstvertrauen, unsere persönliche Kraft und unsere Fähigkeit, uns in der Welt zu behaupten, verantwortlich ist.

Die Farbe des Gelben Jaspis: Strahlend und stabilisierend

Der **Gelbe Jaspis** zeichnet sich durch eine intensive, sonnige Gelbfärbung aus, die oft von goldgelben Tönen durchzogen ist. Diese Farbe symbolisiert **Lebensfreude, innere Stärke und Stabilität**. Sie erinnert uns an die warme Energie der Sonne, die uns stärkt, wenn wir sie brauchen, und uns ermutigt, mit Zuversicht und Selbstbewusstsein durch das Leben zu gehen.

Die gelbe Farbe des Jaspis hat eine erdende Wirkung und hilft uns, uns in Zeiten emotionaler Unruhe zu stabilisieren. Besonders in herausfordernden Situationen, in denen wir uns unsicher oder ängstlich fühlen, kann der Gelbe Jaspis uns dabei unterstützen, wieder Boden unter den Füßen zu gewinnen und unsere innere Stärke zu aktivieren. Er vermittelt das Gefühl, dass wir in uns selbst die Kraft finden, jede Herausforderung zu meistern.

Eigenschaften des Gelben Jaspis: Innere Stärke, Schutz und Lebensfreude

Der Gelbe Jaspis wird seit jeher als **Stein der inneren Stärke** verehrt. In Zeiten, in denen wir uns schwach oder unsicher fühlen, kann der Gelbe Jaspis uns daran erinnern, dass wir die Fähigkeit haben, jede Herausforderung zu bewältigen, die das Leben uns stellt. Er unterstützt uns dabei, unser Selbstvertrauen wiederzufinden und uns mit mehr Klarheit und Entschlossenheit in der Welt zu bewegen.

Ein weiteres wichtiges Merkmal des Gelben Jaspis ist seine Rolle als **Schutzstein**. Er hilft dabei, die eigenen Energien zu stabilisieren und uns vor äußeren negativen Einflüssen zu schützen. In Momenten emotionaler Belastung oder Stress fungiert der Gelbe Jaspis wie ein energetischer Schild, der uns vor Überlastung bewahrt und uns in unserer Mitte hält. Seine beruhigende Energie hilft uns, klar zu denken und mit schwierigen Emotionen auf gesunde Weise umzugehen.

Zusätzlich fördert der Gelbe Jaspis die **Lebensfreude**. Oft verlieren wir inmitten von Stress und Herausforderungen das Gefühl für die schönen und positiven Aspekte des Lebens. Der Gelbe Jaspis erinnert uns daran, dass es wichtig ist, das Leben zu genießen und die Freude an kleinen Dingen zu schätzen. Er unterstützt uns dabei, das Positive zu sehen und uns inmitten von Schwierigkeiten auf das zu konzentrieren, was uns glücklich macht.

In herausfordernden emotionalen Phasen kann der Gelbe Jaspis auch helfen, **emotionale Stabilität** zu erlangen. Wenn du dich von intensiven Emotionen überwältigt fühlst oder das Gefühl hast, den Überblick über deine Gefühle zu verlieren, kann der Gelbe Jaspis dich dabei unterstützen, diese Emotionen zu beruhigen und dein inneres Gleichgewicht wiederzufinden. Er hilft, emotionale Klarheit zu erlangen und mit mehr Zuversicht durch schwierige Zeiten zu gehen.

Anwendung des Gelben Jaspis: Ein Stein für Alltag und Meditation

Es gibt viele Möglichkeiten, den Gelben Jaspis in den Alltag zu integrieren, um von seinen kraftvollen Eigenschaften zu profitieren. Eine der effektivsten Methoden ist das **Tragen des Gelben Jaspis als Schmuckstück**. Ob als Halskette, Armband oder Anhänger – wenn der Gelbe Jaspis direkt auf der Haut getragen wird, kannst du seine erdende und stabilisierende Energie den ganzen Tag über spüren. Besonders wenn der Jaspis in der Nähe des **Solarplexus-Chakras** getragen wird – dem energetischen Zentrum, das für unsere persönliche Kraft und unser Selbstvertrauen verantwortlich ist – kann er seine Wirkung optimal entfalten. Er stärkt dein Selbstvertrauen und hilft dir, dich in herausfordernden Situationen zu behaupten.

Der Gelbe Jaspis kann auch in der **Meditation** verwendet werden, um die innere Stärke und Beständigkeit zu stärken. Setze dich in eine bequeme Position, halte den Gelben Jaspis in den Händen oder lege ihn auf deinen Solarplexus. Schließe die Augen und atme tief ein, während du dich auf die warme, schützende Energie des Steins konzentrierst. Du kannst dir vorstellen, wie ein leuchtend gelbes Licht von dem Jaspis ausgeht und deine innere Kraft aktiviert. Diese Meditation hilft dir, Klarheit in schwierigen

Situationen zu gewinnen und dich emotional zu stabilisieren. Der Gelbe Jaspis unterstützt dich dabei, ruhig zu bleiben und dich mit deinem inneren Schutzschild zu verbinden.

Neben dem Tragen als Schmuck oder der Verwendung in der Meditation kann der Gelbe Jaspis auch in **Räumen** platziert werden, um eine schützende und stabilisierende Atmosphäre zu schaffen. Ein Jaspis-Kristall auf deinem Schreibtisch, in deinem Schlafzimmer oder an einem anderen ruhigen Ort kann dazu beitragen, eine harmonische und ruhige Umgebung zu schaffen, die dich darin unterstützt, emotional stabil zu bleiben und deine innere Stärke zu pflegen.

Wirkung des Gelben Jaspis auf das Solarplexus-Chakra

Der Gelbe Jaspis hat eine besonders starke Wirkung auf das **Solarplexus-Chakra (Manipura Chakra)**, das energetische Zentrum, das für unser **Selbstvertrauen, unsere innere Stärke und unsere persönliche Macht** verantwortlich ist. Das Solarplexus-Chakra befindet sich im oberen Bauchbereich, knapp über dem Nabel, und ist das Zentrum unserer persönlichen Identität und unserer Fähigkeit, uns in der Welt zu behaupten.

Ein ausgeglichenes Solarplexus-Chakra gibt uns die innere Stärke und das Selbstbewusstsein, unsere eigenen Bedürfnisse und Wünsche zu erkennen und zu verfolgen. Es hilft uns, uns in der Welt sicher zu fühlen und uns von negativen Einflüssen abzugrenzen. Wenn das Solarplexus-Chakra jedoch blockiert oder aus dem Gleichgewicht geraten ist, kann dies zu Unsicherheiten, Ängsten oder einem Gefühl der Machtlosigkeit führen. Oft fällt es uns dann schwer, unsere Ziele klar zu verfolgen oder uns selbst mit Überzeugung zu vertreten.

Der Gelbe Jaspis unterstützt dabei, das Solarplexus-Chakra zu **stärken und zu harmonisieren**, indem er das **Selbstbewusstsein und die innere Stärke** fördert. Er hilft uns, uns von Selbstzweifeln zu befreien und mit mehr Klarheit und Entschlossenheit unseren Weg zu gehen. Wenn du das Gefühl hast, dass du in deinem Leben feststeckst oder Schwierigkeiten hast, dich durchzusetzen, kann der Gelbe Jaspis dir helfen, diese Blockaden zu lösen und dein Selbstvertrauen zu stärken.

Darüber hinaus fördert der Gelbe Jaspis die **emotionale Stabilität** und das **Selbstvertrauen**, die notwendig sind, um den Herausforderungen des Lebens mit innerer Stärke zu begegnen. Ein gesundes Solarplexus-Chakra ermöglicht es uns, mutig und entschlossen voranzuschreiten und das Leben mit einem Gefühl der Sicherheit und inneren Klarheit zu meistern.

Gelber Jaspis als Begleiter im täglichen Leben

In einer oft herausfordernden und stressigen Welt kann der Gelbe Jaspis ein wertvoller Begleiter sein, um mehr **Selbstvertrauen, innere Stärke und Lebensfreude** in den Alltag zu bringen. Besonders in Zeiten, in denen du dich unsicher oder emotional instabil fühlst, kann der Gelbe Jaspis dir helfen, deine innere Balance wiederzufinden und mit mehr Zuversicht durch das Leben zu gehen.

Der Gelbe Jaspis erinnert uns daran, dass wir die Kraft haben, jede Herausforderung zu bewältigen, und dass wir uns auf unsere innere Stärke verlassen können. Er hilft uns, negative Einflüsse abzuwehren und uns emotional zu stabilisieren. Mit dem Gelben Jaspis an deiner Seite wirst du lernen, dich selbst zu behaupten und mit Klarheit und Entschlossenheit deine Ziele zu verfolgen.

Der **Gelbe Jaspis** ist ein kraftvoller Stein, der für seine Fähigkeit bekannt ist, **innere Stärke, Selbstvertrauen und Stabilität** zu fördern. Seine leuchtende gelbe Farbe symbolisiert Lebensfreude und Schutz, während seine energetischen Eigenschaften uns dabei helfen, emotionale Herausforderungen zu meistern und mit mehr Klarheit durch das Leben zu gehen. Besonders seine Wirkung auf das **Solarplexus-Chakra** macht ihn zu einem wertvollen Begleiter für alle, die ihre persönliche Kraft stärken und ihre innere Stärke aktivieren möchten.

Ob als Schmuckstück, in der Meditation oder als schützendes Element in deinem Zuhause – der Gelbe Jaspis hilft dir, deine **innere Stabilität zu stärken**, dein **Selbstbewusstsein zu fördern** und mit mehr Lebensfreude und Selbstvertrauen durch das Leben zu gehen. Indem du dich mit der Energie dieses Steins verbindest, wirst du in der Lage sein, jede Herausforderung mit innerer Stärke und Klarheit zu meistern.

Tigerauge: Der Stein der Willenskraft, des Schutzes und der Entscheidungsfreude

Der **Tigerauge**-Edelstein, mit seinem goldbraunen, schimmernden Streifenmuster, ist nicht nur optisch ein beeindruckendes Naturwunder, sondern auch energetisch ein kraftvoller Begleiter. Seit Jahrhunderten wird dieser Stein als Symbol für **Willenskraft, Mut und Schutz** geschätzt. Seine schützenden Eigenschaften und seine Fähigkeit, sowohl die rationalen als auch die intuitiven Aspekte des Selbst zu harmonisieren, machen ihn zu einem wertvollen Werkzeug für alle, die in herausfordernden Situationen Klarheit und Selbstvertrauen benötigen. Der Tigerauge ist ein Stein, der uns ermutigt, mutig zu handeln, wenn wir vor schwierigen Entscheidungen stehen, und uns dabei unterstützt, mit Entschlossenheit und Selbstsicherheit durchs Leben zu gehen.

In diesem Text erfährst du alles über die besonderen Eigenschaften des Tigerauges, seine Anwendungsmöglichkeiten im Alltag und in der Meditation sowie seine Wirkung auf das **Solarplexus-Chakra** – das energetische Zentrum, das für unsere Willenskraft, Entschlossenheit und Selbstbewusstsein verantwortlich ist.

Die Farbe des Tigerauges: Schimmernd und kraftvoll

Der **Tigerauge** zeichnet sich durch seine faszinierende goldbraune Farbe aus, die in Streifen schimmert. Diese Streifen entstehen durch die Einlagerung von Fasern und verleihen dem Stein seine einzigartige Optik, die an das Auge eines Tigers erinnert. Die Farben des Tigerauges symbolisieren **Klarheit, Stärke und Schutz** und tragen eine erdende Energie in sich, die uns hilft, in schwierigen Situationen ruhig und fokussiert zu bleiben.

Der schimmernde Effekt des Tigerauges, auch als **Chatoyance** bekannt, erzeugt das Gefühl von Bewegung und Dynamik. Es ist, als ob der Stein selbst lebendig wäre und uns mit seiner Energie leiten würde. Die goldbraune Farbe steht symbolisch für Stabilität und Erdung, während die schimmernden Streifen an die Fähigkeit erinnern, auch in turbulenten Zeiten den Überblick zu behalten und klar zu sehen, was wirklich wichtig ist.

Eigenschaften des Tigerauges: Willenskraft, Schutz und Entscheidungsfreude

Der Tigerauge ist vor allem für seine Fähigkeit bekannt, **Willenskraft und Entschlossenheit** zu fördern. In Zeiten, in denen wir vor schwierigen Entscheidungen stehen oder uns in herausfordernden Situationen behaupten müssen, kann der Tigerauge uns dabei helfen, mutig zu handeln und unsere Ziele klar vor Augen zu behalten. Der Stein erinnert uns daran, dass wir die Kraft und den Mut haben, alles zu erreichen, was wir uns vorgenommen haben. Er stärkt unsere innere Entschlossenheit und unterstützt uns dabei, fokussiert und zielgerichtet zu bleiben.

Ein weiteres zentrales Merkmal des Tigerauges ist seine **schützende Energie**. Der Stein wirkt wie ein energetischer Schild, der negative Einflüsse abwehrt und uns hilft, in schwierigen oder stressigen Situationen ruhig und gelassen zu bleiben. Er schützt vor emotionaler Überlastung und hilft uns, unsere innere Balance zu bewahren. Besonders in Zeiten, in denen wir das Gefühl haben, von äußeren Umständen überwältigt zu werden, kann der Tigerauge uns dabei unterstützen, uns zu zentrieren und uns vor negativen Energien zu schützen.

Der Tigerauge ist auch ein **Stein der Integration**, der die rationalen und intuitiven Aspekte des Selbst harmonisiert. Oft stehen
wir vor Entscheidungen, bei denen unser Verstand und unser
Bauchgefühl scheinbar im Widerspruch zueinander stehen. Der Tigerauge hilft dabei, diese beiden Aspekte miteinander in Einklang
zu bringen und Entscheidungen zu treffen, die sowohl auf Klarheit
als auch auf Intuition basieren. Er fördert das **Vertrauen in die
eigene Intuition**, während er gleichzeitig die Fähigkeit stärkt,
rational zu denken und klare, fundierte Entscheidungen zu treffen.

*Anwendung des Tigerauges: Ein Stein für Klarheit und Entschlos-
senheit*

Es gibt viele verschiedene Möglichkeiten, den Tigerauge in den
Alltag zu integrieren, um von seinen schützenden und stärkenden
Eigenschaften zu profitieren. Eine der häufigsten und effektivsten
Anwendungen ist das **Tragen des Tigerauges als Schmuckstück**. Ob als Halskette, Armband oder Anhänger – wenn der Tigerauge direkt auf der Haut getragen wird, kannst du seine kraftvolle Energie den ganzen Tag über spüren. Besonders wenn der
Stein in der Nähe des **Solarplexus-Chakras** getragen wird –
dem energetischen Zentrum, das für unsere Willenskraft und unser Selbstbewusstsein verantwortlich ist – kann er seine Wirkung
optimal entfalten.

Der Tigerauge eignet sich auch hervorragend für die **Meditation**.
Wenn du dich in deine Meditationspraxis begibst, kannst du den
Tigerauge in die Hand nehmen oder auf dein Solarplexus-Chakra
legen. Schließe die Augen und konzentriere dich auf die warme,
schützende Energie des Steins. Du kannst dir vorstellen, wie ein
goldbraunes Licht von dem Tigerauge ausgeht und dir Klarheit
und innere Stärke schenkt. Diese Meditation wird dir helfen, dich

zu fokussieren und dich mit deiner inneren Willenskraft zu verbinden.

Eine weitere Möglichkeit, den Tigerauge in den Alltag zu integrieren, besteht darin, ihn in **Räumen** zu platzieren, in denen du besonders viel Klarheit und Fokus benötigst. Ein Tigerauge-Kristall auf deinem Schreibtisch oder an deinem Arbeitsplatz kann dazu beitragen, die Konzentration zu stärken und eine Umgebung zu schaffen, die dich unterstützt, klare Entscheidungen zu treffen und zielgerichtet zu arbeiten. Besonders in stressigen oder anspruchsvollen Phasen kann der Tigerauge dir helfen, dich nicht von äußeren Einflüssen ablenken zu lassen und fokussiert zu bleiben.

Wirkung des Tigerauges auf das Solarplexus-Chakra

Der Tigerauge hat eine besonders starke Wirkung auf das **Solarplexus-Chakra (Manipura Chakra)**, das energetische Zentrum, das für unsere **Willenskraft, Entschlossenheit und innere Stärke** verantwortlich ist. Das Solarplexus-Chakra befindet sich im oberen Bauchbereich, knapp über dem Nabel, und ist das Zentrum unserer persönlichen Kraft und unserer Fähigkeit, uns in der Welt zu behaupten.

Ein ausgeglichenes Solarplexus-Chakra gibt uns das **Selbstbewusstsein und die innere Stärke**, um Herausforderungen zu meistern und unsere Ziele klar zu verfolgen. Es hilft uns, uns in der Welt sicher zu fühlen und mutige Entscheidungen zu treffen. Wenn das Solarplexus-Chakra jedoch blockiert oder aus dem Gleichgewicht geraten ist, kann dies zu Unsicherheiten, einem Mangel an Selbstvertrauen oder Schwierigkeiten führen, klare

Entscheidungen zu treffen. Oft fühlen wir uns dann emotional instabil und haben Schwierigkeiten, unsere Willenskraft zu aktivieren.

Der Tigerauge unterstützt dabei, das Solarplexus-Chakra zu **stärken und zu harmonisieren**, indem er die **Willenskraft und die innere Entschlossenheit** fördert. Er hilft uns, uns von Selbstzweifeln zu befreien und mutig voranzuschreiten, auch wenn wir uns unsicher oder überfordert fühlen. Wenn du das Gefühl hast, dass du in deinem Leben feststeckst oder Schwierigkeiten hast, Entscheidungen zu treffen, kann der Tigerauge dir helfen, diese Blockaden zu lösen und dein Selbstvertrauen wiederzufinden.

Darüber hinaus fördert der Tigerauge die Fähigkeit, **rationale und intuitive Entscheidungen** zu treffen. Oftmals fällt es uns schwer, klare Entscheidungen zu treffen, wenn wir das Gefühl haben, zwischen Verstand und Bauchgefühl hin- und hergerissen zu sein. Der Tigerauge hilft dabei, diese beiden Aspekte des Selbst miteinander zu integrieren, sodass wir Entscheidungen treffen können, die sowohl logisch als auch intuitiv sinnvoll sind.

Tigerauge als Begleiter im täglichen Leben

In einer Welt, die oft von Unsicherheiten und Herausforderungen geprägt ist, kann der Tigerauge ein wertvoller Begleiter sein, um mehr **Klarheit, Willenskraft und Schutz** in den Alltag zu bringen. Besonders in Zeiten, in denen du das Gefühl hast, dass dir der Mut oder die Entschlossenheit fehlt, kann der Tigerauge dir helfen, deine innere Stärke wiederzufinden und mit Zuversicht durch das Leben zu gehen.

Der Tigerauge erinnert uns daran, dass wir die Kontrolle über unser eigenes Leben haben und dass wir die Fähigkeit besitzen, mutige Entscheidungen zu treffen und unsere Ziele klar zu verfolgen. Er fördert das **Selbstbewusstsein** und hilft uns, negative Gedankenmuster loszulassen, die uns daran hindern, unser volles Potenzial zu entfalten. Mit dem Tigerauge an deiner Seite wirst du lernen, auf deine eigenen Fähigkeiten zu vertrauen und die Herausforderungen des Lebens mit einem klaren und fokussierten Geist anzugehen.

Der **Tigerauge** ist ein kraftvoller Stein, der für seine Fähigkeit bekannt ist, **Willenskraft, Mut und Entscheidungsfreude** zu fördern. Seine goldbraune Farbe symbolisiert Schutz und Klarheit, während seine energetischen Eigenschaften uns dabei helfen, in herausfordernden Situationen fokussiert und entschlossen zu bleiben. Besonders seine Wirkung auf das **Solarplexus-Chakra** macht ihn zu einem wertvollen Begleiter für alle, die ihre persönliche Kraft stärken und ihre innere Willenskraft aktivieren möchten.

Ob als Schmuckstück, in der Meditation oder als unterstützendes Element in deinem Zuhause – der Tigerauge hilft dir, deine **innere Stärke zu fördern**, deine **Entschlossenheit zu stärken** und mit mehr Selbstbewusstsein durch das Leben zu gehen. Indem du dich mit der Energie dieses Steins verbindest, wirst du in der Lage sein, klare Entscheidungen zu treffen und das Leben mit innerer Stärke und Entschlossenheit zu meistern.

Rosenquarz: Der Stein der bedingungslosen Liebe, Selbstheilung und Harmonie

Der **Rosenquarz**, mit seiner zarten, rosafarbenen Ausstrahlung, ist als der Stein der **bedingungslosen Liebe** bekannt. Seine sanfte, heilende Energie bringt Mitgefühl, Selbstliebe und emotionale Heilung in unser Leben. Dieser Edelstein steht für die tiefe Kraft der Liebe – nicht nur in Beziehungen zu anderen, sondern auch in der Beziehung zu uns selbst. Rosenquarz ist ein kraftvoller Begleiter, wenn es darum geht, das Herz zu öffnen, alte Wunden zu heilen und sich auf eine tiefere, liebevollere Weise mit sich selbst und anderen zu verbinden.

In diesem Text erkunden wir die einzigartigen Eigenschaften des Rosenquarzes, seine Anwendungsmöglichkeiten im Alltag und in der Meditation sowie seine tiefe Wirkung auf das **Herzchakra** – das energetische Zentrum, das für unsere Liebesfähigkeit, unsere Fähigkeit zur Vergebung und unser emotionales Gleichgewicht verantwortlich ist.

Die Farbe des Rosenquarzes: Sanft und heilend

Der **Rosenquarz** strahlt in einem zarten Rosa, das sofort mit **Zärtlichkeit, Liebe und Heilung** assoziiert wird. Diese Farbe erinnert uns an die Liebe und Fürsorge, die wir nicht nur anderen, sondern auch uns selbst entgegenbringen sollten. Rosa ist die Farbe der Herzenswärme, des Mitgefühls und der Sanftmut. Sie vermittelt das Gefühl, dass alles in Liebe und Geborgenheit geheilt werden kann.

Die zarte Rosafärbung des Rosenquarzes wirkt beruhigend auf unser emotionales System und hilft uns, in schwierigen Momenten sanft mit uns selbst umzugehen. Der Stein lädt uns dazu ein, uns selbst mit mehr Mitgefühl zu betrachten und uns für die heilende Kraft der Liebe zu öffnen. Seine Farbe symbolisiert auch die kindliche Unschuld und die Reinheit der bedingungslosen Liebe, die frei von Erwartungen und Bedingungen ist.

Eigenschaften des Rosenquarzes: Bedingungslose Liebe, Mitgefühl und emotionale Heilung

Der Rosenquarz ist als **Stein der bedingungslosen Liebe** bekannt und wird oft verwendet, um das Herz zu öffnen und Liebe auf allen Ebenen zu fördern. Er erinnert uns daran, dass wahre Liebe nicht nur im Geben, sondern auch im Annehmen liegt. Die Kraft des Rosenquarzes hilft uns, Liebe in ihrer reinsten Form zu erleben – frei von Erwartungen, Urteilen oder Bedingungen.

Eine der wichtigsten Eigenschaften des Rosenquarzes ist seine Fähigkeit, **Selbstliebe und Mitgefühl** zu fördern. Oft neigen wir dazu, anderen gegenüber liebevoll und mitfühlend zu sein, vergessen jedoch, dieselbe Liebe auch uns selbst entgegenzubringen. Der Rosenquarz ermutigt uns, uns selbst mit den Augen der Liebe zu betrachten und uns zu erlauben, unsere eigenen Fehler und Schwächen zu akzeptieren. Er erinnert uns daran, dass Selbstliebe kein Akt des Egoismus ist, sondern die Basis für ein erfülltes und glückliches Leben.

Der Rosenquarz ist auch ein mächtiger **Heilstein**, wenn es darum geht, alte emotionale Wunden zu heilen. Viele von uns tragen unbewusst Verletzungen aus der Vergangenheit in sich, die unsere Fähigkeit, zu lieben und Liebe zu empfangen, blockieren können. Der Rosenquarz unterstützt uns dabei, diese alten Wunden zu erkennen, zu akzeptieren und loszulassen. Er wirkt wie ein sanfter

Heiler, der uns hilft, den Schmerz der Vergangenheit hinter uns zu lassen und uns für die Liebe im Hier und Jetzt zu öffnen.

Darüber hinaus fördert der Rosenquarz das **Mitgefühl** – sowohl für uns selbst als auch für andere. Er hilft uns, die Herzen anderer Menschen besser zu verstehen und Empathie zu entwickeln, selbst in schwierigen Situationen. Der Rosenquarz unterstützt uns dabei, Beziehungen zu harmonisieren und tiefere Verbindungen aufzubauen, die auf Verständnis und gegenseitigem Respekt basieren.

Anwendung des Rosenquarzes: Für Meditation, Schmuck und emotionale Heilung

Es gibt viele Möglichkeiten, den Rosenquarz in den Alltag zu integrieren, um von seiner liebevollen und heilenden Energie zu profitieren. Eine der häufigsten und wirkungsvollsten Methoden ist das **Tragen des Rosenquarzes als Schmuckstück**. Ob als Halskette, Armband oder Anhänger – wenn der Rosenquarz direkt auf der Haut getragen wird, kannst du seine sanfte Energie den ganzen Tag über spüren. Besonders wenn der Stein in der Nähe des **Herzchakras** getragen wird – dem energetischen Zentrum, das für unsere Liebesfähigkeit und emotionale Balance verantwortlich ist – kann er seine Wirkung optimal entfalten. Er hilft dir dabei, dein Herz zu öffnen und Liebe und Mitgefühl sowohl zu empfangen als auch zu geben.

Der Rosenquarz eignet sich auch hervorragend für die **Meditation**. Wenn du den Rosenquarz in deine Meditationspraxis einbeziehst, kannst du seine Energie nutzen, um dich tiefer mit deiner Fähigkeit zur Liebe und Selbstakzeptanz zu verbinden. Setze dich in eine bequeme Position, halte den Rosenquarz in deinen Händen oder lege ihn auf dein Herzchakra. Schließe die Augen und atme tief ein, während du dich auf die sanfte, heilende Energie des Steins konzentrierst. Du kannst dir vorstellen, wie ein rosafarbenes Licht von dem Rosenquarz ausgeht und dein Herz mit Liebe und Mitgefühl erfüllt. Diese Meditation wird dir helfen, alte Verletzungen loszulassen und dein Herz für die Liebe zu öffnen.

Der Rosenquarz kann auch in **Räumen** platziert werden, um eine friedliche und liebevolle Atmosphäre zu schaffen. Ein Rosenquarz-Kristall in deinem Schlafzimmer oder Wohnzimmer kann dazu beitragen, eine harmonische und liebevolle Energie im Raum zu verbreiten. Besonders in Zeiten, in denen du emotionale Heilung suchst oder Beziehungen harmonisieren möchtest, kann der Rosenquarz dir helfen, eine Umgebung zu schaffen, die von Liebe und Frieden geprägt ist.

Wirkung des Rosenquarzes auf das Herzchakra

Der Rosenquarz hat eine besonders kraftvolle Wirkung auf das **Herzchakra (Anahata Chakra)**, das energetische Zentrum, das für unsere **Liebesfähigkeit, unser Mitgefühl und unsere emotionale Heilung** verantwortlich ist. Das Herzchakra befindet sich in der Mitte der Brust und ist das Zentrum unserer Fähigkeit, Liebe zu geben und zu empfangen.

Ein ausgeglichenes Herzchakra ermöglicht es uns, mit offenen Armen auf andere Menschen zuzugehen, ohne Angst vor Zurückweisung oder Verletzung. Es hilft uns, uns selbst und andere so zu akzeptieren, wie wir sind, und tiefere emotionale Verbindungen aufzubauen. Wenn das Herzchakra jedoch blockiert oder aus dem Gleichgewicht geraten ist, kann dies zu Schwierigkeiten führen, Liebe zu empfangen oder zu geben. Oftmals neigen wir dann dazu, uns emotional zu verschließen oder uns von negativen Erfahrungen der Vergangenheit beeinflussen zu lassen.

Der Rosenquarz unterstützt dabei, das Herzchakra zu **balancieren und zu öffnen**, indem er **blockierte Energien löst** und den **Fluss von Liebe und Mitgefühl** stärkt. Er hilft uns, emotionale Wunden zu heilen und uns wieder für die Liebe zu öffnen. Wenn du das Gefühl hast, dass du in deinem Leben Schwierigkeiten hast, Liebe zu empfangen oder zu geben, kann der Rosenquarz dir helfen, diese Blockaden zu überwinden und dich mit deiner inneren Liebesfähigkeit zu verbinden.

Darüber hinaus fördert der Rosenquarz das **Mitgefühl und die Vergebung** – sowohl für uns selbst als auch für andere. Ein gesundes Herzchakra ermöglicht es uns, in Frieden mit uns selbst und unseren Mitmenschen zu leben. Der Rosenquarz erinnert uns daran, dass Liebe und Vergebung der Schlüssel zu emotionalem Wohlbefinden und innerem Frieden sind.

Rosenquarz als Begleiter im täglichen Leben

In einer Welt, die oft von Stress, Hektik und emotionalen Herausforderungen geprägt ist, kann der Rosenquarz ein wertvoller Begleiter sein, um mehr **Liebe, Mitgefühl und emotionale Heilung** in den Alltag zu bringen. Besonders in Zeiten, in denen du dich emotional erschöpft oder verletzt fühlst, kann der Rosenquarz dir helfen, dein Herz zu heilen und dich wieder für die Liebe zu öffnen.

Der Rosenquarz erinnert uns daran, dass die Kraft der Liebe in uns allen vorhanden ist und dass wir jederzeit die Fähigkeit haben, diese Liebe zu leben und weiterzugeben. Indem wir uns selbst und anderen mit Mitgefühl begegnen, schaffen wir Raum für Heilung und tiefere emotionale Verbindungen.

Der **Rosenquarz** ist ein kraftvoller Stein, der für seine Fähigkeit bekannt ist, **bedingungslose Liebe, Selbstliebe und emotionale Heilung** zu fördern. Seine zarte rosafarbene Ausstrahlung symbolisiert Mitgefühl und Sanftmut, während seine energetischen Eigenschaften uns dabei helfen, alte emotionale Wunden zu heilen und unser Herz für die Liebe zu öffnen. Besonders seine Wirkung auf das **Herzchakra** macht ihn zu einem wertvollen Begleiter für alle, die ihre Liebesfähigkeit stärken und emotionale Heilung erfahren möchten.

Ob als Schmuckstück, in der Meditation oder als liebevolles Element in deinem Zuhause – der Rosenquarz hilft dir, dein **Herz zu öffnen, emotionale Wunden zu heilen** und mit mehr Liebe und Mitgefühl durchs Leben zu gehen. Indem du dich mit der Energie dieses Steins verbindest, wirst du in der Lage sein, tiefere emotionale Verbindungen aufzubauen und die Kraft der Liebe in deinem Leben zu spüren.

Grüner Aventurin: Der Stein des emotionalen Gleichgewichts, der Heilung und des Glücks

Der **grüne Aventurin** ist ein sanft leuchtender Edelstein, der für seine beruhigende und heilende Energie bekannt ist. Seine weiche, grüne Farbe erinnert an die Frische und Ruhe der Natur und symbolisiert **Heilung, Ausgleich und Wohlstand**. Dieser Stein wird seit Jahrhunderten als Schutzstein und Begleiter in schwierigen Zeiten geschätzt, da er emotionale Wunden heilen und uns wieder in unser inneres Gleichgewicht zurückführen kann. Der grüne Aventurin bringt nicht nur innere Ruhe, sondern fördert auch Wohlstand und Glück. Seine Energie ist darauf ausgerichtet, uns zu helfen, emotionale Blockaden zu lösen und unser Herz zu öffnen.

In diesem Text werden wir die besonderen Eigenschaften des grünen Aventurins, seine Anwendungsmöglichkeiten im Alltag und in der Meditation sowie seine heilende Wirkung auf das **Herzchakra** näher betrachten. Du wirst entdecken, wie dieser wundervolle Stein dir helfen kann, mehr inneres Gleichgewicht, Vertrauen und emotionale Heilung zu erfahren.

Die Farbe des grünen Aventurins: Sanft und heilend

Der **grüne Aventurin** besticht durch seine sanfte, grüne Farbe, die sofort an die beruhigende und heilende Energie der Natur erinnert. Grün ist die Farbe der Heilung, der Erneuerung und des Wachstums – Eigenschaften, die der grüne Aventurin in sich trägt und uns zugänglich macht. Diese Farbe symbolisiert auch die **Verbindung zur Natur**, was dazu beiträgt, innere Harmonie zu fördern und uns zu helfen, uns in stressigen Momenten zu erden.

Die sanfte grüne Farbe des Aventurins strahlt Ruhe und Ausgeglichenheit aus und hilft dabei, emotionale Spannungen zu lösen. Sie vermittelt das Gefühl, dass Heilung möglich ist und dass wir in jedem Moment die Möglichkeit haben, neu zu beginnen. Der grüne Aventurin lädt uns dazu ein, uns mit den regenerativen Kräften der Natur zu verbinden und den Heilungsprozess auf allen Ebenen – körperlich, emotional und spirituell – zu unterstützen.

Eigenschaften des grünen Aventurins: Beruhigung, emotionales Gleichgewicht und Wohlstand

Der grüne Aventurin ist vor allem für seine **beruhigende und ausgleichende Wirkung** bekannt. In einer Welt, die oft von Stress, Hektik und emotionalen Herausforderungen geprägt ist, hilft der grüne Aventurin dabei, unsere inneren Energien zu stabilisieren und uns wieder ins Gleichgewicht zu bringen. Er wirkt wie ein sanfter Heiler, der uns dabei unterstützt, emotionale Wunden zu heilen und uns auf eine liebevolle und mitfühlende Weise mit uns selbst und anderen zu verbinden.

Ein weiteres wichtiges Merkmal des grünen Aventurins ist seine Fähigkeit, **emotionale Traumata** zu heilen. Viele von uns tragen emotionale Wunden aus der Vergangenheit in sich, die uns daran hindern, mit offenem Herzen durch das Leben zu gehen. Diese Wunden können uns blockieren und uns davon abhalten, das Leben mit Freude und Vertrauen zu erleben. Der grüne Aventurin unterstützt uns dabei, diese alten Wunden zu erkennen, zu akzeptieren und zu heilen. Seine sanfte, heilende Energie hilft uns, uns von alten Schmerzen zu befreien und den Raum für neues Wachstum und positive Veränderungen zu öffnen.

Darüber hinaus wird der grüne Aventurin oft als **Stein des Wohl-stands und des Glücks** angesehen. Seine energetischen Schwingungen fördern eine positive Einstellung und helfen uns, das Glück in unserem Leben anzuziehen. Der Aventurin erinnert uns daran, dass Wohlstand nicht nur finanziell, sondern auch emotional und spirituell existiert. Indem wir unsere Gedanken und Emotionen auf positive Dinge ausrichten, öffnen wir uns für Fülle und Glück in all ihren Formen.

Anwendung des grünen Aventurins: Ein Stein für Meditation, Hei-lung und Alltag

Es gibt viele verschiedene Möglichkeiten, den grünen Aventurin in den Alltag zu integrieren, um von seinen heilenden und beruhi-genden Eigenschaften zu profitieren. Eine der effektivsten Metho-den ist das **Tragen des grünen Aventurins als Schmuck-stück**. Ob als Halskette, Armband oder Anhänger – wenn der Aventurin direkt auf der Haut getragen wird, kannst du seine sanfte, heilende Energie den ganzen Tag über spüren. Besonders wenn der Stein in der Nähe des **Herzchakras** getragen wird – dem energetischen Zentrum, das für unsere Liebesfähigkeit und unser emotionales Gleichgewicht verantwortlich ist – kann er seine Wirkung optimal entfalten.

Der grüne Aventurin kann auch in **Meditationen** verwendet wer-den, um emotionale Blockaden zu lösen und Heilung zu fördern. Wenn du den Aventurin in deine Meditationspraxis einbeziehst, kannst du seine Energie nutzen, um dich tiefer mit deinen Gefüh-len zu verbinden und emotionale Heilung zu erfahren. Setze dich in eine bequeme Position, halte den Aventurin in deinen Händen oder lege ihn auf dein Herzchakra. Schließe die Augen und atme tief ein, während du dich auf die beruhigende und heilende

Energie des Steins konzentrierst. Du kannst dir vorstellen, wie ein sanftes, grünes Licht von dem Aventurin ausgeht und dein Herz mit Heilung und Ruhe erfüllt. Diese Meditation wird dir helfen, emotionale Wunden zu heilen und dein Herz für neue, positive Erfahrungen zu öffnen.

Darüber hinaus kann der grüne Aventurin auch in **Räumen** platziert werden, um eine harmonische und beruhigende Atmosphäre zu schaffen. Ein Aventurin-Kristall in deinem Schlafzimmer oder in deinem Arbeitsbereich kann dazu beitragen, eine friedliche und ausgleichende Energie im Raum zu verbreiten. Besonders in Zeiten, in denen du emotionales Gleichgewicht und Heilung suchst, kann der grüne Aventurin dir helfen, eine Umgebung zu schaffen, die von Liebe, Ruhe und Harmonie geprägt ist.

Wirkung des grünen Aventurins auf das Herzchakra

Der grüne Aventurin hat eine besonders kraftvolle Wirkung auf das **Herzchakra (Anahata Chakra)**, das energetische Zentrum, das für unsere **Liebesfähigkeit, unser Mitgefühl und unser emotionales Gleichgewicht** verantwortlich ist. Das Herzchakra befindet sich in der Mitte der Brust und ist das Zentrum unserer Fähigkeit, Liebe zu geben und zu empfangen. Ein offenes und ausgeglichenes Herzchakra ermöglicht es uns, mit offenen Armen auf andere Menschen zuzugehen, ohne Angst vor Zurückweisung oder Verletzung.

Wenn das Herzchakra blockiert oder aus dem Gleichgewicht geraten ist, kann dies zu emotionalen Schwierigkeiten führen. Oft fällt es uns dann schwer, uns anderen Menschen zu öffnen oder wir neigen dazu, alte emotionale Wunden festzuhalten. Der grüne Aventurin hilft dabei, das Herzchakra zu **balancieren und zu**

harmonisieren, indem er **blockierte Energien** löst und den **Fluss von Liebe und Heilung** fördert. Er wirkt wie ein energetischer Balsam für das Herz, der uns dabei unterstützt, emotionale Wunden zu heilen und uns für neue, positive Erfahrungen zu öffnen.

Der grüne Aventurin fördert auch das **emotionale Gleichgewicht**, das notwendig ist, um gesunde und harmonische Beziehungen aufzubauen. Er hilft uns, Vertrauen in Beziehungen aufzubauen und uns mit mehr Mitgefühl und Offenheit auf andere Menschen einzulassen. Indem er das Herzchakra harmonisiert, unterstützt der grüne Aventurin uns dabei, alte Wunden loszulassen und uns auf eine liebevolle Weise mit uns selbst und anderen zu verbinden.

Grüner Aventurin als Begleiter im täglichen Leben

In einer Welt, die oft von Stress, emotionalen Herausforderungen und Unsicherheiten geprägt ist, kann der grüne Aventurin ein wertvoller Begleiter sein, um mehr **emotionales Gleichgewicht, Heilung und positive Energie** in den Alltag zu bringen. Besonders in Zeiten, in denen du das Gefühl hast, dass alte Wunden oder negative Emotionen dein Leben belasten, kann der grüne Aventurin dir helfen, dein Herz zu heilen und dich wieder mit deinem inneren Frieden zu verbinden.

Der grüne Aventurin erinnert uns daran, dass Heilung immer möglich ist und dass wir die Fähigkeit haben, uns von emotionalen Wunden zu befreien. Indem wir uns mit der heilenden Energie des Aventurins verbinden, schaffen wir Raum für neues Wachstum, positive Veränderungen und emotionalen Wohlstand.

Der **grüne Aventurin** ist ein kraftvoller Stein, der für seine Fähigkeit bekannt ist, **emotionales Gleichgewicht, Heilung und Wohlstand** zu fördern. Seine sanfte grüne Farbe symbolisiert Ruhe und Ausgeglichenheit, während seine energetischen Eigenschaften uns dabei helfen, alte emotionale Wunden zu heilen und uns für neue, positive Erfahrungen zu öffnen. Besonders seine Wirkung auf das **Herzchakra** macht ihn zu einem wertvollen Begleiter für alle, die ihre Liebesfähigkeit stärken und emotionale Heilung erfahren möchten.

Ob als Schmuckstück, in der Meditation oder als harmonisierendes Element in deinem Zuhause – der grüne Aventurin hilft dir, dein **emotionales Gleichgewicht zu finden, alte Wunden zu heilen** und mit mehr Vertrauen und Mitgefühl durch das Leben zu gehen. Indem du dich mit der Energie dieses Steins verbindest, wirst du in der Lage sein, mehr Liebe und Harmonie in dein Leben zu bringen und dein Herz für neue Erfahrungen zu öffnen.

Jade: Der Stein der inneren Harmonie und des emotionalen Gleichgewichts

Jade, mit seinen unterschiedlichen Grüntönen, von hell bis dunkel, ist ein Edelstein, der seit Jahrhunderten für seine heilenden und harmonisierenden Eigenschaften geschätzt wird. Er gilt als Symbol für **innere Harmonie, emotionales Gleichgewicht und Frieden**. In vielen Kulturen wird Jade als ein kraftvoller Stein angesehen, der nicht nur das persönliche Wohlbefinden stärkt, sondern auch dabei hilft, Stress abzubauen und innere Ruhe zu finden. Seine sanfte Energie unterstützt uns dabei, emotionale Spannungen loszulassen und ein Gefühl der Ausgeglichenheit zu entwickeln.

In diesem Text tauchen wir tief in die Eigenschaften von Jade ein, betrachten, wie er im Alltag und in der Meditation verwendet werden kann, und entdecken seine harmonisierende Wirkung auf das **Herzchakra** – das energetische Zentrum, das für unsere Liebesfähigkeit, unser Mitgefühl und unsere emotionale Balance zuständig ist.

Die Farbe der Jade: Beruhigend und kraftvoll

Jade tritt in verschiedenen Grüntönen auf, die von zartem Hellgrün bis zu tiefem Dunkelgrün reichen. Diese Farbe steht symbolisch für **Wachstum, Erneuerung und Harmonie**. Grün ist die Farbe der Natur, die uns hilft, uns zu erden und in Balance zu kommen. Sie symbolisiert auch das Herzchakra und das Herz, was die Jade zu einem idealen Begleiter für die Heilung und Pflege der emotionalen Gesundheit macht.

Die beruhigenden Grüntöne der Jade strahlen Ruhe und Frieden aus. Sie laden uns dazu ein, den Lärm des Alltags loszulassen und uns auf das Wesentliche zu besinnen – auf unsere innere Harmonie. Wenn wir den Jade-Stein betrachten oder ihn in den Händen halten, fühlen wir uns wie von einer sanften Energie umgeben, die uns in stressigen Zeiten zur Ruhe bringt und uns hilft, uns emotional zu stabilisieren.

Eigenschaften von Jade: Innere Harmonie, emotionales Gleichgewicht und Stressabbau

Der Jade-Stein ist bekannt für seine Fähigkeit, **innere Harmonie und emotionales Gleichgewicht** zu fördern. In einer Welt, die oft von Hektik, Unsicherheit und emotionalen Herausforderungen geprägt ist, hilft Jade uns, wieder in unsere Mitte zu finden. Seine sanfte, aber kraftvolle Energie unterstützt uns dabei, den Stress des Alltags abzubauen und inneren Frieden zu finden.

Besonders in Zeiten, in denen wir uns emotional instabil oder gestresst fühlen, kann Jade uns dabei helfen, uns wieder zu erden und Klarheit in unsere Gedanken und Gefühle zu bringen. Jade wirkt wie ein beruhigender Begleiter, der uns daran erinnert, dass wir auch in schwierigen Momenten die Kraft haben, Ruhe und Ausgeglichenheit in uns selbst zu finden. Er unterstützt uns dabei, emotionales Gleichgewicht zu entwickeln und uns von negativen Emotionen zu befreien.

Jade wird auch oft als **Stein des Friedens und der Ruhe** betrachtet. Seine sanfte Energie kann helfen, Konflikte zu lösen und harmonische Beziehungen zu fördern. Wenn wir uns in schwierigen Situationen oder zwischenmenschlichen Konflikten befinden, kann Jade uns unterstützen, mit mehr Mitgefühl und Verständnis zu reagieren. Er fördert die Entwicklung von innerem Frieden und hilft uns, auch in herausfordernden Momenten ruhig und gelassen zu bleiben.

Darüber hinaus ist Jade bekannt für seine Fähigkeit, **Mitgefühl und Liebe** zu fördern. Er erinnert uns daran, dass Liebe und Harmonie in uns selbst beginnen. Wenn wir lernen, uns selbst mit mehr Mitgefühl und Akzeptanz zu begegnen, fällt es uns auch leichter, diese Qualitäten in unseren Beziehungen zu leben. Jade stärkt die **Selbstliebe** und unterstützt uns dabei, ein gesundes, liebevolles Verhältnis zu uns selbst aufzubauen.

Anwendung von Jade: Schmuck, Meditation und Harmonisierung des Lebensraums

Es gibt viele verschiedene Möglichkeiten, Jade in den Alltag zu integrieren, um von seinen beruhigenden und harmonisierenden Eigenschaften zu profitieren. Eine der effektivsten Methoden ist das **Tragen von Jade als Schmuckstück**. Ob als Halskette, Armband oder Ring – wenn Jade direkt auf der Haut getragen wird, kann seine sanfte Energie den ganzen Tag über spürbar sein. Besonders wenn der Stein in der Nähe des **Herzchakras** getragen wird, entfaltet er seine volle Wirkung, indem er emotionale Spannungen löst und das Herz öffnet.

Darüber hinaus eignet sich Jade hervorragend für die **Meditation**. Wenn du den Jade-Stein in deine Meditationspraxis einbeziehst, kannst du seine Energie nutzen, um dich tiefer mit deinem Herzen und deiner inneren Ruhe zu verbinden. Setze dich in eine bequeme Position, halte den Jade-Stein in deinen Händen oder lege ihn auf dein Herzchakra. Schließe die Augen und atme tief ein, während du dich auf die sanfte, harmonisierende Energie des

Steins konzentrierst. Du kannst dir vorstellen, wie ein beruhigendes, grünes Licht von dem Jade ausgeht und dein Herz mit Frieden und Ausgeglichenheit erfüllt. Diese Meditation wird dir helfen, Stress abzubauen, emotionale Spannungen zu lösen und innere Ruhe zu finden.

Ein weiterer Weg, die harmonisierende Energie von Jade zu nutzen, ist, ihn in **Räumen** zu platzieren, in denen du Entspannung und Ruhe suchst. Ein Jade-Stein in deinem Schlafzimmer, deinem Wohnzimmer oder an einem anderen Ort, an dem du zur Ruhe kommst, kann dazu beitragen, eine friedliche und harmonische Atmosphäre zu schaffen. Seine sanfte Energie wirkt beruhigend und hilft dir, eine Umgebung zu schaffen, die von Liebe, Ruhe und Ausgeglichenheit geprägt ist.

Wirkung von Jade auf das Herzchakra

Der Jade-Stein hat eine besonders kraftvolle Wirkung auf das **Herzchakra (Anahata Chakra)**, das energetische Zentrum, das für unsere **Liebesfähigkeit, unser emotionales Gleichgewicht und unser Mitgefühl** verantwortlich ist. Das Herzchakra befindet sich in der Mitte der Brust und ist das Zentrum unserer Fähigkeit, Liebe zu empfangen und zu geben.

Ein ausgeglichenes Herzchakra ermöglicht es uns, mit offenem Herzen auf andere Menschen zuzugehen, ohne Angst vor Verletzungen oder Zurückweisung. Es hilft uns, tiefere emotionale Verbindungen aufzubauen und in Harmonie mit uns selbst und unseren Mitmenschen zu leben. Wenn das Herzchakra jedoch blockiert oder aus dem Gleichgewicht geraten ist, kann dies zu emotionalen Spannungen, inneren Konflikten oder Schwierigkeiten führen, Liebe zu empfangen oder zu geben.

Jade hilft, das Herzchakra zu **harmonisieren** und **emotionale Spannungen** zu lösen. Er fördert die Heilung von emotionalen Verletzungen und unterstützt uns dabei, uns wieder mit unserem Herzen zu verbinden. Wenn du das Gefühl hast, dass du in deinem Leben Schwierigkeiten hast, Liebe zu empfangen oder zu geben, kann Jade dir helfen, diese Blockaden zu überwinden und dich mit deiner inneren Liebesfähigkeit zu verbinden. Der Stein unterstützt die Entwicklung von Mitgefühl und Verständnis, sowohl für uns selbst als auch für andere.

Darüber hinaus fördert Jade das **emotionale Gleichgewicht**, das notwendig ist, um gesunde und harmonische Beziehungen zu führen. Er hilft uns, emotionale Wunden zu heilen und uns wieder in unsere Mitte zu bringen. Indem er das Herzchakra harmonisiert, unterstützt Jade uns dabei, alte Wunden loszulassen und uns auf eine liebevolle Weise mit uns selbst und unseren Mitmenschen zu verbinden.

Jade als Begleiter im täglichen Leben

In einer Welt, die oft von Hektik, Unsicherheit und emotionalen Herausforderungen geprägt ist, kann Jade ein wertvoller Begleiter sein, um mehr **innere Harmonie, emotionales Gleichgewicht und Ruhe** in den Alltag zu bringen. Besonders in stressigen Zeiten oder in Momenten, in denen wir uns emotional instabil fühlen, kann Jade uns dabei unterstützen, unsere innere Ruhe wiederzufinden und uns mit unserem Herzen zu verbinden.

Jade erinnert uns daran, dass wir die Fähigkeit haben, in uns selbst **Frieden und Ausgeglichenheit** zu finden. Indem wir uns mit der sanften, harmonisierenden Energie dieses Steins verbinden, schaffen wir Raum für Heilung, Wachstum und die

Entwicklung von Mitgefühl. Jade hilft uns, emotionalen Stress abzubauen und unser Leben mit mehr Liebe und Ruhe zu führen.

Jade ist ein kraftvoller Stein, der für seine Fähigkeit bekannt ist, **innere Harmonie, emotionales Gleichgewicht und Stressabbau** zu fördern. Seine beruhigenden Grüntöne symbolisieren Frieden und Ruhe, während seine energetischen Eigenschaften uns dabei helfen, emotionalen Stress abzubauen und uns mit unserem Herzen zu verbinden. Besonders seine Wirkung auf das **Herzchakra** macht ihn zu einem wertvollen Begleiter für alle, die ihre Liebesfähigkeit stärken und emotionales Gleichgewicht finden möchten.

Ob als Schmuckstück, in der Meditation oder als beruhigendes Element in deinem Zuhause – Jade hilft dir, **innere Ruhe zu finden, emotionale Spannungen zu lösen** und mit mehr Mitgefühl und Verständnis durch das Leben zu gehen. Indem du dich mit der Energie dieses Steins verbindest, wirst du in der Lage sein, dein Herz zu öffnen und mit mehr Frieden und Ausgeglichenheit zu leben.

Lapislazuli: Der Stein der Weisheit, Intuition und Authentizität

Der **Lapislazuli**, ein Edelstein von tiefem Blau, durchzogen von goldenen Pyrit-Einschlüssen, hat seit Jahrhunderten eine besondere Anziehungskraft auf Menschen ausgeübt. In vielen alten Kulturen wurde er als **Stein der Könige** verehrt, denn seine energetischen Eigenschaften symbolisieren **Weisheit, Intuition und Wahrheit**. Lapislazuli hilft dabei, auf tiefere, authentischere Weise zu kommunizieren, die eigene innere Wahrheit zu erkennen und die Verbindung zur Intuition zu stärken. Dieser kraftvolle Stein fördert das Selbstbewusstsein und hilft, emotionale und mentale Blockaden zu lösen, die den freien Ausdruck der eigenen Wahrheit behindern.

In diesem Text erkunden wir die besonderen Eigenschaften des Lapislazuli, wie man ihn im Alltag und in der Meditation anwenden kann, und wie er dabei hilft, das **Halschakra** und das **Stirnchakra** zu balancieren und zu harmonisieren.

Die Farbe des Lapislazuli: Tiefblau und majestätisch

Der **Lapislazuli** besticht durch seine kräftige, tiefblaue Farbe, die oft von goldenen Pyrit-Einschlüssen durchzogen ist. Dieses tiefblaue Leuchten erinnert an den Nachthimmel, der mit funkelnden Sternen übersät ist, und symbolisiert die Weite des Geistes, das tiefe Wissen und die grenzenlose Weisheit des Universums. Blau ist die Farbe der Ruhe, der Klarheit und der Kommunikation – alles Eigenschaften, die der Lapislazuli fördert.

Die goldenen Pyrit-Einschlüsse im Lapislazuli verleihen dem Stein zusätzlich eine majestätische und edle Ausstrahlung. Diese kleinen goldenen Adern symbolisieren **innere Weisheit und Erleuch-tung**. In vielen alten Kulturen, besonders im alten Ägypten, galt Lapislazuli als heilig und wurde oft als Symbol für göttliche Weisheit und spirituelle Erkenntnis verwendet. Seine Farbe und Struktur verkörpern die Verbindung von Klarheit des Geistes und der Erleuchtung der Seele.

Eigenschaften des Lapislazuli: Weisheit, Intuition und Selbstbewusstsein

Der Lapislazuli ist vor allem für seine Fähigkeit bekannt, **Weisheit und Intuition** zu fördern. Seine Energie unterstützt uns dabei, tiefere Wahrheiten zu erkennen und unsere innere Stimme zu finden. Oft haben wir inmitten des hektischen Alltags Schwierigkeiten, auf unsere innere Führung zu hören und uns mit unserer Intuition zu verbinden. Der Lapislazuli erinnert uns daran, dass wir die Antworten, die wir suchen, bereits in uns tragen. Er stärkt das Vertrauen in die eigene Intuition und hilft, die Gedanken zu klären, sodass wir unsere innere Wahrheit deutlicher wahrnehmen können.

Ein weiteres zentrales Merkmal des Lapislazuli ist seine Fähigkeit, den **Selbstausdruck und die Kommunikation** zu fördern. In Situationen, in denen wir Schwierigkeiten haben, unsere Gedanken und Gefühle klar auszudrücken, kann der Lapislazuli uns dabei unterstützen, unsere Worte mit mehr Klarheit und Authentizität zu finden. Dieser Stein hilft, **emotionale Blockaden** zu lösen, die uns daran hindern, unsere Wahrheit zu kommunizieren. Er stärkt das Selbstbewusstsein und ermutigt uns, uns selbst treu zu bleiben, selbst in schwierigen Gesprächen oder herausfordernden Situationen.

Darüber hinaus ist der Lapislazuli ein Stein der **spirituellen Einsicht und Klarheit**. Er hilft, den Geist zu öffnen und eine tiefere Verbindung zur spirituellen Dimension zu schaffen. In der Meditation kann der Lapislazuli verwendet werden, um das Bewusstsein zu erweitern und sich auf die spirituellen Ziele und inneren Weisheiten zu konzentrieren. Seine beruhigende Energie unterstützt die Klarheit der Gedanken und fördert ein tiefes Verständnis für die eigenen intuitiven Fähigkeiten.

Anwendung des Lapislazuli: Ein Stein für Meditation, Schmuck und Klarheit

Es gibt viele verschiedene Möglichkeiten, den Lapislazuli in den Alltag zu integrieren, um von seinen heilenden und klärenden Eigenschaften zu profitieren. Eine der beliebtesten Methoden ist das **Tragen des Lapislazuli als Schmuckstück**. Ob als Halskette, Armband oder Ohrring – wenn der Lapislazuli direkt auf der Haut getragen wird, kann seine beruhigende und stärkende Energie den ganzen Tag über spürbar sein. Besonders wenn der Stein in der Nähe des **Halschakras** getragen wird, kann er helfen, die Kommunikation zu verbessern und die Fähigkeit zu stärken, die eigene Wahrheit klar und authentisch auszudrücken.

Der Lapislazuli eignet sich auch hervorragend für die **Meditation**. In der Meditation kann dieser Stein verwendet werden, um die **Intuition zu stärken**, den Geist zu klären und den **Fluss von Ideen und Gedanken** zu fördern. Setze dich in eine bequeme Position, halte den Lapislazuli in deinen Händen oder lege ihn auf dein **Stirnchakra** oder **Halschakra**. Schließe die Augen und atme tief ein, während du dich auf die tiefe, beruhigende Energie des Steins konzentrierst. Du kannst dir vorstellen, wie ein sanftes, blaues Licht von dem Lapislazuli ausgeht und deinen Geist klärt, deine Gedanken ordnet und dir dabei hilft, dich mit deiner inneren Weisheit zu verbinden.

Darüber hinaus kann der Lapislazuli auch in **Räumen** platziert werden, um eine Atmosphäre von Ruhe, Klarheit und spiritueller Einsicht zu schaffen. Ein Lapislazuli-Kristall auf deinem Schreibtisch, in deinem Meditationsraum oder in einem anderen ruhigen Bereich kann dazu beitragen, eine Umgebung zu schaffen, die den freien Fluss von Ideen und die Verbindung zur Intuition unterstützt. Seine Energie kann dir helfen, dich zu fokussieren und mit Klarheit und Weisheit durch den Tag zu gehen.

Wirkung des Lapislazuli auf das Halschakra

Der Lapislazuli hat eine besonders kraftvolle Wirkung auf das **Halschakra (Vishuddha Chakra)**, das energetische Zentrum, das für unsere **Kommunikationsfähigkeiten, unseren Selbstausdruck und unsere Fähigkeit, die eigene Wahrheit zu sprechen**, verantwortlich ist. Das Halschakra befindet sich im Bereich des Halses, und wenn es blockiert oder aus dem Gleichgewicht geraten ist, können Schwierigkeiten in der Kommunikation und im Selbstausdruck entstehen. Oft haben wir dann das Gefühl, dass unsere Gedanken und Gefühle nicht richtig wahrgenommen oder ausgedrückt werden können.

Der Lapislazuli unterstützt dabei, das Halschakra zu **balancieren und zu harmonisieren**, indem er **emotionale Blockaden** löst, die den freien Ausdruck behindern. Er stärkt die Fähigkeit, die eigene Wahrheit klar und authentisch zu kommunizieren, ohne Angst vor Zurückweisung oder Missverständnissen. Wenn du das Gefühl hast, dass du Schwierigkeiten hast, deine Gedanken und

Gefühle auszudrücken, kann der Lapislazuli dir helfen, diese Blockaden zu überwinden und dein Selbstbewusstsein zu stärken.

Darüber hinaus fördert der Lapislazuli das **Verständnis für andere Perspektiven** und hilft, in Gesprächen und zwischenmenschlichen Interaktionen mehr Empathie und Verständnis zu entwickeln. Ein ausgeglichenes Halschakra ermöglicht es uns, nicht nur unsere eigene Wahrheit zu kommunizieren, sondern auch die Wahrheit und Perspektiven anderer Menschen besser zu verstehen.

Wirkung des Lapislazuli auf das Stirnchakra

Neben seiner Wirkung auf das Halschakra hat der Lapislazuli auch eine starke Verbindung zum **Stirnchakra (Ajna Chakra)**, das energetische Zentrum, das für unsere **Intuition, spirituelle Einsicht und innere Klarheit** verantwortlich ist. Das Stirnchakra, auch als „Drittes Auge" bekannt, befindet sich in der Mitte der Stirn, etwas oberhalb der Augenbrauen. Wenn das Stirnchakra blockiert ist, kann es zu Verwirrung, mangelnder Klarheit und Schwierigkeiten führen, die innere Führung wahrzunehmen.

Der Lapislazuli hilft dabei, das Stirnchakra zu **öffnen und zu harmonisieren**, indem er **geistige Klarheit und spirituelle Einsicht** fördert. Er unterstützt die Entwicklung einer tieferen inneren Weisheit und hilft, sich auf die eigenen intuitiven Fähigkeiten zu konzentrieren. Wenn du das Gefühl hast, dass du Schwierigkeiten hast, deine Gedanken zu ordnen oder dich mit deiner Intuition zu verbinden, kann der Lapislazuli dir helfen, diese Blockaden zu lösen und mehr geistige Klarheit zu erlangen.

Der Lapislazuli fördert auch die **Verbindung zur spirituellen Dimension** und unterstützt die Entwicklung von spirituellen

Zielen und Einsichten. Er hilft uns, das große Ganze zu sehen und über die materiellen Belange des Alltags hinauszublicken. In der Meditation kann der Lapislazuli verwendet werden, um das Bewusstsein zu erweitern und tiefere Einblicke in die eigene spirituelle Reise zu erhalten.

Lapislazuli als Begleiter im täglichen Leben

In einer Welt, die oft von Hektik, Unsicherheit und fehlender Klarheit geprägt ist, kann der Lapislazuli ein wertvoller Begleiter sein, um mehr **Weisheit, Intuition und Klarheit** in den Alltag zu bringen. Besonders in Zeiten, in denen du das Gefühl hast, dass deine Gedanken und Emotionen verwirrt oder blockiert sind, kann der Lapislazuli dir helfen, deinen Geist zu klären und dich wieder mit deiner inneren Weisheit zu verbinden.

Der Lapislazuli erinnert uns daran, dass wir die Fähigkeit haben, unsere Wahrheit klar und authentisch zu kommunizieren und dass wir auf unsere eigene Intuition vertrauen können. Indem wir uns mit der beruhigenden, klärenden Energie dieses Steins verbinden, schaffen wir Raum für Weisheit, Klarheit und spirituelle Einsicht.

Der **Lapislazuli** ist ein kraftvoller Stein, der für seine Fähigkeit bekannt ist, **Weisheit, Intuition und Selbstbewusstsein** zu fördern. Seine tiefblaue Farbe symbolisiert Klarheit und Ruhe, während seine goldenen Pyrit-Einschlüsse für innere Weisheit und Erleuchtung stehen. Besonders seine Wirkung auf das **Halschakra** und das **Stirnchakra** macht ihn zu einem wertvollen Begleiter für alle, die ihre Kommunikationsfähigkeiten verbessern, ihre innere Weisheit stärken und sich mit ihrer Intuition verbinden möchten.

Ob als Schmuckstück, in der Meditation oder als unterstützendes Element in deinem Zuhause – der Lapislazuli hilft dir, deine **geistige Klarheit zu fördern, emotionale Blockaden zu lösen** und mit mehr Weisheit und Authentizität durchs Leben zu gehen. Indem du dich mit der Energie dieses Steins verbindest, wirst du in der Lage sein, deine Wahrheit klar zu kommunizieren und deine spirituelle Reise mit Vertrauen und Klarheit zu meistern.

Der **Aquamarin**, mit seinen zarten Blautönen bis hin zu Türkis, wird seit Jahrhunderten als Stein der **Klarheit, Beruhigung und des Selbstausdrucks** geschätzt. Sein sanftes Blau erinnert an das Element Wasser und bringt eine Energie des Fließens, der Ruhe und des inneren Friedens mit sich. Aquamarin ist bekannt dafür, Menschen dabei zu unterstützen, ihre innere Stimme zu finden und ihre Gefühle auf klare und authentische Weise auszudrücken. Besonders im Bereich der Kommunikation und des Ausdrucks persönlicher Gefühle entfaltet dieser Stein seine kraftvolle, aber sanfte Wirkung.

In diesem Text erforschen wir die Eigenschaften des Aquamarins, seine Anwendung im Alltag und in der Meditation sowie seine heilende Wirkung auf das **Halschakra** – das energetische Zentrum, das für unsere Kommunikation, unseren Selbstausdruck und unsere Fähigkeit, klar und friedlich zu kommunizieren, verantwortlich ist.

Die Farbe des Aquamarins: Zart und beruhigend

Der **Aquamarin** hat eine beruhigende Farbe, die von zartem Blau bis hin zu türkisfarbenen Tönen reicht. Diese Farben erinnern sofort an das Meer, das in seiner Tiefe und Weite sowohl Klarheit als auch Ruhe vermittelt. Das sanfte Blau des Aquamarins symbolisiert **Klarheit im Denken und Ausdruck** sowie eine friedliche Energie, die hilft, die Stimme des Herzens zu hören und sich auf ruhige und entspannte Weise auszudrücken.

Die Verbindung zur Farbe Blau steht auch für **Weite und Freiheit**, ähnlich wie der weite Ozean, der keine Grenzen kennt. In

Momenten, in denen du dich blockiert oder in deinen Gefühlen und Gedanken gefangen fühlst, erinnert der Aquamarin daran, dass du die Fähigkeit hast, dich freizumachen und deine innere Wahrheit klar auszudrücken. Diese Farbe ist auch eng mit dem **Halschakra** verbunden, dem energetischen Zentrum, das für die Kommunikation zuständig ist.

Eigenschaften des Aquamarins: Klarheit, Beruhigung und Selbstausdruck

Aquamarin ist ein **Stein der Klarheit und des Selbstausdrucks**. Seine sanfte Energie fördert die Fähigkeit, Gedanken und Gefühle auf ehrliche und präzise Weise auszudrücken. Oft fällt es uns schwer, die richtigen Worte zu finden, um unsere inneren Gefühle zu kommunizieren. Der Aquamarin hilft dabei, diese Blockaden zu lösen und unterstützt den freien Fluss von Gedanken und Worten. Er ist besonders nützlich, wenn du dich emotional blockiert fühlst oder in einer Situation steckst, in der du klare und ruhige Kommunikation benötigst.

Ein weiteres wichtiges Merkmal des Aquamarins ist seine **beruhigende Wirkung**. Ähnlich wie das Element Wasser, das in seiner sanften Bewegung beruhigend auf Körper und Geist wirkt, bringt Aquamarin eine entspannende Energie mit sich, die hilft, Stress und Angst abzubauen. Besonders in schwierigen Gesprächen oder emotional aufgeladenen Situationen kann der Aquamarin dabei helfen, den Geist zu beruhigen und die Kommunikation in eine friedliche Richtung zu lenken. Er unterstützt dabei, Konflikte auf eine klare und ruhige Weise zu lösen und Missverständnisse zu vermeiden.

Aquamarin fördert auch die Fähigkeit, **sich selbst zu vertrauen** und mit mehr Selbstsicherheit zu kommunizieren. Oftmals haben wir Angst davor, unsere Meinung oder unsere wahren Gefühle auszudrücken, weil wir uns vor Ablehnung oder Missverständnissen fürchten. Der Aquamarin stärkt das Vertrauen in die eigene Stimme und ermutigt uns, mit Offenheit und Mut unsere Wahrheit zu sprechen. Er hilft dabei, Kommunikationsblockaden zu überwinden und uns selbst treu zu bleiben, auch wenn es schwierig ist.

Anwendung von Aquamarin: Schmuck, Meditation und tägliche Unterstützung

Es gibt viele verschiedene Möglichkeiten, den Aquamarin in den Alltag zu integrieren, um von seinen klaren und beruhigenden Eigenschaften zu profitieren. Eine der effektivsten Methoden ist das **Tragen von Aquamarin als Schmuckstück**. Besonders wenn der Stein in der Nähe des **Halses** getragen wird, zum Beispiel als Halskette oder Anhänger, kann seine Energie das **Halschakra** direkt beeinflussen. Der Aquamarin unterstützt die Kommunikation, indem er den Selbstausdruck erleichtert und Klarheit in Gespräche bringt. Dies kann besonders hilfreich sein, wenn du vor wichtigen Gesprächen stehst oder dich darauf vorbereitest, deine Gefühle auf klare und authentische Weise auszudrücken.

Der Aquamarin eignet sich auch hervorragend für die **Meditation**. Wenn du den Stein in deine Meditationspraxis einbeziehst, kannst du seine beruhigende Energie nutzen, um innere Klarheit zu gewinnen und den freien Fluss von Gedanken zu fördern. Setze dich in eine bequeme Position, halte den Aquamarin in den Händen oder lege ihn auf dein Halschakra. Schließe die Augen und atme tief ein, während du dich auf die ruhige, klare Energie des Steins konzentrierst. Du kannst dir vorstellen, wie ein sanftes, blaues Licht von dem Aquamarin ausgeht und deinen Geist mit Klarheit und Ruhe erfüllt. Diese Meditation wird dir helfen, deine Gedanken zu ordnen und den Mut zu finden, deine Wahrheit zu sprechen.

Aquamarin kann auch in **emotional belastenden Situationen** nützlich sein, um Frieden und Klarheit zu schaffen. Halte den Stein in der Hand, wenn du dich in einem schwierigen Gespräch oder einer konfliktreichen Situation befindest, und spüre, wie seine beruhigende Energie dir dabei hilft, ruhig und klar zu bleiben. Der Aquamarin kann dir dabei helfen, deine Gedanken zu ordnen und auf eine friedliche Weise zu kommunizieren, ohne dich von negativen Emotionen leiten zu lassen.

Wirkung des Aquamarins auf das Halschakra

Der Aquamarin hat eine besonders starke Wirkung auf das **Halschakra (Vishuddha Chakra)**, das energetische Zentrum, das für unsere **Kommunikationsfähigkeiten, unseren Selbstausdruck und unsere Fähigkeit, unsere Wahrheit zu sprechen**, verantwortlich ist. Das Halschakra befindet sich im Bereich des Kehlkopfes und ist das Zentrum unserer Fähigkeit, Gedanken, Gefühle und Ideen klar und authentisch auszudrücken.

Ein ausgeglichenes Halschakra ermöglicht es uns, uns selbst treu zu bleiben und offen und ehrlich zu kommunizieren. Es hilft uns, unsere Gedanken und Gefühle auf eine Weise zu formulieren, die sowohl respektvoll als auch klar ist. Wenn das Halschakra jedoch blockiert oder aus dem Gleichgewicht geraten ist, kann dies zu Schwierigkeiten in der Kommunikation führen. Oft fällt es uns dann schwer, unsere wahren Gefühle auszudrücken oder die richtigen Worte zu finden. Möglicherweise fühlen wir uns unsicher oder haben Angst davor, unsere Meinung zu äußern.

Der Aquamarin hilft, das Halschakra zu **balancieren und zu harmonisieren**, indem er **kommunikative Blockaden löst** und den **freien Fluss von Worten und Gedanken** fördert. Er unterstützt uns dabei, unsere Wahrheit offen und authentisch zu sprechen, ohne Angst vor Missverständnissen oder Ablehnung zu haben. Wenn du das Gefühl hast, dass du Schwierigkeiten hast, dich auszudrücken oder dass deine Stimme nicht gehört wird, kann der Aquamarin dir helfen, diese Blockaden zu überwinden und deine Kommunikationsfähigkeiten zu verbessern.

Darüber hinaus fördert Aquamarin das Vertrauen in die **eigene Intuition** und die Fähigkeit, auf eine Weise zu kommunizieren, die sowohl ehrlich als auch friedlich ist. Ein gesundes Halschakra ermöglicht es uns, uns klar und respektvoll auszudrücken, und der Aquamarin unterstützt uns dabei, diese Fähigkeit zu entwickeln.

Aquamarin als Begleiter im täglichen Leben

In einer Welt, in der Kommunikation oft schwierig und missverständlich ist, kann Aquamarin ein wertvoller Begleiter sein, um mehr **Klarheit, Ruhe und Selbstausdruck** in den Alltag zu bringen. Besonders in Zeiten, in denen du das Gefühl hast, dass du dich nicht klar ausdrücken kannst oder dass deine Stimme nicht gehört wird, kann Aquamarin dir helfen, deine **Kommunikationsfähigkeiten** zu verbessern und dich selbst mit mehr **Selbstsicherheit** und **Freiheit** auszudrücken.

Aquamarin erinnert uns daran, dass wir die Fähigkeit haben, auf eine Weise zu kommunizieren, die sowohl **ehrlich als auch respektvoll** ist. Der Stein hilft uns, uns selbst treu zu bleiben und unsere Gedanken und Gefühle auf klare und friedliche Weise zu äußern. Mit dem Aquamarin an deiner Seite wirst du lernen, auf deine eigene innere Stimme zu hören und den Mut zu finden, deine Wahrheit offen und authentisch zu sprechen.

Aquamarin ist ein kraftvoller Stein, der für seine Fähigkeit bekannt ist, **Klarheit, Beruhigung und authentischen Selbstausdruck** zu fördern. Seine sanften Blautöne symbolisieren Ruhe und Frieden, während seine energetischen Eigenschaften uns dabei helfen, kommunikative Blockaden zu lösen und unsere Gedanken und Gefühle klar und ehrlich auszudrücken. Besonders seine Wirkung auf das **Halschakra** macht ihn zu einem wertvollen Begleiter für alle, die ihre **Kommunikationsfähigkeiten** verbessern und ihre **wahre Stimme** finden möchten.

Ob als Schmuckstück, in der Meditation oder als Unterstützung in schwierigen Gesprächen – Aquamarin hilft dir, deine **innere Klarheit** zu stärken, **offen zu kommunizieren** und mit mehr **Selbstsicherheit und Ruhe** durch das Leben zu gehen. Indem du dich mit der Energie dieses Steins verbindest, wirst du in der Lage sein, Konflikte friedlich zu lösen und deine Gedanken und Gefühle auf klare und authentische Weise auszudrücken.

Türkis: Der Schutzstein für Authentizität, Ehrlichkeit und Selbstausdruck

Der **Türkis**, mit seiner intensiven türkisblauen Farbe, wird seit Jahrhunderten als **Schutzstein** verehrt und ist bekannt für seine Fähigkeit, **Authentizität und Ehrlichkeit** zu fördern. Dieser Edelstein hilft dabei, Gedanken und Gefühle klarer auszudrücken und stärkt das Selbstvertrauen, um die eigene Wahrheit zu sprechen. Der Türkis unterstützt uns dabei, **emotionale Blockaden** zu lösen und eine tiefere Verbindung zu unserer inneren Wahrheit zu finden. Besonders im Bereich der Kommunikation entfaltet dieser Stein seine kraftvolle Wirkung, indem er uns hilft, unsere eigenen Bedürfnisse und Wünsche auf ehrliche und direkte Weise zu kommunizieren.

In diesem Text betrachten wir die einzigartigen Eigenschaften des Türkis, seine Anwendungsmöglichkeiten im Alltag und in der Meditation sowie seine harmonisierende Wirkung auf das **Halschakra** – das energetische Zentrum, das für unsere Fähigkeit verantwortlich ist, uns authentisch auszudrücken und mit anderen Menschen in Verbindung zu treten.

Die Farbe des Türkis: Lebendig und kraftvoll

Der **Türkis** besticht durch seine intensive türkisblau-grüne Farbe, die sofort eine tiefe Verbindung zur Natur und zum Element Wasser vermittelt. Diese Farbe symbolisiert **Klarheit, Heilung und Authentizität** und strahlt gleichzeitig eine beruhigende Energie aus. Die Mischung aus Blau und Grün im Türkis steht sowohl für den freien Ausdruck von Gedanken und Gefühlen als auch für die harmonische Verbindung zwischen Herz und Verstand.

Wenn wir den Türkis betrachten oder tragen, fühlen wir uns oft inspiriert, unsere Wahrheit zu sprechen und auf eine ehrliche und authentische Weise zu kommunizieren. Die lebendige Farbe dieses Steins erinnert uns daran, dass wir das Recht und die Fähigkeit haben, uns frei und ohne Angst auszudrücken. Die Farbe Blau steht traditionell für Kommunikation und Wahrheit, während das Grün des Türkis Heilung und Verbindung zu unseren Emotionen fördert. Zusammen ergeben diese Farben eine kraftvolle Kombination, die uns dabei unterstützt, sowohl auf kognitive als auch auf emotionale Weise klar und ehrlich zu sein.

Eigenschaften des Türkis: Schutz, Authentizität und Selbstausdruck

Türkis wird oft als **Schutzstein** angesehen, der negative Energien abwehrt und uns dabei hilft, emotional und energetisch ausgeglichen zu bleiben. Er unterstützt den Selbstausdruck, indem er Blockaden löst, die uns daran hindern, unsere Gefühle und Gedanken klar zu kommunizieren. Wenn wir das Gefühl haben, dass uns die Worte fehlen oder wir uns unsicher fühlen, ob wir unsere Meinung äußern sollen, hilft der Türkis, diese Unsicherheiten zu überwinden und unsere innere Wahrheit zu sprechen. Er ermutigt uns, ehrlich zu sein – sowohl mit uns selbst als auch mit anderen.

Ein weiteres zentrales Merkmal des Türkis ist seine Fähigkeit, **Selbstvertrauen und Authentizität** zu fördern. Viele von uns haben mit dem Thema Selbstbewusstsein zu kämpfen, insbesondere wenn es darum geht, unsere eigenen Bedürfnisse und Wünsche offen zu kommunizieren. Der Türkis stärkt das Vertrauen in die eigene Stimme und hilft uns, uns selbst treu zu bleiben, selbst wenn dies schwierig oder unangenehm ist. Er unterstützt uns dabei, unser wahres Selbst zu zeigen und uns nicht hinter gesellschaftlichen Erwartungen oder Ängsten zu verstecken.

Darüber hinaus ist Türkis ein Stein, der uns dabei hilft, **emotionale Blockaden** zu erkennen und zu lösen. Oft tragen wir alte Verletzungen oder unbewusste Ängste in uns, die uns daran hindern, uns frei auszudrücken. Der Türkis hilft dabei, diese Blockaden zu erkennen und zu heilen, sodass wir unser Leben mit mehr Offenheit und Klarheit führen können. Er fördert die Verbindung zu unserer inneren Wahrheit und ermutigt uns, auf unsere eigenen Bedürfnisse zu hören und diese auf ehrliche Weise zu kommunizieren.

Anwendung von Türkis: Schmuck, Meditation und tägliche Unterstützung

Es gibt viele verschiedene Möglichkeiten, den Türkis in den Alltag zu integrieren, um von seinen schützenden und klärenden Eigenschaften zu profitieren. Eine der effektivsten Methoden ist das **Tragen von Türkis als Schmuckstück**. Besonders wenn der Stein in der Nähe des **Halses** getragen wird, etwa als Halskette, Anhänger oder Ohrringe, kann seine Energie das **Halschakra** direkt beeinflussen und die Kommunikation fördern. Türkis unterstützt den **freien Fluss von Worten und Gedanken** und hilft uns dabei, unsere Gefühle und Bedürfnisse klar und ehrlich zu formulieren.

Der Türkis eignet sich auch hervorragend für die **Meditation**. Wenn du diesen Stein in deine Meditationspraxis einbeziehst, kannst du seine beruhigende und klärende Energie nutzen, um eine tiefere Verbindung zu deiner inneren Wahrheit herzustellen. Setze dich in eine bequeme Position, halte den Türkis in deinen

Händen oder lege ihn auf dein Halschakra. Schließe die Augen und atme tief ein, während du dich auf die beruhigende Energie des Steins konzentrierst. Du kannst dir vorstellen, wie ein intensives türkisfarbenes Licht von dem Stein ausgeht und deine Kehle und deinen Geist mit Klarheit und Authentizität erfüllt. Diese Meditation wird dir helfen, emotionale Blockaden zu lösen und die Fähigkeit zu stärken, deine Wahrheit klar und mit Selbstvertrauen zu kommunizieren.

Darüber hinaus kann Türkis auch als **Schutzstein** in deinem Wohnraum oder an deinem Arbeitsplatz verwendet werden. Ein Türkis-Kristall in deinem Zuhause kann helfen, eine friedliche und klärende Atmosphäre zu schaffen, in der du dich sicher und geschützt fühlst. Besonders wenn du an einem Projekt arbeitest, das Klarheit und Kreativität erfordert, kann Türkis dir dabei helfen, deine Gedanken zu ordnen und deine Ideen klar auszudrücken.

Wirkung des Türkis auf das Halschakra

Der Türkis hat eine besonders starke Wirkung auf das **Halschakra (Vishuddha Chakra)**, das energetische Zentrum, das für unsere **Kommunikationsfähigkeit, unseren Selbstausdruck und unsere Fähigkeit, unsere Wahrheit zu sprechen**, verantwortlich ist. Das Halschakra befindet sich im Bereich des Kehlkopfes und ist das Zentrum unserer Fähigkeit, klar und authentisch zu kommunizieren.

Ein ausgeglichenes Halschakra ermöglicht es uns, unsere Gedanken und Gefühle offen und ehrlich zu kommunizieren, ohne Angst vor Ablehnung oder Missverständnissen zu haben. Es hilft uns, uns selbst treu zu bleiben und die richtigen Worte zu finden, um unsere Wahrheit zu sprechen. Wenn das Halschakra jedoch blockiert oder aus dem Gleichgewicht geraten ist, kann dies zu Schwierigkeiten in der Kommunikation führen. Oft fühlen wir uns dann unsicher oder haben das Gefühl, dass unsere Stimme nicht gehört wird.

Der Türkis unterstützt dabei, das Halschakra zu **harmonisieren und zu öffnen**, indem er **kommunikative Blockaden löst** und den **freien Fluss von Worten und Gedanken** fördert. Er stärkt die Fähigkeit, authentisch zu sprechen, und hilft uns, unsere Bedürfnisse und Wünsche klar zu formulieren. Türkis fördert auch die Entwicklung von **Mitgefühl und Verständnis** in der Kommunikation mit anderen. Ein gesundes Halschakra ermöglicht es uns, auf eine Weise zu kommunizieren, die sowohl ehrlich als auch respektvoll ist. Der Türkis unterstützt uns dabei, diese Balance zu finden und uns selbst treu zu bleiben.

Türkis als Begleiter im täglichen Leben

In einer Welt, in der Kommunikation oft herausfordernd und von Missverständnissen geprägt ist, kann Türkis ein wertvoller Begleiter sein, um mehr **Klarheit, Schutz und Authentizität** in den Alltag zu bringen. Besonders in Zeiten, in denen du das Gefühl hast, dass du deine Wahrheit nicht aussprechen kannst oder dass deine Stimme nicht gehört wird, kann Türkis dir helfen, deine **Kommunikationsfähigkeiten** zu verbessern und mit mehr **Selbstvertrauen** und **Ehrlichkeit** zu sprechen.

Türkis erinnert uns daran, dass wir das Recht und die Fähigkeit haben, uns frei auszudrücken und unsere Wahrheit zu leben. Er hilft uns, emotionale Blockaden zu überwinden und unsere Gedanken und Gefühle klar und offen zu formulieren. Mit Türkis an deiner Seite wirst du lernen, auf deine innere Wahrheit zu hören und deine Stimme auf authentische und kraftvolle Weise in die Welt zu bringen.

Türkis ist ein kraftvoller Schutzstein, der für seine Fähigkeit bekannt ist, **Authentizität, Ehrlichkeit und Selbstausdruck** zu fördern. Seine intensive türkisfarbene Energie erinnert uns daran, unsere Wahrheit zu sprechen und unsere Gefühle klar zu kommunizieren. Besonders seine Wirkung auf das **Halschakra** macht ihn zu einem wertvollen Begleiter für alle, die ihre **Kommunikationsfähigkeiten** verbessern und ihre **wahre Stimme** finden möchten.

Ob als Schmuckstück, in der Meditation oder als schützendes Element in deinem Zuhause – Türkis hilft dir, deine **innere Wahrheit zu finden**, **authentisch zu kommunizieren** und mit mehr **Selbstbewusstsein und Klarheit** durch das Leben zu gehen. Indem du dich mit der Energie dieses Steins verbindest, wirst du in der Lage sein, Konflikte friedlich zu lösen und deine Gedanken und Gefühle auf eine klare und authentische Weise auszudrücken.

Amethyst: Der Stein des spirituellen Wachstums und der inneren Klarheit

Der **Amethyst**, mit seiner charakteristischen violetten bis lila Farbe, ist einer der bekanntesten und am meisten geschätzten Edelsteine. Er ist ein kraftvoller Begleiter auf dem Weg des **spirituellen Wachstums**, der Klarheit und der inneren Ruhe. Schon seit Jahrhunderten wird der Amethyst in verschiedenen Kulturen hoch verehrt, vor allem wegen seiner Fähigkeit, den Geist zu beruhigen, das Bewusstsein zu erweitern und die Verbindung zu höheren spirituellen Ebenen zu fördern. Sein Name stammt aus dem Griechischen und bedeutet „nicht betrunken", da man glaubte, der Stein könne vor Trunkenheit und schlechten Entscheidungen schützen.

In diesem Text werfen wir einen genauen Blick auf die besonderen Eigenschaften des Amethysts, seine Anwendungsmöglichkeiten in der Meditation und im Alltag sowie seine tiefgehende Wirkung auf das **Stirnchakra** und das **Scheitelchakra**. Der Amethyst hilft dabei, emotionale Blockaden zu lösen, geistige Klarheit zu fördern und eine tiefere Verbindung zur eigenen Intuition und zum universellen Bewusstsein herzustellen.

Die Farbe des Amethysts: Beruhigend und spirituell

Der Amethyst besticht durch seine **violette bis lila Farbe**, die beruhigend und zugleich tief spirituell wirkt. Violett ist eine Farbe, die oft mit **spiritueller Weisheit, Transformation und innerem Frieden** in Verbindung gebracht wird. Sie symbolisiert den Übergang zwischen der materiellen und der spirituellen Welt und fördert die Verbindung zu höheren Ebenen des Bewusstseins. In der Chakren-Lehre wird Violett oft dem **Scheitelchakra** (Sahas-rara Chakra) zugeordnet, das unser Zentrum für spirituelles Bewusstsein und Erleuchtung ist.

Die Farbe des Amethysts strahlt eine **ruhige, aber kraftvolle Energie** aus, die uns hilft, den Geist zu beruhigen und uns auf die subtileren, inneren Aspekte unseres Seins zu konzentrieren. Wenn wir den Amethyst betrachten oder in den Händen halten, fühlen wir uns eingeladen, tiefer in unsere Gedanken und Emotionen einzutauchen, Blockaden zu erkennen und sie loszulassen. Die violette Farbe des Amethysts erinnert uns daran, dass wir alle die Fähigkeit haben, in uns selbst **Klarheit, Frieden und spirituelles Wachstum** zu finden.

Eigenschaften des Amethysts: Spirituelles Wachstum, Klarheit und innere Ruhe

Der Amethyst ist bekannt für seine Fähigkeit, das **spirituelle Wachstum** zu fördern. Er unterstützt uns dabei, unsere Verbindung zur spirituellen Dimension zu vertiefen und hilft uns, uns auf höhere Bewusstseinszustände einzulassen. In Momenten, in denen wir uns von unserer spirituellen Quelle getrennt fühlen oder Schwierigkeiten haben, auf unsere innere Führung zu hören, kann der Amethyst uns dabei helfen, diese Blockaden zu überwinden und uns wieder mit unserem höheren Selbst zu verbinden.

Ein weiteres zentrales Merkmal des Amethysts ist seine Fähigkeit, den **Geist zu klären**. Oft sind unsere Gedanken unruhig oder wir fühlen uns von Sorgen und Ängsten überwältigt. Der Amethyst hat eine beruhigende Wirkung auf den Geist und hilft uns, uns auf das Wesentliche zu konzentrieren. Er unterstützt uns dabei, **negative Gedankenmuster** loszulassen und uns auf die positiven, klaren Aspekte unserer Gedanken und Gefühle zu konzentrieren. Dadurch entsteht mehr Raum für Klarheit und geistige Ruhe.

Der Amethyst ist auch ein wertvoller Stein, um **emotionale Blockaden** zu lösen. Viele von uns tragen emotionale Wunden oder alte Muster mit sich herum, die uns daran hindern, frei und glücklich zu leben. Der Amethyst hilft, diese Blockaden zu erkennen und sie mit Sanftheit und Mitgefühl zu lösen. Er fördert die **emotionale Heilung** und unterstützt uns dabei, ein tieferes Verständnis für unsere Gefühle zu entwickeln.

Anwendung des Amethysts: Ein Stein für Meditation, Selbsterkenntnis und Klarheit

Es gibt viele verschiedene Möglichkeiten, den Amethyst in den Alltag zu integrieren, um von seinen beruhigenden und klärenden Eigenschaften zu profitieren. Eine der effektivsten Methoden ist die **Meditation mit Amethyst**. In der Meditation kann dieser Stein verwendet werden, um den **Geist zu klären** und die **Verbindung zur Intuition** zu stärken. Setze dich in eine bequeme Position, halte den Amethyst in deinen Händen oder lege ihn auf dein **Stirnchakra** oder **Scheitelchakra**. Schließe die Augen und atme tief ein, während du dich auf die sanfte, beruhigende Energie des Amethysts konzentrierst. Du kannst dir vorstellen, wie ein sanftes, violettes Licht von dem Amethyst ausgeht und deinen Geist und Körper reinigt, klärt und mit positiver Energie füllt. Diese Meditation wird dir helfen, innere Ruhe zu finden, deinen Geist zu fokussieren und deine spirituelle Verbindung zu stärken.

Der Amethyst eignet sich auch hervorragend als **Schmuckstück**, das in der Nähe des **Stirnchakras** oder **Scheitelchakras** getragen wird. Wenn der Amethyst in Form einer Halskette oder eines

Ohrrings getragen wird, kann seine beruhigende und klärende Energie den ganzen Tag über spürbar sein. Besonders in Momenten der Unsicherheit oder inneren Unruhe kann der Amethyst helfen, den Geist zu beruhigen und Klarheit zu schaffen.

Darüber hinaus kann der Amethyst auch in **Räumen** platziert werden, um eine **harmonische und friedliche Atmosphäre** zu schaffen. Ein Amethyst-Kristall auf deinem Schreibtisch, in deinem Schlafzimmer oder Meditationsraum kann dazu beitragen, eine beruhigende und klärende Energie zu verbreiten. Seine Schwingungen reinigen die Umgebung von negativen Energien und fördern eine Atmosphäre von Ruhe, Klarheit und spiritueller Einsicht.

Wirkung des Amethysts auf das Stirnchakra

Der Amethyst hat eine besonders starke Wirkung auf das **Stirnchakra (Ajna Chakra)**, das energetische Zentrum, das sich in der Mitte der Stirn befindet und für unsere **Intuition, geistige Klarheit und spirituelle Einsicht** verantwortlich ist. Das Stirnchakra, auch bekannt als „Drittes Auge", ist das Tor zu unserem inneren Wissen und unserer Fähigkeit, über das Sichtbare hinauszublicken. Wenn das Stirnchakra blockiert ist, kann es zu Verwirrung, mangelnder Klarheit und Schwierigkeiten führen, die eigene Intuition wahrzunehmen.

Der Amethyst hilft dabei, das Stirnchakra zu **balancieren und zu harmonisieren**, indem er **geistige Klarheit** und **intuitive Einsicht** fördert. Er unterstützt die Fähigkeit, den Geist zu beruhigen und sich auf die subtilen, inneren Wahrnehmungen zu konzentrieren. Wenn du das Gefühl hast, dass deine Gedanken chaotisch oder unsortiert sind, kann der Amethyst dir helfen, diese

Unordnung zu lösen und mehr Klarheit und Ruhe in deinem Geist zu schaffen.

Darüber hinaus fördert der Amethyst das **Bewusstsein für höhere spirituelle Einsichten**. Oft übersehen wir die leisen, aber wichtigen Hinweise unserer Intuition, weil unser Verstand zu beschäftigt oder abgelenkt ist. Der Amethyst hilft, den Geist zu beruhigen und uns für die Botschaften unserer inneren Führung zu öffnen. Er erinnert uns daran, dass unsere **Intuition** nicht im Widerspruch zur Logik steht, sondern sie ergänzt und bereichert.

Wirkung des Amethysts auf das Scheitelchakra

Neben seiner Wirkung auf das Stirnchakra hat der Amethyst auch eine starke Verbindung zum **Scheitelchakra (Sahasrara Chakra)**, das energetische Zentrum, das für unser **spirituelles Bewusstsein und unsere Verbindung zum Göttlichen** verantwortlich ist. Das Scheitelchakra befindet sich am Scheitel des Kopfes und ist das Tor zur universellen Weisheit und zur Erleuchtung. Wenn das Scheitelchakra blockiert ist, kann dies zu Gefühlen der Trennung, spirituellen Unsicherheit oder spiritueller Leere führen.

Der Amethyst unterstützt dabei, das Scheitelchakra zu **öffnen und zu harmonisieren**, indem er die **spirituelle Verbindung** vertieft und das Bewusstsein für **universelle Wahrheiten** und **spirituelle Einsichten** fördert. Er hilft, den Zugang zur spirituellen Dimension zu verstärken und das Bewusstsein für das Göttliche zu erweitern. Besonders in der Meditation kann der Amethyst dazu beitragen, das Scheitelchakra zu aktivieren und die spirituelle Erleuchtung zu fördern.

Darüber hinaus fördert der Amethyst das **Verständnis für höhere Ebenen des Bewusstseins**. Er öffnet den Geist für neue spirituelle Einsichten und hilft uns, uns mit unserem höheren Selbst und unserer spirituellen Führung zu verbinden. In der Meditation mit Amethyst können wir tiefe Einsichten in unser Leben, unsere Bestimmung und unsere spirituelle Reise erhalten. Der Amethyst erinnert uns daran, dass wir mehr sind als nur unser physisches Selbst – wir sind **spirituelle Wesen**, die mit dem Göttlichen und dem Universum verbunden sind.

Amethyst als Begleiter im täglichen Leben

In einer Welt, die oft von Stress, Hektik und geistiger Überlastung geprägt ist, kann der Amethyst ein wertvoller Begleiter sein, um mehr **Klarheit, spirituelles Bewusstsein und innere Ruhe** in den Alltag zu bringen. Besonders in Zeiten, in denen du das Gefühl hast, dass dein Geist überfordert oder blockiert ist, kann der Amethyst dir helfen, diese negativen Einflüsse zu klären und dich wieder mit deiner inneren Ruhe und spirituellen Weisheit zu verbinden.

Der Amethyst erinnert uns daran, dass wir die Fähigkeit haben, **Klarheit und spirituelle Erleuchtung** in uns selbst zu finden. Indem wir uns mit der beruhigenden, reinigenden Energie dieses Steins verbinden, schaffen wir Raum für spirituelles Wachstum, tiefe Einsichten und die Entfaltung unseres höchsten Potenzials.

Der **Amethyst** ist ein kraftvoller Edelstein, der für seine Fähigkeit bekannt ist, **geistige Klarheit, spirituelles Wachstum und innere Ruhe** zu fördern. Seine violette bis lila Farbe symbolisiert spirituelle Weisheit und Transformation, während seine energetischen Eigenschaften uns dabei helfen, negative Gedanken zu klären, emotionale Blockaden zu lösen und uns mit unserer Intuition und spirituellen Weisheit zu verbinden. Besonders seine Wirkung auf das **Stirnchakra** und das **Scheitelchakra** macht ihn zu einem wertvollen Begleiter für alle, die ihre spirituelle Praxis vertiefen und mehr Klarheit und Erleuchtung in ihr Leben bringen möchten.

Ob als Schmuckstück, in der Meditation oder als harmonisierendes Element in deinem Zuhause – der Amethyst hilft dir, deine **geistige Klarheit zu stärken**, **Energieblockaden zu lösen** und mit mehr spiritueller Einsicht und innerer Ruhe durchs Leben zu gehen. Indem du dich mit der Energie dieses Steins verbindest, wirst du in der Lage sein, dein spirituelles Bewusstsein zu erweitern und dein Leben mit Licht und Weisheit zu erfüllen.

Sodalith: Der Stein der Logik, Intuition und Kreativität

Der **Sodalith**, mit seiner tiefblauen Farbe durchzogen von weißen oder grauen Adern, ist ein kraftvoller Edelstein, der seit langem für seine Fähigkeit bekannt ist, sowohl das **rationale Denken** als auch die **Intuition** zu fördern. Diese einzigartige Kombination macht ihn zu einem wertvollen Begleiter für alle, die eine Balance zwischen Verstand und innerem Wissen suchen. Sodalith hilft, das emotionale Gleichgewicht zu bewahren und unterstützt dabei, die eigene Wahrheit zu finden und auszusprechen.

In diesem Text werfen wir einen genaueren Blick auf die Eigenschaften des Sodaliths, seine Anwendungsmöglichkeiten im Alltag und in der Meditation sowie seine tiefe Verbindung zum **Stirnchakra** – das Zentrum für Intuition, Klarheit und innere Weisheit.

Die Farbe des Sodaliths: Dunkelblau mit strahlenden Adern

Der Sodalith ist bekannt für seine tiefblaue Farbe, die durch weiße oder graue Adern durchzogen ist. Diese Farbgebung verleiht dem Stein eine faszinierende und beruhigende Optik. Das dunkle Blau symbolisiert **Ruhe, Klarheit und Tiefe**, während die weißen Adern die Reinheit und die Verbindung zur Wahrheit darstellen. In vielen Kulturen wird Blau mit dem Element Wasser assoziiert, das sowohl fließend als auch kraftvoll ist – ebenso wie unser Geist, wenn wir in Harmonie mit unserer Intuition stehen.

Die Farben des Sodaliths laden uns ein, uns zu **beruhigen, Klarheit zu finden und tiefer in unsere Gedankenwelt einzutauchen**. Sie vermitteln das Gefühl, dass wir in der Lage sind, auf einer tieferen Ebene zu denken und die Antworten, die wir suchen, in uns selbst zu finden. Der Sodalith erinnert uns daran, dass es eine Harmonie zwischen Verstand und Intuition gibt, die uns dabei hilft, unsere innere Stimme zu hören und unsere Gedanken klar auszudrücken.

Eigenschaften des Sodaliths: Logik, Intuition und Selbstvertrauen

Der Sodalith ist ein Stein der **Logik und des rationalen Denkens**, aber auch ein kraftvolles Werkzeug, um den Zugang zur **Intuition** zu stärken. In Zeiten, in denen wir uns in unserem Denken verwirrt oder unsicher fühlen, kann der Sodalith uns dabei helfen, Klarheit zu finden und die Dinge aus einer logischeren Perspektive zu betrachten. Er unterstützt uns dabei, emotionale Verwirrung aufzulösen und unsere Gedanken zu ordnen, sodass wir fundierte Entscheidungen treffen können.

Gleichzeitig stärkt der Sodalith die **Intuition**. Oft stehen Verstand und Bauchgefühl im Widerspruch zueinander, und es kann schwierig sein, beide Aspekte miteinander in Einklang zu bringen. Der Sodalith hilft dabei, den Verstand zu beruhigen und uns auf die leisen, intuitiven Stimmen zu konzentrieren, die tief in uns verborgen sind. Er erinnert uns daran, dass wir sowohl unsere logischen Fähigkeiten als auch unsere intuitive Weisheit nutzen können, um das Leben in all seiner Komplexität zu meistern.

Ein weiteres zentrales Merkmal des Sodaliths ist seine Fähigkeit, das **emotionale Gleichgewicht** zu fördern. In Momenten emotionaler Unruhe oder Überforderung hilft der Sodalith, innere Ruhe zu finden und unser Gleichgewicht wiederherzustellen. Seine beruhigende Energie unterstützt uns dabei, unsere Emotionen zu regulieren und mit mehr Gelassenheit durch schwierige Zeiten zu gehen.

Darüber hinaus wird der Sodalith oft als Stein der **Selbstfindung und des Selbstausdrucks** betrachtet. Er hilft uns, unsere eigene Stimme zu finden und uns authentisch auszudrücken. Oft haben wir Schwierigkeiten, unsere Gedanken und Gefühle klar zu kommunizieren, sei es aus Angst vor Missverständnissen oder Zurückweisung. Der Sodalith stärkt das Selbstvertrauen und ermutigt uns, unsere Wahrheit offen und ehrlich zu kommunizieren. Er unterstützt uns dabei, uns von der Angst zu befreien, nicht gehört oder verstanden zu werden, und fördert den Mut, zu uns selbst zu stehen.

Anwendung des Sodaliths: Ein Stein für Meditation, Selbstausdruck und Klarheit

Es gibt viele verschiedene Möglichkeiten, den Sodalith in den Alltag zu integrieren, um von seinen klärenden und beruhigenden Eigenschaften zu profitieren. Eine der häufigsten Methoden ist das **Tragen des Sodaliths als Schmuckstück**. Ob als Halskette, Armband oder Ring – wenn der Sodalith direkt auf der Haut getragen wird, kann seine klärende Energie den ganzen Tag über spürbar sein. Besonders wenn der Stein in der Nähe des **Stirnchakras** getragen wird, kann er helfen, die Intuition zu stärken und den Geist zu klären.

Der Sodalith eignet sich auch hervorragend für die **Meditation**. In der Meditation kann dieser Stein verwendet werden, um den **Zugang zur Intuition** zu fördern und den Geist zu beruhigen. Setze dich in eine bequeme Position, halte den Sodalith in deinen Händen oder lege ihn auf dein **Stirnchakra**. Schließe die Augen und atme tief ein, während du dich auf die beruhigende Energie des Steins konzentrierst. Du kannst dir vorstellen, wie ein sanftes, blaues Licht von dem Sodalith ausgeht und deinen Geist klärt, deine Gedanken ordnet und dir dabei hilft, dich mit deiner inneren Weisheit zu verbinden. Diese Meditation wird dir helfen, sowohl den Verstand als auch die Intuition zu nutzen, um zu klareren Entscheidungen zu gelangen.

Eine weitere Möglichkeit, den Sodalith im Alltag zu nutzen, besteht darin, ihn in **Räumen** zu platzieren, in denen du Ruhe und Klarheit suchst. Ein Sodalith-Kristall auf deinem Schreibtisch oder in deinem Meditationsraum kann dazu beitragen, eine Atmosphäre von Klarheit, innerer Ruhe und Konzentration zu schaffen. Seine Energie unterstützt dich dabei, dich auf deine Aufgaben zu fokussieren und kreative Blockaden zu lösen.

Wirkung des Sodaliths auf das Stirnchakra

Der Sodalith hat eine besonders kraftvolle Wirkung auf das **Stirnchakra (Ajna Chakra)**, das energetische Zentrum, das für unsere **Intuition, geistige Klarheit und innere Weisheit** verantwortlich ist. Das Stirnchakra, auch bekannt als „Drittes Auge", befindet sich in der Mitte der Stirn, etwas oberhalb der Augenbrauen. Wenn das Stirnchakra blockiert ist, kann es zu Verwirrung, mangelnder Klarheit und Schwierigkeiten führen, die eigene Intuition wahrzunehmen.

Der Sodalith unterstützt dabei, das Stirnchakra zu **balancieren und zu harmonisieren**, indem er **geistige Klarheit und intuitive Einsicht** fördert. Er hilft, die Gedanken zu klären und den Zugang zur inneren Führung zu stärken. Wenn du das Gefühl hast, dass deine Gedanken chaotisch oder unsortiert sind, kann der Sodalith dir helfen, diese Unordnung zu lösen und mehr Klarheit und Ruhe in deinem Geist zu schaffen.

Darüber hinaus fördert der Sodalith das **Bewusstsein für intuitive Wahrnehmungen**. Oft überhören wir die leisen, aber wichtigen Hinweise unserer Intuition, weil unser Verstand zu beschäftigt oder abgelenkt ist. Der Sodalith hilft, den Geist zu beruhigen
und uns für die Botschaften unserer inneren Führung zu öffnen.
Er erinnert uns daran, dass Intuition nicht im Widerspruch zur Logik steht, sondern sie ergänzt und bereichert.

Sodalith als Begleiter im täglichen Leben

In einer Welt, die oft von Hektik, Ablenkungen und emotionaler
Unruhe geprägt ist, kann der Sodalith ein wertvoller Begleiter
sein, um mehr **Klarheit, innere Ruhe und kreativen Ausdruck** in den Alltag zu bringen. Besonders in Zeiten, in denen du
das Gefühl hast, dass deine Gedanken und Emotionen blockiert
sind, kann der Sodalith dir helfen, deinen Geist zu klären und dich
wieder mit deiner inneren Stimme zu verbinden.

Der Sodalith erinnert uns daran, dass wir die Fähigkeit haben, sowohl logisch als auch intuitiv zu denken und dass wir auf beide
Aspekte vertrauen können, um die Herausforderungen des Lebens
zu meistern. Indem wir uns mit der klaren, beruhigenden Energie
dieses Steins verbinden, schaffen wir Raum für neue Ideen, kreative Lösungen und innere Einsichten.

Der **Sodalith** ist ein kraftvoller Stein, der für seine Fähigkeit bekannt ist, **Logik, Intuition und Selbstvertrauen** zu fördern.
Seine dunkelblaue Farbe symbolisiert Klarheit und Ruhe, während
seine weißen oder grauen Adern die Verbindung zur Wahrheit und
zur inneren Weisheit verkörpern. Besonders seine Wirkung auf
das **Stirnchakra** macht ihn zu einem wertvollen Begleiter für alle,

die ihre intuitive Wahrnehmung stärken, geistige Klarheit finden und ihren Selbstausdruck fördern möchten.

Ob als Schmuckstück, in der Meditation oder als unterstützendes Element in deinem Zuhause – der Sodalith hilft dir, deine **geistige Klarheit zu stärken, emotionale Blockaden zu lösen** und mit mehr Selbstvertrauen und Kreativität durchs Leben zu gehen. Indem du dich mit der Energie dieses Steins verbindest, wirst du in der Lage sein, sowohl deine logischen Fähigkeiten als auch deine intuitive Weisheit zu nutzen, um das Leben mit Klarheit und innerer Ruhe zu meistern.

Bergkristall: Der universelle Heilstein für Klarheit, Energie und spirituelle Entwicklung

Der **Bergkristall**, mit seiner klaren oder leicht milchigen Farbe, ist einer der vielseitigsten und kraftvollsten Edelsteine. Seine Bedeutung und seine heilenden Eigenschaften sind weltweit anerkannt, und er wird oft als **universeller Heilstein** bezeichnet. Durch seine Fähigkeit, **Energie zu verstärken und Klarheit zu bringen**, unterstützt er sowohl die spirituelle Praxis als auch den Alltag. Dieser kristallklare Stein wird seit Jahrhunderten für seine besonderen Kräfte genutzt, um den Geist zu klären, die Intuition zu stärken und eine tiefere Verbindung zur spirituellen Ebene zu fördern.

In diesem Text wollen wir die einzigartigen Eigenschaften des Bergkristalls, seine vielseitigen Anwendungsmöglichkeiten und seine tiefgehende Wirkung auf das **Scheitelchakra**, das Zentrum für spirituelles Bewusstsein, näher betrachten. Du wirst entdecken, wie der Bergkristall dein Leben bereichern kann, indem er Klarheit, Harmonie und spirituelle Einsicht fördert.

Die Farbe des Bergkristalls: Klar und rein

Der **Bergkristall** zeichnet sich durch seine klare oder leicht milchige Farbe aus. Diese Transparenz symbolisiert **Reinheit, Klarheit und das Streben nach höherem Wissen**. Wenn wir den Bergkristall betrachten, erinnert uns seine durchscheinende Schönheit an das Licht und die Klarheit des Geistes. Die Klarheit des Steins steht für die ungehinderte Energie, die durch ihn fließt, und für seine Fähigkeit, Blockaden zu lösen und Klarheit zu schaffen – sowohl auf mentaler als auch auf spiritueller Ebene.

Seine reine Optik lädt uns ein, uns auf das Wesentliche zu konzentrieren und den Geist zu beruhigen. Der Bergkristall wirkt wie ein energetischer Spiegel, der uns unsere eigenen Gedanken und Gefühle klarer zeigt. Er hilft uns, uns von unnötigem Ballast zu befreien und unseren Geist auf die wirklich wichtigen Dinge zu fokussieren. Diese Klarheit ist nicht nur beruhigend, sondern auch ein Schlüssel zu tieferer Einsicht und spirituellem Wachstum.

Eigenschaften des Bergkristalls: Energieverstärkung, Klarheit und spirituelles Bewusstsein

Der Bergkristall ist vor allem für seine Fähigkeit bekannt, **Energie zu verstärken**. Er wirkt wie ein Katalysator, der die Energien um ihn herum – ob in der Meditation, der Heilung oder im Alltag – verstärkt und klärt. Das bedeutet, dass er die positiven Energien, die du in dein Leben bringen möchtest, unterstützt und verstärkt, während er gleichzeitig hilft, negative Energien abzuleiten. In Kombination mit anderen Kristallen kann der Bergkristall ihre Wirkung intensivieren und harmonisieren. Aus diesem Grund wird er oft als „Master-Heilstein" bezeichnet, da er mit jedem anderen Stein zusammenarbeitet und dessen Energie verstärkt.

Eine weitere wichtige Eigenschaft des Bergkristalls ist seine Fähigkeit, **Klarheit auf mentaler und emotionaler Ebene** zu bringen. In Zeiten von Unsicherheit, Verwirrung oder emotionalem Chaos hilft der Bergkristall dabei, den Geist zu klären und die Gedanken zu ordnen. Er unterstützt uns dabei, innere Ruhe zu finden und die Dinge aus einer klareren Perspektive zu betrachten. Diese Klarheit ermöglicht es uns, bessere Entscheidungen zu treffen und unsere Gedanken und Gefühle in Einklang zu bringen.

Der Bergkristall ist auch ein kraftvoller **Stein des spirituellen Bewusstseins**. Er fördert die Verbindung zur spirituellen Welt und hilft dabei, das Bewusstsein für höhere Ebenen zu erweitern. Besonders in der Meditation kann der Bergkristall dazu beitragen, die spirituelle Praxis zu vertiefen und eine stärkere Verbindung zum eigenen höheren Selbst und zum Göttlichen zu schaffen. Seine Energie öffnet den Geist für neue spirituelle Einsichten und hilft uns, die tieferen Bedeutungen des Lebens zu erkennen.

Anwendung des Bergkristalls: Ein Stein für Meditation, Schmuck und Harmonie

Es gibt viele verschiedene Möglichkeiten, den Bergkristall in den Alltag zu integrieren, um von seinen klärenden und energetisierenden Eigenschaften zu profitieren. Eine der häufigsten und effektivsten Methoden ist das **Tragen des Bergkristalls als Schmuckstück**. Ob als Anhänger, Armband oder Ring – wenn der Bergkristall direkt auf der Haut getragen wird, kann seine harmonisierende und klärende Energie den ganzen Tag über spürbar sein. Besonders in der Nähe des **Scheitelchakras** getragen, verstärkt der Bergkristall die Verbindung zur spirituellen Dimension und fördert die Klarheit des Geistes.

Der Bergkristall eignet sich auch hervorragend für die **Meditation**. In der Meditation kann dieser Stein verwendet werden, um den **Geist zu klären**, die Intuition zu stärken und die spirituelle Verbindung zu intensivieren. Setze dich in eine bequeme Position, halte den Bergkristall in deinen Händen oder lege ihn auf dein **Scheitelchakra**. Schließe die Augen und atme tief ein, während du dich auf die klare, energetisierende Energie des Steins konzentrierst. Du kannst dir vorstellen, wie ein strahlend klares Licht von dem Bergkristall ausgeht und deinen Geist und Körper reinigt, klärt und mit positiver Energie erfüllt. Diese Meditation wird dir helfen, innere Ruhe zu finden, deinen Geist zu fokussieren und die Verbindung zu deinem höheren Selbst zu stärken.

Darüber hinaus kann der Bergkristall auch in **Räumen** platziert werden, um eine **harmonische und klärende Atmosphäre** zu schaffen. Ein Bergkristall auf deinem Schreibtisch, in deinem Wohnzimmer oder Meditationsraum kann dazu beitragen, eine friedliche und klare Energie zu verbreiten. Seine Schwingungen reinigen die Umgebung von negativen Energien und fördern eine Atmosphäre von Ruhe, Klarheit und Harmonie.

Wirkung des Bergkristalls auf das Scheitelchakra

Der Bergkristall hat eine besonders starke Wirkung auf das **Scheitelchakra (Sahasrara Chakra)**, das energetische Zentrum, das sich am Scheitel des Kopfes befindet und für unser **spirituelles Bewusstsein, unsere Verbindung zum Göttlichen und unser Verständnis für höhere Ebenen** verantwortlich ist. Wenn das Scheitelchakra blockiert oder aus dem Gleichgewicht geraten ist, kann dies zu Gefühlen der Trennung, Verwirrung oder spirituellen Leere führen. Oft haben wir dann das Gefühl, von unserer spirituellen Quelle abgeschnitten zu sein oder keinen Zugang zu unserem höheren Selbst zu haben.

Der Bergkristall unterstützt dabei, das Scheitelchakra zu **öffnen und zu harmonisieren**, indem er **spirituelle Klarheit** und **Einsicht** fördert. Er hilft, den Zugang zur spirituellen Dimension zu verstärken und das Bewusstsein für das Göttliche und das Universelle zu erweitern. Wenn du das Gefühl hast, dass du Schwierigkeiten hast, deine spirituelle Verbindung zu spüren oder dich auf deine spirituellen Ziele zu konzentrieren, kann der Bergkristall dir helfen, diese Blockaden zu lösen und mehr Klarheit in deinen spirituellen Weg zu bringen.

Darüber hinaus fördert der Bergkristall das **Verständnis für höhere Ebenen des Bewusstseins**. Er öffnet den Geist für neue spirituelle Einsichten und hilft uns, die tiefere Bedeutung unseres Lebens und unserer spirituellen Reise zu erkennen. In der Meditation kann der Bergkristall verwendet werden, um das Bewusstsein zu erweitern und die Verbindung zur universellen Weisheit zu vertiefen. Er hilft uns, den Geist zu beruhigen, uns auf unsere innere Führung zu konzentrieren und die Verbindung zum Göttlichen zu stärken.

Bergkristall als Begleiter im täglichen Leben

In einer Welt, die oft von Stress, Hektik und geistiger Überlastung geprägt ist, kann der Bergkristall ein wertvoller Begleiter sein, um mehr **Klarheit, spirituelles Bewusstsein und innere Ruhe** in den Alltag zu bringen. Besonders in Zeiten, in denen du das Gefühl hast, dass dein Geist überfordert oder blockiert ist, kann der Bergkristall dir helfen, deinen Geist zu klären und dich wieder mit deiner inneren Ruhe und Weisheit zu verbinden.

Der Bergkristall erinnert uns daran, dass wir die Fähigkeit haben, Klarheit und inneren Frieden in uns selbst zu finden. Indem wir uns mit der klaren, reinigenden Energie dieses Steins verbinden, schaffen wir Raum für spirituelles Wachstum, tiefe Einsichten und die Entfaltung unseres höchsten Potenzials.

Der **Bergkristall** ist ein kraftvoller und vielseitiger Heilstein, der für seine Fähigkeit bekannt ist, **Energie zu verstärken, Klarheit zu fördern und das spirituelle Bewusstsein zu erweitern**. Seine klare oder leicht milchige Farbe symbolisiert Reinheit und Klarheit, während seine energetischen Eigenschaften uns dabei helfen, unseren Geist zu klären, unsere spirituelle Verbindung zu intensivieren und unsere Intuition zu stärken. Besonders seine Wirkung auf das **Scheitelchakra** macht ihn zu einem wertvollen Begleiter für alle, die ihre spirituelle Praxis vertiefen und mehr Klarheit und Harmonie in ihr Leben bringen möchten.

Ob als Schmuckstück, in der Meditation oder als harmonisierendes Element in deinem Zuhause – der Bergkristall hilft dir, deinen **Geist zu klären**, **Energieblockaden zu lösen** und mit mehr spiritueller Klarheit und innerer Ruhe durchs Leben zu gehen. Indem du dich mit der Energie dieses Steins verbindest, wirst du in der Lage sein, dein spirituelles Bewusstsein zu erweitern und deine Verbindung zur universellen Weisheit zu stärken.

Der **Selenit**, mit seiner transparenten bis milchig-weißen Erscheinung, ist ein kraftvoller Edelstein, der für seine **reinigenden, harmonisierenden und erleuchtenden Eigenschaften** bekannt ist. Seine sanfte, beruhigende Energie unterstützt das geistige und emotionale Gleichgewicht und öffnet das Bewusstsein für die spirituelle Dimension. Selenit wird oft als "Lichtstein" bezeichnet, da er das Licht in unser Leben bringt und uns hilft, uns mit höheren spirituellen Ebenen zu verbinden. Dieser Edelstein fördert die **spirituelle Erleuchtung** und unterstützt die **energetische Reinigung**, sowohl für Räume als auch für andere Kristalle.

In diesem Text betrachten wir die Eigenschaften des Selenits, seine vielseitigen Anwendungsmöglichkeiten in Meditation und Raumreinigung sowie seine Wirkung auf das **Scheitelchakra**, das Zentrum unserer spirituellen Verbindung und Erleuchtung.

Die Farbe des Selenits: Rein und leuchtend

Selenit zeichnet sich durch seine **transparente bis milchig-weiße Farbe** aus, die ihm eine besonders reine und leuchtende Ausstrahlung verleiht. Die Strukturen im Selenit erinnern an fließendes Licht, was ihn zu einem Symbol für Klarheit, Reinheit und Erleuchtung macht. Diese Farbe strahlt nicht nur äußerlich, sondern auch auf einer energetischen Ebene eine **klare, reinigende Energie** aus, die Blockaden löst und uns hilft, uns wieder in Balance zu bringen.

Wenn wir den Selenit betrachten oder in den Händen halten, spüren wir sofort seine beruhigende und klärende Wirkung. Seine sanfte Energie erinnert uns daran, dass wir jederzeit die

Möglichkeit haben, **Klarheit und Frieden** in uns selbst zu finden. Er lädt uns ein, uns von negativen Energien und emotionalem Ballast zu befreien und Raum für inneres Licht und spirituelle Erkenntnisse zu schaffen. Die weiße Farbe des Selenits steht für **Reinheit** und die Verbindung zum Göttlichen, was ihn zu einem kraftvollen Werkzeug für die spirituelle Arbeit macht.

Eigenschaften des Selenits: Reinigung, Harmonie und spirituelle Erleuchtung

Der Selenit ist bekannt für seine **reinigenden und harmonisierenden** Eigenschaften. Er wird oft verwendet, um **negative Energien zu klären** und Räume sowie andere Kristalle energetisch zu reinigen. In einer Welt, in der wir ständig von äußeren Einflüssen umgeben sind, hilft der Selenit dabei, uns energetisch zu schützen und uns von negativen Energien zu befreien. Er wirkt wie ein energetischer Besen, der Blockaden und negative Schwingungen entfernt und den Raum mit Licht und positiver Energie füllt.

Darüber hinaus fördert der Selenit das **geistige und emotionale Gleichgewicht**. Seine beruhigende Energie hilft uns, in stressigen oder überwältigenden Momenten wieder in unsere Mitte zu finden. Oft neigen wir dazu, uns in den Sorgen des Alltags zu verlieren oder uns von negativen Gedanken und Gefühlen einnehmen zu lassen. Der Selenit erinnert uns daran, dass wir die Fähigkeit haben, uns von diesen negativen Einflüssen zu lösen und in einen Zustand der inneren Ruhe und Harmonie zurückzukehren.

Besonders bemerkenswert ist die **spirituelle Wirkung** des Selenits. Er wird oft als Stein der **Erleuchtung** bezeichnet, da er das Bewusstsein für höhere spirituelle Ebenen öffnet und uns hilft, tiefere Einsichten zu gewinnen. Der Selenit unterstützt uns dabei, unser spirituelles Potenzial zu erkennen und zu entwickeln. Er fördert die Verbindung zum **höheren Selbst** und zur **spirituellen Führung**, was uns hilft, klarer und bewusster durch das Leben zu gehen. Seine sanfte, aber kraftvolle Energie ermutigt uns, uns auf die spirituellen Dimensionen unseres Seins einzulassen und unser Bewusstsein für das Göttliche zu erweitern.

Anwendung des Selenits: Meditation, Raumreinigung und energetische Klärung

Es gibt viele Möglichkeiten, den Selenit in den Alltag zu integrieren, um von seinen reinigenden und harmonisierenden Eigenschaften zu profitieren. Eine der beliebtesten Methoden ist die **Meditation mit Selenit**. In der Meditation kann dieser Stein verwendet werden, um den **Geist zu klären** und die **Verbindung zur spirituellen Dimension** zu vertiefen. Setze dich in eine bequeme Position, halte den Selenit in deinen Händen oder lege ihn auf dein **Scheitelchakra**. Schließe die Augen und atme tief ein, während du dich auf die sanfte, leuchtende Energie des Selenits konzentrierst. Du kannst dir vorstellen, wie ein strahlendes, weißes Licht von dem Selenit ausgeht und deinen Geist und Körper reinigt, klärt und mit positiver Energie füllt. Diese Meditation wird dir helfen, innere Ruhe zu finden, dein Bewusstsein zu erweitern und deine spirituelle Verbindung zu stärken.

Selenit ist auch ein kraftvolles Werkzeug für die **energetische Reinigung von Räumen**. Wenn du das Gefühl hast, dass der Raum, in dem du dich befindest, von negativen Energien oder schweren Schwingungen belastet ist, kannst du den Selenit verwenden, um den Raum zu klären. Du kannst einen Selenit-Kristall in jedem Raum aufstellen, um eine harmonische und klare

Atmosphäre zu schaffen. Seine Energie wirkt wie ein Lichtstrahl, der den Raum von negativen Einflüssen befreit und ihn mit positiver, heilender Energie füllt.

Darüber hinaus kann der Selenit verwendet werden, um **andere Kristalle energetisch zu reinigen.** Da der Selenit selbstreinigend ist, nimmt er keine negativen Energien auf und kann verwendet werden, um die Energien anderer Kristalle zu klären und zu reinigen. Lege deine Kristalle einfach auf einen Selenit-Stab oder -Platte, um sie zu entladen und ihre Energien wieder aufzuladen. Dies ist eine einfache und effektive Methode, um sicherzustellen, dass deine Kristalle immer in ihrer besten energetischen Form sind.

Wirkung des Selenits auf das Scheitelchakra

Der Selenit hat eine besonders kraftvolle Wirkung auf das **Scheitelchakra (Sahasrara Chakra)**, das energetische Zentrum, das sich am Scheitel des Kopfes befindet und für unser **spirituelles Bewusstsein und unsere Verbindung zum Göttlichen** verantwortlich ist. Wenn das Scheitelchakra blockiert oder aus dem Gleichgewicht geraten ist, kann dies zu Gefühlen der Trennung, Verwirrung oder spirituellen Leere führen. Oft haben wir dann das Gefühl, von unserer spirituellen Quelle abgeschnitten zu sein oder keinen Zugang zu unserem höheren Selbst zu haben.

Der Selenit hilft dabei, das Scheitelchakra zu **öffnen und zu harmonisieren,** indem er die **Verbindung zu höheren spirituellen Ebenen** fördert. Seine Energie öffnet das Bewusstsein für das Göttliche und unterstützt die Fähigkeit, tiefere spirituelle Einsichten zu gewinnen. Besonders in der Meditation kann der Selenit dazu beitragen, das Scheitelchakra zu aktivieren und die spirituelle Erleuchtung zu fördern. Er hilft uns, den Geist zu beruhigen und uns auf die spirituellen Dimensionen unseres Seins zu konzentrieren.

Darüber hinaus fördert der Selenit das **Bewusstsein für höhere spirituelle Fähigkeiten**. Er öffnet den Geist für neue spirituelle Erkenntnisse und hilft uns, uns mit unserem höheren Selbst und unserer spirituellen Führung zu verbinden. In der Meditation mit Selenit können wir tiefe Einsichten in unser Leben, unsere Bestimmung und unsere spirituelle Reise erhalten. Der Selenit erinnert uns daran, dass wir mehr sind als nur unser physisches Selbst – wir sind spirituelle Wesen, die mit dem Göttlichen und dem Universum verbunden sind.

Selenit als Begleiter im täglichen Leben

In einer Welt, die oft von Stress, Hektik und negativen Energien geprägt ist, kann der Selenit ein wertvoller Begleiter sein, um mehr **Reinheit, Harmonie und spirituelle Erleuchtung** in den Alltag zu bringen. Besonders in Zeiten, in denen du das Gefühl hast, dass dein Geist überfordert oder dein Raum energetisch belastet ist, kann der Selenit dir helfen, diese negativen Einflüsse zu klären und dich wieder mit deiner inneren Ruhe und spirituellen Weisheit zu verbinden.

Der Selenit erinnert uns daran, dass wir die Fähigkeit haben, **Klarheit und spirituelle Erleuchtung** in uns selbst zu finden. Indem wir uns mit der reinen, reinigenden Energie dieses Steins verbinden, schaffen wir Raum für spirituelles Wachstum, tiefe Einsichten und die Entfaltung unseres höchsten Potenzials.

Der **Selenit** ist ein kraftvoller und vielseitiger Edelstein, der für seine Fähigkeit bekannt ist, **Energie zu reinigen, Harmonie zu fördern und das spirituelle Bewusstsein zu erweitern.** Seine transparente bis milchig-weiße Farbe symbolisiert Reinheit und Klarheit, während seine energetischen Eigenschaften uns dabei helfen, negative Energien zu klären, unsere spirituelle Verbindung zu vertiefen und unser Scheitelchakra zu harmonisieren. Besonders seine Wirkung auf das **Scheitelchakra** macht ihn zu einem wertvollen Begleiter für alle, die ihre spirituelle Praxis vertiefen und mehr Klarheit und Erleuchtung in ihr Leben bringen möchten.

Ob als Handkristall in der Meditation, zur energetischen Reinigung von Räumen oder als harmonisierendes Element in deinem Zuhause – der Selenit hilft dir, deine **spirituelle Verbindung zu stärken**, **Energieblockaden zu lösen** und mit mehr innerer Ruhe und Erleuchtung durchs Leben zu gehen. Indem du dich mit der Energie dieses Steins verbindest, wirst du in der Lage sein, dein spirituelles Bewusstsein zu erweitern und dein Leben mit Licht und Klarheit zu erfüllen.

Aromaöle zur Unterstützung der Chakren

Ätherische Öle können eine kraftvolle Ergänzung zur Arbeit mit den Chakren sein. Jedes Chakra steht in Verbindung mit bestimmten körperlichen, emotionalen und spirituellen Aspekten unseres Seins. Die Wahl des richtigen ätherischen Öls, ob wasser- oder fettlöslich, kann dazu beitragen, die Energie in den Chakren zu harmonisieren, Blockaden zu lösen und das allgemeine Wohlbefinden zu fördern. Im Folgenden finden Sie eine Auflistung von Aromaölen, die besonders gut zu den einzelnen Chakren passen, sowie Hinweise darauf, ob sie wasser- oder fettlöslich sind.

1. Wurzelchakra (Muladhara)

- **Zedernholz (fettlöslich):** Fördert Erdung und Stabilität.

- **Vetiver (fettlöslich):** Hilft bei Angst und Stress, stärkt das Gefühl der Sicherheit.

- **Patchouli (fettlöslich):** Fördert die Verbindung zur physischen Welt und das Gefühl der Verwurzelung.

- **Ingwer (fettlöslich):** Unterstützt körperliche Stärke und Vitalität.

2. Sakralchakra (Svadhisthana)

- **Ylang-Ylang (fettlöslich):** Stimuliert Kreativität und sinnliche Freude.

- **Sandelholz (fettlöslich):** Fördert emotionale Balance und tiefe Verbindung.

- **Orange (fettlöslich):** Belebt und bringt Freude, unterstützt den emotionalen Ausdruck.

- **Geranie (fettlöslich):** Hilft, das emotionale Gleichgewicht wiederherzustellen und die Intuition zu stärken.

3. Solarplexuschakra (Manipura)

- **Zitrone (fettlöslich):** Erfrischt und klärt den Geist, stärkt das Selbstvertrauen.

- **Ingwer (fettlöslich):** Fördert Willenskraft und Entschlossenheit.

- **Rosmarin (fettlöslich):** Unterstützt Konzentration und Klarheit, stärkt den Fokus.

- **Pfefferminze (fettlöslich):** Belebt den Geist und fördert die geistige Schärfe.

4. Herzchakra (Anahata)

- **Rosenöl (fettlöslich):** Fördert Liebe, Mitgefühl und emotionale Heilung.

- **Lavendel (fettlöslich):** Beruhigt das Herz und fördert inneren Frieden.

- **Bergamotte (fettlöslich):** Unterstützt die emotionale Balance und öffnet das Herz für Freude.

- **Jasmin (fettlöslich):** Hilft, emotionale Blockaden zu lösen und tiefere Liebe zu empfinden.

5. Halschakra (Vishuddha)

- **Eukalyptus (fettlöslich):** Klärt die Atemwege und fördert die freie Kommunikation.

- **Pfefferminze (fettlöslich):** Stimuliert den Ausdruck und die Klarheit in der Kommunikation.

- **Salbei (fettlöslich):** Unterstützt die Wahrheit und den Ausdruck der eigenen Stimme.

- **Kamille (fettlöslich):** Beruhigt und hilft, Angst vor dem Sprechen zu lindern.

6. Stirnchakra (Ajna)

- **Lavendel (fettlöslich):** Fördert innere Ruhe und tiefe Meditation.

- **Weihrauch (fettlöslich):** Unterstützt spirituelle Klarheit und Einsicht.

- **Rosmarin (fettlöslich):** Stärkt das Gedächtnis und die Intuition.

- **Sandelholz (fettlöslich):** Hilft, die Verbindung zur inneren Weisheit zu vertiefen.

7. Kronenchakra (Sahasrara)

- **Weihrauch (fettlöslich):** Fördert spirituelle Erleuchtung und Verbindung zum Göttlichen.

- **Myrrhe (fettlöslich):** Unterstützt das Gefühl von Frieden und Vollständigkeit.

- **Lavendel (fettlöslich):** Beruhigt den Geist und fördert die spirituelle Öffnung.

- **Lotus (fettlöslich):** Hilft, das Kronenchakra zu öffnen und die Einheit mit dem Universum zu erfahren.

Wasserlösliche Öle (Hydrolate)

Hydrolate, auch als Blütenwasser bekannt, sind wasserlösliche Destillationsprodukte. Sie sind sanfter als reine ätherische Öle und können direkt auf die Haut aufgetragen oder in Gesichtswässern und Sprays verwendet werden.

- **Rosenwasser:** Besonders geeignet für das Herzchakra, fördert Liebe und emotionale Heilung.

- **Lavendelwasser:** Unterstützt sowohl das Stirn- als auch das Kronenchakra, beruhigt den Geist und fördert Klarheit.

- **Orangenblütenwasser:** Ideal für das Sakralchakra, belebt und fördert Freude.

Diese wasser- und fettlöslichen Aromaöle können je nach Bedarf in verschiedenen Anwendungen wie Diffusoren, Bädern, Massagen oder direkten Inhalationen verwendet werden, um die Chakren zu harmonisieren und das Wohlbefinden zu fördern. Achten Sie darauf, ätherische Öle immer mit einem Trägeröl zu verdünnen, bevor Sie sie auf die Haut auftragen, und verwenden Sie hochwertige, reine Öle, um die besten Ergebnisse zu erzielen.

Eine Reise in die Welt der Düfte und ihre Herstellung

Ätherische Öle sind kraftvolle, natürliche Substanzen, die aus Pflanzen gewonnen werden. Sie haben eine lange Geschichte in der Medizin, der Hautpflege und in spirituellen Praktiken. Heute werden sie oft in der Aromatherapie verwendet, um das körperliche, emotionale und geistige Wohlbefinden zu fördern. Die Wirkung ätherischer Öle basiert auf ihrer Fähigkeit, über den Geruchssinn oder durch Aufnahme über die Haut auf den menschlichen Körper zu wirken. In diesem Kapitel werden wir die Grundlagen der ätherischen Öle, ihre Herstellung und die Unterschiede zwischen wasserlöslichen und fettlöslichen Ölen untersuchen.

Was sind Ätherische Öle?

Ätherische Öle sind hochkonzentrierte, flüchtige Substanzen, die durch verschiedene Methoden aus Pflanzen extrahiert werden. Sie enthalten die Essenz oder den Duft der Pflanze, aus der sie stammen, und werden wegen ihrer therapeutischen Eigenschaften geschätzt. Ätherische Öle können aus den Blüten, Blättern, Rinden, Wurzeln oder anderen Teilen einer Pflanze gewonnen werden.

Der Duft eines ätherischen Öls ist eine komplexe Mischung aus vielen chemischen Verbindungen, die in der Natur vorkommen. Diese Verbindungen können das Nervensystem beeinflussen, die Stimmung heben, Stress abbauen und sogar körperliche Schmerzen lindern. Daher sind ätherische Öle in der Aromatherapie und in natürlichen Heilmitteln weit verbreitet.

Die Geschichte der Ätherischen Öle

Ätherische Öle werden seit Tausenden von Jahren von verschiedenen Kulturen auf der ganzen Welt verwendet. In der Antike nutzten die Ägypter, Griechen, Römer, Inder und Chinesen ätherische Öle für religiöse Zeremonien, kosmetische Anwendungen und medizinische Behandlungen.

Die Ägypter waren einige der ersten, die die Kunst der Destillation entwickelten, um ätherische Öle aus Pflanzen zu gewinnen. Sie verwendeten Öle wie Weihrauch und Myrrhe in ihren religiösen Zeremonien und für die Einbalsamierung von Leichen. Auch in der traditionellen chinesischen und indischen Medizin spielten ätherische Öle eine wichtige Rolle. Sie wurden verwendet, um das Gleichgewicht von Körper, Geist und Seele zu fördern.

Die Wirkungsweise Ätherischer Öle

Die Wirkung ätherischer Öle kann durch zwei Hauptmechanismen erklärt werden: durch den Geruchssinn (olfaktorische Wirkung) und durch die Aufnahme über die Haut (transdermale Wirkung).

1. **Olfaktorische Wirkung:** Wenn wir einen Duft einatmen, gelangen die Moleküle des ätherischen Öls über die Nasenwege in den Riechkolben, der sich im Gehirn befindet. Der Riechkolben ist direkt mit dem limbischen System verbunden, einem Teil des Gehirns, der für Emotionen, Erinnerungen und Stimmungen verantwortlich ist. Aus diesem Grund können Düfte starke emotionale Reaktionen hervorrufen. Zum Beispiel kann der Duft von Lavendel beruhigend und entspannend wirken, während der Duft von Zitrone belebend und erfrischend ist.

2. **Transdermale Wirkung:** Ätherische Öle können auch durch die Haut aufgenommen werden. Wenn sie auf die Haut aufgetragen werden, dringen die kleinen Moleküle des Öls in die Haut ein und gelangen in den Blutkreislauf. Von dort aus können sie verschiedene Körperfunktionen beeinflussen, wie zum Beispiel die Durchblutung, die Verdauung und das Immunsystem. Aufgrund ihrer potenten Natur sollten ätherische Öle jedoch immer mit einem Trägeröl verdünnt werden, bevor sie auf die Haut aufgetragen werden.

Wasserlösliche und Fettlösliche Öle: Ein Überblick

Ein wichtiger Aspekt bei der Verwendung ätherischer Öle ist das Verständnis der Unterschiede zwischen wasserlöslichen und fettlöslichen Ölen. Diese Unterschiede beeinflussen, wie die Öle hergestellt, verwendet und gelagert werden.

1. **Wasserlösliche Öle:** Wasserlösliche Öle, oft als Hydrolate oder Blütenwasser bezeichnet, sind die wasserlöslichen Komponenten, die bei der Destillation von Pflanzenmaterial entstehen. Sie enthalten kleine Mengen der ätherischen Ölkomponenten und sind weniger konzentriert als die reinen ätherischen Öle. Hydrolate sind sanfter und können direkt auf die Haut aufgetragen oder in Gesichtswässern und Tonern verwendet werden.

   o **Herstellung:** Hydrolate werden während der Destillation von Pflanzenmaterial gewonnen. Bei diesem Prozess wird Wasserdampf durch das Pflanzenmaterial geleitet. Der Dampf extrahiert die ätherischen Öle und kondensiert anschließend zu einer Flüssigkeit. Die resultierende Flüssigkeit enthält das ätherische Öl und das Hydrolat. Das ätherische Öl wird von der Wasserphase getrennt, während das verbleibende Wasser das Hydrolat ist.

- o **Verwendung:** Hydrolate sind weniger konzentriert und können daher direkt auf die Haut aufgetragen werden. Sie eignen sich hervorragend als Gesichtswasser, Toner, oder als beruhigendes Spray für die Haut. Beliebte Hydrolate sind Rosenwasser, Lavendelwasser und Hamameliswasser.

- o **Lagerung:** Hydrolate sind weniger stabil als ätherische Öle und sollten kühl und lichtgeschützt gelagert werden. Sie haben eine kürzere Haltbarkeit und können im Kühlschrank aufbewahrt werden, um ihre Frische zu erhalten.

2. **Fettlösliche Öle:** Fettlösliche Öle, zu denen auch die reinen ätherischen Öle gehören, sind hochkonzentrierte Substanzen, die in fetten Substanzen wie Ölen und Fetten löslich sind. Diese Öle sind nicht wasserlöslich, was bedeutet, dass sie sich nicht mit Wasser vermischen. Fettlösliche Öle sind stark konzentriert und erfordern eine Verdünnung, bevor sie sicher verwendet werden können.

- o **Herstellung:** Die häufigste Methode zur Herstellung fettlöslicher ätherischer Öle ist die Destillation, bei der Wasserdampf durch das Pflanzenmaterial geleitet wird. Eine weitere Methode ist die Kaltpressung, die häufig bei Zitrusfrüchten angewendet wird, um Öle wie Orangen- oder Zitronenöl zu gewinnen. Nach der Extraktion wird das Öl in separaten Behältern gelagert, da es sich nicht mit der Wasserphase mischt.

- o **Verwendung:** Ätherische Öle sollten in der Regel verdünnt werden, bevor sie auf die Haut aufgetragen werden. Trägeröle wie Jojobaöl, Mandelöl oder Kokosöl werden oft verwendet, um ätherische Öle zu verdünnen. Fettlösliche Öle können in Massageölen, Badeölen, Lotionen und Cremes verwendet werden.

- o **Lagerung:** Ätherische Öle sind lichtempfindlich und sollten in dunklen Glasflaschen an einem kühlen, trockenen Ort gelagert werden. Sie können bei unsachgemäßer Lagerung oxidieren und ihre Wirksamkeit verlieren.

Herstellung von Ätherischen Ölen: Ein Einblick in die Kunst der Destillation

Die Herstellung von ätherischen Ölen erfordert ein tiefes Verständnis der Pflanze, die chemischen Prozesse und die richtigen Techniken, um die reinen, heilenden Substanzen zu extrahieren. Die zwei Hauptmethoden zur Gewinnung von ätherischen Ölen sind die Wasserdampfdestillation und die Kaltpressung.

1. **Wasserdampfdestillation:** Die Wasserdampfdestillation ist die am häufigsten verwendete Methode zur Herstellung ätherischer Öle. Dieser Prozess ermöglicht die Extraktion der flüchtigen Öle aus Pflanzenmaterialien wie Blüten, Blättern, Rinden und Wurzeln. Bei der Wasserdampfdestillation wird Wasserdampf durch das Pflanzenmaterial geleitet, wodurch die ätherischen Öle freigesetzt werden. Der Dampf, der das Öl enthält, wird dann in einem Kondensator abgekühlt, wodurch sich das Öl von der Wasserphase trennt.

   o **Schritte der Wasserdampfdestillation:**

     1. Das Pflanzenmaterial wird in einem Destillationsbehälter platziert.

     2. Wasserdampf wird durch das Material geleitet, wodurch die ätherischen Öle extrahiert werden.

     3. Der Dampf mit dem ätherischen Öl wird in einem Kondensator abgekühlt.

4. Das abgekühlte Kondensat wird in einen separaten Behälter geleitet, wo sich das Öl von der Wasserphase trennt.

5. Das ätherische Öl wird abgeführt und in dunklen Glasflaschen aufbewahrt.

2. **Kaltpressung:** Die Kaltpressung ist eine weitere Methode zur Gewinnung von ätherischen Ölen, insbesondere von Zitrusfrüchten wie Orangen, Zitronen und Limetten. Diese Methode wird ohne die Anwendung von Wärme durchgeführt, um die Reinheit des Öls zu bewahren. Bei der Kaltpressung wird das Fruchtmaterial mechanisch gepresst, um das ätherische Öl zu extrahieren.

   o **Schritte der Kaltpressung:**

   1. Die Schalen der Zitrusfrüchte werden mechanisch gepresst, um das Öl freizusetzen.

   2. Das gewonnene Öl wird durch Filtration gereinigt.

   3. Das Öl wird in dunklen Glasflaschen aufbewahrt, um es vor Licht und Wärme zu schützen.

Hydrolate, auch Blütenwasser genannt, sind die wasserlöslichen Bestandteile der Pflanze, die während der Destillation entstehen. Sie sind viel sanfter als reine ätherische Öle und enthalten die wasserlöslichen Bestandteile der Pflanze. Hydrolate sind eine großartige Alternative für diejenigen, die empfindliche Haut haben oder eine sanftere Option für die tägliche Hautpflege suchen.

1. **Herstellung von Hydrolaten:** Die Herstellung von Hydrolaten erfolgt während der Wasserdampfdestillation. Der Dampf, der durch das Pflanzenmaterial geleitet wird, enthält sowohl die flüchtigen Öle als auch die wasserlöslichen Bestandteile der Pflanze. Nachdem der Dampf abgekühlt ist, trennt sich das Öl von der Wasserphase, und das verbleibende Wasser wird als Hydrolat gesammelt.

   o **Schritte zur Herstellung von Hydrolaten:**

     1. Pflanzenmaterial wird in einem Destillationsbehälter platziert.

     2. Wasserdampf wird durch das Material geleitet, wodurch die wasserlöslichen Komponenten und die ätherischen Öle extrahiert werden.

     3. Der Dampf wird in einem Kondensator abgekühlt, wobei sich das Öl von der Wasserphase trennt.

     4. Das verbleibende Wasser wird als Hydrolat gesammelt und in dunklen Glasflaschen aufbewahrt.

2. **Verwendung von Hydrolaten:** Hydrolate können direkt auf die Haut aufgetragen werden und sind ideal für die tägliche Hautpflege. Sie können als Gesichtswasser, Toner oder Körperspray verwendet werden. Beliebte Hydrolate sind Rosenwasser, das für seine feuchtigkeitsspendenden und beruhigenden Eigenschaften bekannt ist, und Lavendelwasser, das entzündungshemmende und hautberuhigende Wirkungen hat.

3. **Vorteile von Hydrolaten:**

   o **Sanftheit:** Hydrolate sind viel sanfter als reine ätherische Öle und eignen sich für alle Hauttypen, einschließlich empfindlicher Haut.

   o **Vielseitigkeit:** Hydrolate können in einer Vielzahl von Anwendungen eingesetzt werden, von der Hautpflege bis zur Aromatherapie.

   o **Pflege:** Hydrolate enthalten die wasserlöslichen Bestandteile der Pflanze, die oft nicht in ätherischen Ölen enthalten sind, und bieten so zusätzliche pflegende Eigenschaften.

Fettlösliche ätherische Öle sind die reinen Essenzen der Pflanze und enthalten die hochkonzentrierten, flüchtigen Öle, die während der Destillation extrahiert werden. Diese Öle sind nicht wasserlöslich und müssen in einem Trägeröl verdünnt werden, bevor sie sicher auf die Haut aufgetragen werden können.

1. **Herstellung von Fettlöslichen Ölen:** Die Herstellung von fettlöslichen ätherischen Ölen erfolgt hauptsächlich durch Wasserdampfdestillation oder Kaltpressung. Diese Methoden ermöglichen die Extraktion der flüchtigen Öle aus dem Pflanzenmaterial, die dann separat gesammelt und aufbewahrt werden.

2. **Verwendung von Fettlöslichen Ölen:** Fettlösliche ätherische Öle werden in einer Vielzahl von Anwendungen verwendet, einschließlich Aromatherapie, Hautpflege, Massage und als Duftstoff in Parfums und Kosmetika. Aufgrund ihrer potenten Natur müssen sie immer mit einem Trägeröl verdünnt werden, bevor sie auf die Haut aufgetragen werden.

3. **Vorteile von Fettlöslichen Ölen:**

   o **Konzentration:** Fettlösliche ätherische Öle sind hochkonzentriert und erfordern nur eine geringe Menge, um effektiv zu wirken.

   o **Vielseitigkeit:** Diese Öle können in einer Vielzahl von Anwendungen verwendet werden, von der Aromatherapie bis zur Hautpflege.

   o **Potenz:** Aufgrund ihrer hohen Konzentration bieten fettlösliche Öle starke therapeutische

Wirkungen und können bei richtiger Anwendung erhebliche gesundheitliche Vorteile bieten.

Die Kunst der Aromatherapie: Anwendung Ätherischer Öle

Die Aromatherapie ist eine ganzheitliche Heilmethode, die ätherische Öle verwendet, um das körperliche, emotionale und geistige Wohlbefinden zu fördern. Ätherische Öle werden durch Inhalation, Massage, Bäder oder durch Anwendung auf der Haut verwendet, um die gewünschten Wirkungen zu erzielen.

1. **Inhalation:** Bei der Inhalation werden ätherische Öle direkt eingeatmet, um ihre Wirkungen über das olfaktorische System zu entfalten. Dies kann durch direkte Inhalation aus der Flasche, durch Verwendung eines Diffusors oder durch Zugabe der Öle zu einer Schale mit heißem Wasser erfolgen.

2. **Massage:** Ätherische Öle können mit einem Trägeröl verdünnt und in die Haut einmassiert werden. Dies ermöglicht es den Ölen, in den Blutkreislauf einzudringen und ihre therapeutischen Wirkungen im Körper zu entfalten. Massagen mit ätherischen Ölen können helfen, Muskelverspannungen zu lösen, die Durchblutung zu fördern und Stress abzubauen.

3. **Bäder:** Ätherische Öle können in ein warmes Bad gegeben werden, um eine entspannende und heilende Wirkung zu erzielen. Es ist wichtig, die Öle vor der Zugabe ins Bad mit einem Emulgator wie Milch oder Honig zu mischen, da sie sonst auf der Wasseroberfläche schwimmen und Hautreizungen verursachen könnten.

4. **Hautpflege:** Ätherische Öle können in Cremes, Lotionen und andere Hautpflegeprodukte eingearbeitet werden, um die Haut zu pflegen, zu heilen und zu verschönern. Sie sind besonders wirksam bei der Behandlung von Hautproblemen wie Akne, Ekzemen und Trockenheit.

Ätherische Öle und ihre Bedeutung in der modernen Welt

Ätherische Öle sind mehr als nur Düfte; sie sind kraftvolle Heilmittel, die uns helfen können, unser körperliches, emotionales und geistiges Wohlbefinden zu verbessern. Ob durch Inhalation, Massage, Bäder oder Hautpflege – die Anwendung ätherischer Öle bietet uns eine natürliche Möglichkeit, unsere Gesundheit zu fördern und unser Leben zu bereichern.

Die Herstellung und Anwendung ätherischer Öle erfordert ein tiefes Verständnis für die Pflanzen, aus denen sie gewonnen werden, und die Methoden, mit denen sie extrahiert werden. Indem wir die Unterschiede zwischen wasserlöslichen und fettlöslichen Ölen verstehen und die Kunst der Destillation erlernen, können wir die heilenden Kräfte der Natur in unser tägliches Leben integrieren.